O LIVRO COMPLETO DO
TAI CHI CHUAN

Wong Kiew Kit

O LIVRO COMPLETO DO
TAI CHI CHUAN

UM MANUAL PORMENORIZADO
DOS SEUS PRINCÍPIOS E PRÁTICAS

Tradução
AFONSO TEIXEIRA FILHO

Editora
Pensamento
SÃO PAULO

Título original: *The Complete Book of Tai Chi Chuan*.

Copyright © 1996 Wong Kiew Kit.

Publicado originalmente na Grã-Bretanha em 1996 por Element Books, Ltd., Shaftesbury, Dorset.

Copyright da edição brasileira © 2001 Editora Pensamento-Cultrix Ltda.

1ª edição 2001 – 8ª reimpressão 2018.

Ilustrações de David Woodroffe.

Todos os direitos reservados. Nenhuma parte deste livro pode ser reproduzida ou usada de qualquer forma ou por qualquer meio, eletrônico ou mecânico, inclusive fotocópias, gravações ou sistema de armazenamento em banco de dados, sem permissão por escrito, exceto nos casos de trechos curtos citados em resenhas críticas ou artigos de revistas.

A Editora Pensamento não se responsabiliza por eventuais mudanças ocorridas nos endereços convencionais ou eletrônicos citados neste livro.

Direitos de tradução para a língua portuguesa adquiridos com exclusividade pela
EDITORA PENSAMENTO-CULTRIX LTDA., que se reserva a
propriedade literária desta tradução.
Rua Dr. Mário Vicente, 368 – 04270-000 – São Paulo, SP
Fone: (11) 2066-9000 – Fax: (11) 2066-9008
http://www.editorapensamento.com.br
E-mail: atendimento@editorapensamento.com.br
Foi feito o depósito legal.

Impresso por : Graphium gráfica e editora

Sumário

Lista das ilustrações 9
Prefácio 13

1. O TAI CHI CHUAN como ARTE MARCIAL 17
   Os objetivos e os benefícios da prática do Tai Chi Chuan 17
   Uma arte marcial concisa e abrangente 17
   A mecânica e a psicologia das diversas artes 18
   Força interior em vez de força bruta 20
   Uma arte conveniente e cultural 21
   A riqueza teórica do Tai Chi Chuan 21
   O Tai Chi Chuan na saúde, no aperfeiçoamento do caráter
   e na filosofia 23

2. O CONCEITO de YIN–YANG no TAI CHI CHUAN 25
   O que pode ter-lhe escapado nas aulas de Tai Chi 25
   A filosofia do yin–yang 25
   O yin–yang no treinamento da postura e da força
   no Tai Chi 27
   O yin–yang na aplicação do Tai Chi Chuan 29
   O yin–yang na filosofia do Tai Chi 32

3. O DESENVOLVIMENTO HISTÓRICO dos VÁRIOS ESTILOS 35
   Saúde, combate e alegria espiritual no Tai Chi Chuan 35
   As primeiras referências históricas ao Tai Chi 35
   Zhang San Feng e a origem do Tai Chi Chuan 36
   Os primeiros mestres do Tai Chi Chuan 39
   Chen Wang Ting e o estilo Chen de Tai Chi Chuan 39
   O velho, o novo, o pequeno e o grande 41
   Yang Lu Chan e o estilo Yang de Tai Chi Chuan 42
   Os estilos Wu e Sun 43
   Os três estágios do Tai Chi Chuan 45

4. CONSELHOS dos GRANDES MESTRES 47
   Como alcançar resultados melhores em menos tempo 47
   A "Canção dos Segredos para o Treinamento" 47

"A fórmula dos cinco caracteres" 49
Os dez pontos mais importantes do Tai Chi Chuan 52

5. MOVIMENTOS FUNDAMENTAIS de MÃOS e PÉS 56
Como adquirir equilíbrio e elegância nos movimentos do Tai Chi 56
As treze técnicas do Tai Chi 56
O segredo da força interior do Tai Chi 57
Como desenvolver a estabilidade e o equilíbrio 60
As quatro técnicas primárias de mãos 70
As quatro técnicas secundárias de mãos 72
O Tai Chi Chuan pode causar lesões nos joelhos? 76

6. A IMPORTÂNCIA do CHI KUNG no TAI CHI CHUAN 79
O desenvolvimento da força interior 79
Saúde, combate e espiritualidade 79
A força interior no treinamento do Tai Chi Chuan 80
Como desenvolver uma pérola de energia intrínseca 83

7. A POESIA da ENERGIA e da MENTE 85
O Tai Chi Chuan com controle da respiração e visualização 85
Os objetivos da prática da série 85
Série simplificada de Tai Chi — Seção 1 86
Série simplificada de Tai Chi — Seção 2 90
Série simplificada de Tai Chi — Seção 3 91
Série simplificada de Tai Chi — Seção 4 96
A série dos 48 Padrões do Tai Chi 100

8. AS TÉCNICAS e a ARTE de EMPURRAR as MÃOS 114
Como avaliar a fraqueza do oponente 114
Os princípios da técnica de Empurrar as Mãos 114
Como aprimorar sua capacidade de percepção 115
Como desequilibrar o oponente 116
Como procurar o melhor ângulo e se aproximar 122
Técnicas avançadas de Empurrar as Mãos 125
Empurrar as Mãos e eficiência no combate 127

9. TÉCNICAS ESPECÍFICAS para SITUAÇÕES de COMBATE 130
Aplicação dos padrões do Tai Chi Chuan para a defesa pessoal 130
Requisitos para a competência no combate 130
De Levantar a Água a Enxotar o Macaco 131
A profundidade do padrão Agarrar o Pardal pela Cauda 133
De Mãos de Nuvem a Agulha no Fundo do Mar 135
Os oito padrões finais 138

10. SEQÜÊNCIAS e TÁTICAS de COMBATE 141
Técnicas, táticas e habilidade para uma luta eficaz 141
As artes marciais como esporte 141
A profundidade e o alcance do Tai Chi Chuan 142
O porquê e o como das seqüências de combate 145
Primeira seqüência: Socos triplos — Como aparar o golpe 146
Segunda seqüência: Ataques em três níveis — O Dragão Verde 148
Terceira seqüência: Chute-furacão — Chicote Simples de Postura Baixa 149
Quarta seqüência: Esconder as Flores — Tocar o Alaúde 151

11. OUTRAS SEQÜÊNCIAS e TÁTICAS de COMBATE 154
Algumas formas surpreendentes de vencer o oponente 154
Fatores que levam à vitória no combate 154
Quinta seqüência: Derrubar uma Árvore — Rebater 155
Sexta seqüência: Empurrar Montanhas — Chute de Impulso 157
Sétima seqüência: Puxar o Cavalo — Chute de Impulso 160
Oitava seqüência: Garras de Águia — Golpe de Ombro 160
Nona seqüência: Domar o Tigre — Vôo Diagonal 164

12. O ENRIQUECIMENTO da VIDA DIÁRIA com o
TAI CHI CHUAN 167
Como o Tai Chi Chuan beneficia a saúde, o trabalho e o lazer 167
O conceito chinês de saúde 167
A energia e a medicina chinesa 169
Os efeitos do Tai Chi Chuan na saúde 171
Mais energia para o trabalho e o lazer 172
Corpo saudável e mente descontraída 174

13. O TAI CHI CHUAN WUDANG 178
Como alcançar a realidade cósmica por meio do Tai Chi Chuan 178
O Tai Chi Chuan e o desenvolvimento espiritual 178
Os padrões do Tai Chi Chuan Wudang 179

14. O ESTILO CHEN de TAI CHI CHUAN 198
O Tai Chi Chuan do forte e rápido 198
A transição da espiritualidade para a saúde 198
Os padrões do estilo Chen de Tai Chi Chuan 200

15. O ESTILO YANG de TAI CHI CHUAN 218
Movimentos suaves e graciosos para a saúde 218
O estilo mais difundido de Tai Chi Chuan 218
Os padrões do estilo Yang de Tai Chi Chuan 219

16. O ESTILO WU de WU YU XIANG 242
Movimentos curtos e técnica corporal para o combate 242
Forma exterior para alcançar a força interior 242
Os padrões do estilo Wu Yu Xiang de Tai Chi Chuan 244

17. O TAI CHI CHUAN de WU CHUAN YOU 262
Como evitar ser ferido em combate 262
Para a saúde e para o combate 262
Os padrões do estilo Wu Chuan You de Tai Chi Chuan 264

18. O ESTILO SUN de TAI CHI CHUAN 276
Padrões altos e movimentos ágeis 276
Alguns conselhos sobre a prática do Tai Chi Chuan 276
Os padrões do estilo Sun de Tai Chi Chuan 277

19. AS ARMAS no TAI CHI CHUAN 292
Como transmitir energia para as mãos estendidas 292
Por que as armas não são amplamente usadas no Tai Chi Chuan 292
Algumas funções do treinamento com as armas 293
A espada, a cimitarra e o bastão 296

20. A FILOSOFIA do TAI CHI CHUAN 300
O eterno clássico de Wang Zong Yue 300
O Tratado do Tai Chi Chuan 300
A explicação do Tratado 302
Os três níveis de realização 306

21. O TAOÍSMO e o DESENVOLVIMENTO ESPIRITUAL no TAI CHI CHUAN 307
Alcançar a imortalidade e retornar ao vazio 307
Os princípios do Tai Chi Chuan no *Tao Te King* 307
Como alcançar o Tao 309
A imortalidade e o Grande Vazio 312

Notas 315
Leituras complementares 317
Endereços úteis 319

Lista das ilustrações

2.1 O símbolo do Tai Chi 26
2.2 As posturas rígidas e flexíveis do kung-fu 28
2.3 O yin–yang do circular e do direto 31

3.1 A "árvore genealógica" do Tai Chi Chuan 44

5.1 Da Postura do Princípio Infinito à Postura do Tai Chi 58
5.2 Posturas do Arco e Flecha e Quatro-seis (esquerda) 61
5.3 Posturas do Arco e Flecha e Quatro-seis (direita) 63
5.4 Postura de Uma Perna Só 65
5.5 Erguer as Mãos e outras posições 67
5.6 Posições dos pés para os movimentos de pernas 68
5.7 Posições dos pés nas posturas principais 69
5.8 Os quatro movimentos primários de mãos 71
5.9 Os quatro movimentos secundários de mãos 73
5.10 Como derrubar o oponente com o *kao* 75
5.11 Como deslocar o cotovelo do oponente com o *kao* 75

6.1 Levantar a Água 81
6.2 A respiração abdominal 83

7.1 Série simplificada de Tai Chi – Seção 1 88-89
7.2 Série simplificada de Tai Chi – Seção 2 92-93
7.3 Série simplificada de Tai Chi – Seção 3 94-95
7.4 Série simplificada de Tai Chi – Seção 4 98-99
7.5 Série dos 48 padrões do Tai Chi – Seção 1 102-103
7.6 Série dos 48 padrões do Tai Chi – Seção 2 104-105
7.7 Série dos 48 padrões do Tai Chi – Seção 3 106-107
7.8 Série dos 48 padrões do Tai Chi – Seção 4 108-109
7.9 Série dos 48 padrões do Tai Chi – Seção 5 110-111
7.10 Série dos 48 padrões do Tai Chi – Seção 6 112-113

8.1 O exercício *peng-lu* 118
8.2 Como neutralizar o golpe do oponente 119
8.3 Passo arrastado e passo empurrado 119

10 O LIVRO COMPLETO DO TAI CHI CHUAN

8.4   O exercício *qi-an* 120
8.5   Passo puxado e passo rodado 121
8.6   O ataque pelos flancos 122
8.7   A técnica de aparar 124
8.8   Os círculos interno e externo para Empurrar as Mãos 125
8.9   Movimento avançado de Empurrar as Mãos 126
8.10 Como neutralizar um chute lateral com a técnica *lu* 128
8.11 Como neutralizar um chute circular com o *lie* 129

9.1   Aplicações dos padrões do Tai Chi Chuan (1) 132
9.2   Algumas aplicações de Agarrar o Pardal pela Cauda 134
9.3   Como usar uma força mínima contra a força máxima 136
9.4   Aplicação dos padrões do Tai Chi Chuan (2) 138
9.5   Aplicação dos padrões do Tai Chi Chuan (3) 139

10.1 Posturas que devem ser evitadas no Tai Chi Chuan 144
10.2 Como aparar um soco triplo 147
10.3 Como aparar um ataque em três níveis 149
10.4 Postura Baixa contra o chute-furacão 150
10.5 Esconder as Flores e Tocar o Alaúde 152

11.1 Como reagir a uma tentativa de derrubá-lo 156
11.2 Como reagir a um empurrão 159
11.3 Como reagir a um golpe de tração 161
11.4 Como reagir a um golpe de agarrar 163
11.5 Vôo Diagonal a partir de Domar o Tigre 165

13.1 Tai Chi Chuan Wudang – Seção 1 182-183
13.2 Tai Chi Chuan Wudang – Seção 2 184-185
13.3 Tai Chi Chuan Wudang – Seção 3 186-187
13.4 Tai Chi Chuan Wudang – Seção 4 188-189
13.5 Tai Chi Chuan Wudang – Seção 5 190-191
13.6 Tai Chi Chuan Wudang – Seção 6 192-193
13.7 Tai Chi Chuan Wudang – Seção 7 194-195
13.8 Tai Chi Chuan Wudang – Seção 8 196-197

14.1 O estilo Chen de Tai Chi Chuan (1) 202-203
14.2 O estilo Chen de Tai Chi Chuan (2) 204-205
14.3 O estilo Chen de Tai Chi Chuan (3) 206-207
14.4 O estilo Chen de Tai Chi Chuan (4) 208-209
14.5 O estilo Chen de Tai Chi Chuan (5) 210-211
14.6 O estilo Chen de Tai Chi Chuan (6) 212-213
14.7 O estilo Chen de Tai Chi Chuan (7) 214-215

14.8 O estilo Chen de Tai Chi Chuan (8)   216-217

15.1 O estilo Yang de Tai Chi Chuan (1)   222-223
15.2 O estilo Yang de Tai Chi Chuan (2)   224-225
15.3 O estilo Yang de Tai Chi Chuan (3)   226-227
15.4 O estilo Yang de Tai Chi Chuan (4)   228-229
15.5 O estilo Yang de Tai Chi Chuan (5)   230-231
15.6 O estilo Yang de Tai Chi Chuan (6)   232-233
15.7 O estilo Yang de Tai Chi Chuan (7)   234-235
15.8 O estilo Yang de Tai Chi Chuan (8)   236-237
15.9 O estilo Yang de Tai Chi Chuan (9)   238-239
15.10 O estilo Yang de Tai Chi Chuan (10) 240-241

16.1 O estilo Wu Yu Xiang de Tai Chi Chuan (1) 246-247
16.2 O estilo Wu Yu Xiang de Tai Chi Chuan (2) 248-249
16.3 O estilo Wu Yu Xiang de Tai Chi Chuan (3) 250-251
16.4 O estilo Wu Yu Xiang de Tai Chi Chuan (4) 252-253
16.5 O estilo Wu Yu Xiang de Tai Chi Chuan (5) 254-255
16.6 O estilo Wu Yu Xiang de Tai Chi Chuan (6) 256-257
16.7 O estilo Wu Yu Xiang de Tai Chi Chuan (7) 258-259
16.8 O estilo Wu Yu Xiang de Tai Chi Chuan (8) 260-261

17.1 O estilo de Tai Chi Chuan de Wu Chuan You (1) 266-267
17.2 O estilo de Tai Chi Chuan de Wu Chuan You (2) 268-269
17.3 O estilo de Tai Chi Chuan de Wu Chuan You (3) 270-271
17.4 O estilo de Tai Chi Chuan de Wu Chuan You (4) 272-273
17.5 O estilo de Tai Chi Chuan de Wu Chuan You (5) 274-275

18.1 O estilo Sun de Tai Chi Chuan (1)   280-281
18.2 O estilo Sun de Tai Chi Chuan (2)   282-283
18.3 O estilo Sun de Tai Chi Chuan (3)   284-285
18.4 O estilo Sun de Tai Chi Chuan (4)   286-287
18.5 O estilo Sun de Tai Chi Chuan (5)   288-289
18.6 O estilo Sun de Tai Chi Chuan (6)   290-291

19.1 Espada fina contra bastão rígido 295
19.2 Padrões de espada do Tai Chi 297
19.3 Padrões de cimitarra do Tai Chi 297
19.4 Usos do bastão de Tai Chi 298
19.5 Padrões de bastão do Tai Chi 299

21.1 As posições de lótus para a meditação sentada 314

Dedicatória

Este livro é dedicado a todos os grandes professores de Tai Chi Chuan, do presente e do passado, cuja dedicação à arte ajudou a trazer benefícios imensos a todos, independentemente de raça, cultura ou religião.

Prefácio

O Tai Chi Chuan, ou Taijiquan em chinês romântico, é uma arte maravilhosa. Contudo, mais de 90% dos praticantes não chegam a aproveitar nem 10% de todo o potencial dessa arte. Este livro não tem apenas o objetivo de corrigir esse defeito, mas também o de fornecer a informação necessária para atingir os 90% restantes de benefícios. Embora ele se baseie na experiência pessoal, muitas das informações fornecidas aqui derivam dos escritos dos maiores mestres dessa arte, principalmente em chinês clássico, que têm sido apreciados pelos praticantes de Tai Chi Chuan através dos tempos.

Para aqueles que não estão familiarizados com o Tai Chi Chuan, trata-se de uma arte testada pelos tempos, que exercita o corpo e a mente com suavidade, regula o fluxo de energia e pode ser usada para beneficiar a saúde e aumentar a longevidade, além de ser útil também para a defesa pessoal, para arejar a mente e para o desenvolvimento espiritual, independentemente da raça, cultura ou religião do praticante. Ela tem sido descrita como poesia em movimento e também, equivocadamente, como luta contra a sombra e calistenia de baixo impacto. "Poesia em movimento" é uma descrição adequada para a beleza e a graça do Tai Chi Chuan, mas as expressões "luta contra a sombra" e "calistenia de baixo impacto" revelam a falta de compreensão de sua profundidade e dimensão.

Este livro, como o título sugere, fornece uma explicação completa do Tai Chi Chuan, desde o grau mais básico até o mais avançado. Há algo nele para todos aqueles que se interessam por essa arte, ou pelo seu bem-estar pessoal e dos outros. Isso é o que o Tai Chi Chuan almeja, além da graça e do equilíbrio, do benefício da saúde física e emocional, bem como do desenvolvimento da força interior ou do fluxo de energia, pelo que o Tai Chi Chuan é bastante conhecido, ainda que seja pouco compreendido. O livro mostra como usar o Tai Chi Chuan para o combate, especialmente como usar a força do oponente contra ele mesmo, e compara os vários estilos que foram se desenvolvendo para atender a necessidades diversas. Ele também ajudará você a entender como os mestres do passado empregavam o Tai Chi Chuan para cultivar o espírito.

No entanto, apesar de sua cobertura extensa e muitas vezes profunda, nenhum conhecimento prévio de Tai Chi Chuan é necessário. Se, porém, você quiser usufruir os maravilhosos benefícios dessa arte, então deverá praticá-la correta e regularmente; nenhuma quantidade de leitura pode torná-lo um praticante competente de Tai Chi Chuan. Este livro fornece informações valiosas, recolhidas da sabedoria acumulada dos maiores mestres de Tai Chi Chuan, mas, a menos que você as coloque em prática, tudo será apenas conhecimento teórico, o que talvez lhe garanta algum prazer na leitura. Assim, você poderá estar preparado para discutir intelectualmente sobre Tai Chi Chuan com os seus amigos e até mesmo dar bons conselhos a alguns praticantes, mas não estará pronto para adquirir a saúde radiante, a agilidade graciosa e a clareza mental que esses conselhos proporcionam.

Este livro foi escrito para ser usado como um manual de auto-aprendizado, não sendo aplicável contudo a alguns treinamentos avançados, como aqueles que envolvem energia e concentração mental, que requerem a orientação pessoal de um mestre. Ainda que muitos movimentos suaves não possam ser aprendidos com facilidade a partir de um livro, este os apresenta de maneira clara, mas com uma advertência aos principiantes para que procurem a orientação pessoal de um mestre competente; se existe uma regra de ouro com a qual todos os mestres concordam, esta é praticar os métodos adequados com paciência. Todos os métodos estabelecidos passaram pelo teste do tempo; se vários mestres disseram que determinado método serve para produzir determinados efeitos, isso significa que milhares de pessoas que o seguiram comprovaram os seus efeitos. Se você não teve sucesso, provavelmente foi porque não praticou o suficiente ou não o fez de maneira correta.

Todavia, praticar com paciência não significa seguir um método de olhos fechados. Se um estudante que tem praticado com paciência o Tai Chi Chuan durante muitos anos continua doente, fraco, com instabilidade emocional ou embotamento mental, ou ele não foi muito perspicaz, ou não foi muito sábio. Essa pessoa deveria tentar outra coisa, ou buscar mais informações com os mestres ou nos livros para melhorar a sua prática. Geralmente, as pessoas que praticam corretamente um método consagrado por um ano devem colher os benefícios que esse método reconhecidamente traz.

Este livro apresenta muitos dos métodos já consagrados e ensinados pelos maiores mestres de Tai Chi Chuan da história. Além de explicar em detalhes as técnicas fundamentais comuns a todos os estilos e as séries simplificadas de Tai Chi, que têm ajudado literalmente milhões de chineses a permanecer física e mentalmente saudáveis a despeito dos efeitos traumáticos das várias guerras e três revoluções ocorridas em tempos recentes, este livro apresenta os vários estilos de Tai Chi Chuan da maneira como os mais reconhecidos mestres ensinam e demonstram.

Como o Tai Chi Chuan é uma arte marcial bastante eficaz, as suas aplicações em combate são tratadas em pormenores, e os praticantes de artes marciais podem descobrir as táticas do Tai Chi Chuan para continuar ilesos mesmo quando perdem uma luta — em muitos outros sistemas marciais, ferir-se é inevitável, mesmo para o vencedor. Há também numerosos exercícios para

PREFÁCIO   *15*

colocar em prática princípios como "o flexível vence o rígido" e "fluir no ritmo do oponente".

A maioria dos grandes mestres vem enfatizando que o significado do Tai Chi Chuan reside nos seus aspectos interiores e não na sua forma externa; muitos estudantes de Tai Chi sabem que essa é uma arte interior, mas poucos entendem o que isso realmente significa e ainda menos conseguem captar os seus aspectos internos. Este livro pretende ajudar o estudante a superar esse problema: ao explicar os princípios relevantes e sugerir exercícios adequados, ele mostra como se deve entender o princípio do Tai Chi Chuan de que cada movimento dessa arte interior é um treinamento da energia e da mente.

Embora o Tai Chi Chuan detenha uma rica filosofia, normalmente gravada em linguagem poética, e alguns exemplos dela sejam encontrados neste livro, essa arte marcial é voltada à aplicação prática em combate e, mais importante ainda, na vida diária. Em outras palavras: se você pratica Tai Chi Chuan há mais de vinte anos, mas não consegue se defender quando um assaltante o ataca, ou você continua dominado pelo medo ou pela raiva, ou então falta-lhe energia para correr e saltar, independentemente da idade que você tem, ou de há quanto tempo você pratica. Este livro explica por que e como o Tai Chi Chuan beneficia a sua saúde, o seu trabalho e o seu lazer.

Muitas pessoas, sobretudo no Ocidente, ficam surpresas ao descobrir que o Tai Chi Chuan é uma arte marcial; ficam mais surpresas ainda quando descobrem que essa arte foi criada originalmente com propósitos religiosos para a educação, a despeito da convicção espiritual do praticante – ou falta dela. Este livro delineia a ligação do Tai Chi Chuan com o taoísmo e mostra como um aspirante pode praticar o Tai Chi Chuan para o seu próprio desenvolvimento espiritual.

Eu havia imaginado um título bastante original para o livro: *As Maravilhas do Taijiquan*, pois foi o desejo de dividir os maravilhosos benefícios dessa arte que me estimularam a escrevê-lo. Contudo, minha competente editora, Julia McCutchen, da Element Books, atenta aos interesses dos leitores, sugeriu o título *O Livro Completo do Tai Chi Chuan*, o qual eu confesso ser de fato melhor. Gostaria, porém, de fazer um breve comentário sobre o termo "completo". O livro é completo no sentido de que apresenta todos os aspectos do Tai Chi Chuan que um estudante desejaria conhecer, incluindo alguns pouco conhecidos, mas interessantes, como o de que as posições em estilo Wu são mais elevadas do que em outros estilos, ou o de que os movimentos de fluxo em todos os estilos do Tai Chi Chuan estão ligados aos ensinamentos de Lao Tsé no *Tao Te King*. Até mesmo o problema da lesão nos joelhos, que parece ser um grave problema contemporâneo entre muitos praticantes de Tai Chi nos Estados Unidos, é levado em consideração. Mas isso não significa que todas as informações importantes a respeito do Tai Chi Chuan sejam encontradas aqui na sua totalidade. Há tanta sabedoria no Tai Chi Chuan que muitos volumes poderiam ser escritos sobre o material contido em cada um dos capítulos deste livro.

Para mim em particular, escrever este livro é tanto uma realização inesperada quanto um gratificante processo de aprendizado. Eu nunca havia pensado em escrever um livro sobre Tai Chi Chuan e, por muito tempo, cheguei mesmo a resistir a ensinar essa arte, apesar dos muitos pedidos que tive e apesar de saber que o Tai Chi Chuan é responsável por muitos benefícios. A razão para isso é que eu acreditava ser melhor dedicar minha atenção aos alunos principiantes de kung-fu shaolin, que era o melhor sistema que eu poderia lhes oferecer. Embora eu tenha estudado Tai Chi Chuan por mais de vinte anos, meu treinamento é principalmente o das artes shaolin. Tive o privilégio de aprender com distintos mestres de uma linhagem que vem diretamente do Mosteiro Shaolin, e sou da opinião de que um bom professor deve sempre dar o melhor de si aos seus alunos.

Contudo, poucos anos atrás, eu ensinava o chi kung shaolin para alunos que eram também professores de Tai Chi Chuan e, então, ao transmitir incidentalmente para eles alguns dos princípios e dos métodos do Tai Chi Chuan, dei-me conta de que a razão que eu tinha para ensinar o kung-fu shaolin, ou seja, o fato de que era precisamente nessa especialidade que eu me dava melhor, era relevante apenas a partir do meu ponto de vista. Da perspectiva dos alunos, o Tai Chi Chuan seria mais benéfico, pois, fora o fato de as circunstâncias da vida deles serem mais condizentes com a prática de Tai Chi Chuan, muito poucas pessoas na realidade teriam a paciência e a disciplina necessárias para o treinamento do kung-fu shaolin. E quando percebi que 90% daqueles que praticavam Tai Chi Chuan aproveitavam menos de 10% dos seus benefícios potenciais — principalmente porque faltava a eles o conhecimento que antes fora mantido como um grande segredo no terreno das artes marciais —, o desejo de escrever este livro e de dividir esse conhecimento com as outras pessoas acabou tomando forma.

Para concluir, eu gostaria de agradecer a meu discípulo Cheong Huat Seng por bater as fotos nas quais as ilustrações se baseiam, ao meu discípulo Goh Kok Hin e ao meu filho Wong Chun Nga por atuarem como meus oponentes nessas fotos. Eu também gostaria de agradecer à minha editora, Julia McCutchen, da Element Books, à minha empresária, Doreen Montgomery, da Robert Crew Ltd., e a seus capazes assistentes pela ajuda e pelo apoio.

Wong Kiew Kit
Kedah, Malásia

1

O Tai Chi Chuan como arte marcial

Os objetivos e os benefícios da prática do Tai Chi Chuan

O típico mestre de Tai Chi Chuan freqüentemente revela muitas das qualidades de um modelo de artista marcial: embora confiante em suas habilidades marciais, ele tem a fala mansa, é tolerante e está em paz consigo mesmo e com os outros.

Uma arte marcial concisa e abrangente

O Tai Chi Chuan, ou *Taijiquan*, como é escrito em chinês românico, é uma das mais fantásticas artes marciais em todo o mundo; o presente capítulo explica o motivo. Assim, caso você não esteja aproveitando totalmente os seus exercícios de Tai Chi Chuan, saberá pelo menos o que é que está faltando. Os capítulos seguintes mostrarão como tirar o máximo proveito dessa arte.

Algumas pessoas não se dão conta de que ele é realmente uma arte marcial, mesmo sendo extremamente eficiente para combate, tanto do ponto de vista da técnica quanto da força. O mais interessante sobre o Tai Chi Chuan é que, para defender-se contra quase todos os tipos de agressão física, é necessário aprender apenas alguns poucos padrões de luta!

Não é preciso dominar uma grande quantidade de tipos de artes marciais porque os mestres do passado reduziram o enorme número de técnicas a cerca de vinte padrões de Tai Chi Chuan, que podem ser usados para enfrentar quase qualquer espécie de ataque. É um sistema de luta conciso e abrangente, que cobre todas as quatro principais categorias de ataque, ou seja: bater, chutar, derrubar e agarrar.

Devido à natureza de muitas outras artes marciais, seus praticantes muitas vezes têm dificuldade para usar golpes que não se enquadram nas categorias pelas quais as suas respectivas artes se caracterizam. Por exemplo, o caratê se especializa em bater, de modo que o seu praticante, ao enfrentar alguém que use o taikondô ou o boxe tailandês, especializados em chutar, estaria em inferioridade, pois o repertório do caratê não inclui técnicas de chutes. Se o praticante de taikondô depara com um especialista em judô, terá dificuldade para não ser derrubado, pois no taikondô não se praticam as quedas. Do mesmo modo, um judoca não teria facilidade para se defender dos chutes do taikondô ou dos socos do caratê, pois o treinamento normal do judô quase não oferece técnicas contra esses modos de combate. Uma boa maneira de se preparar para enfrentar qualquer tipo de luta seria aprender todas as diferentes artes marciais. Mas uma alternativa melhor seria praticar Tai Chi Chuan, pois isso não apenas economizaria tempo e esforço como também traria vantagens não oferecidas pelas outras artes marciais.

Além da concisão das técnicas de luta, há também a vantagem de controlar melhor a força. Um mestre de Tai Chi Chuan pode causar ferimentos muito graves no oponente sem deixar marcas externas, ao passo que os ferimentos causados pela maioria das outrás artes marciais são uma prova de como a luta pode ser horrível e de como alguns artistas marciais podem ser brutais. Mas os mestres de Tai Chi Chuan normalmente não ferem seus oponentes, primeiro porque seu treinamento é todo no sentido de que permaneçam calmos e não fiquem violentos durante a luta; em segundo lugar, porque eles podem demonstrar sua superioridade numa guerra elegante, o que não se encontra facilmente nas outras artes marciais. Eles podem, por exemplo, jogar o oponente a vários metros de distância, marcando claramente a sua vitória, mas sem machucá-lo. Em algumas das outras artes, nas quais se enfatiza demais a necessidade de vencer e se estimula cegamente as emoções agressivas, os praticantes precisam quebrar os ossos ou rachar a cabeça do adversário antes de serem considerados vitoriosos.

A mecânica e a psicologia das diversas artes

Em alguns sistemas encontram-se violência e hostilidade inacreditáveis, mesmo no treinamento entre companheiros de prática. É comum ouvir os próprios instrutores gritando: "Pega! Mata! Mata!" para seus alunos. Não é de admirar que estes saiam do treino com contusões e dores no corpo e arrogância e ódio no coração. Esse comportamento inaceitável não é encontrado no Tai Chi Chuan, não porque seus praticantes sejam necessariamente superiores, mas porque a natureza do treinamento induz à disposição e a sentimentos calmos pelos companheiros, mostrando que atitudes agressivas e egoístas se voltam contra o próprio agressor.

Um estudo da mecânica e da psicologia dos métodos de treinamento das diferentes·artes marciais revela os seus diversos efeitos. Nas outras modalidades, a força e a velocidade mecânicas são necessárias para o treinamento.

Quando um aluno esmurra ou chuta outro, se o defensor não bloquear ou evitar a tempo o ataque, o impulso rápido e direto da técnica atacante é tal que fica muito difícil para o próprio atacante refrear o soco ou o chute. Assim, pode ser muito doloroso quando o adversário é atingido. A característica básica dessas artes é atingir o oponente com a maior força e velocidade possíveis, sem nenhuma preocupação com a própria defesa. Os dois partidos se concentram no ataque, geralmente ferindo-se mutuamente, e, quanto mais um deles for atingido, mais desejará revidar. Esse desejo de vingança é acentuado pela filosofia estóica, que ensina que, em combate, o único objetivo é derrotar o oponente, quem quer que seja — filosofia oriunda de uma época em que o guerreiro tinha um orgulho injustificado de matar, sem questionar, qualquer um que seu amo ordenasse, mesmo que a vítima fosse o próprio pai. A mecânica e a psicologia do Tai Chi Chuan são totalmente diferentes. Uma vez que a estratégia básica de combate é fluir com os movimentos do oponente em vez de ir contra eles, o praticante de Tai Chi Chuan permanece relaxado e calmo para poder usar com eficácia as habilidades e técnicas de combate. Como a força do golpe provém do fluxo interior de energia, e não de um impulso mecânico, pode-se exercer a força no ponto do impacto. Isso significa que, se alguém atingir por engano um companheiro de treinamento, este não ficará ferido, pois o golpe não terá sido apoiado na força.

Além disso, a visão do Tai Chi Chuan do treinamento para a luta é diferente da de outras artes marciais mais agressivas. Em vez de trocar golpes, os alunos de Tai Chi Chuan desenvolvem a capacidade de lutar entre si por meio de uma arte conhecida como Empurrar as Mãos, na qual os braços entram em contato mútuo em movimentos rítmicos. O objetivo é sentir a fraqueza do outro, como por exemplo uma abertura desguarnecida ou um momento de desequilíbrio, de modo que um praticante possa empurrar o oponente sem feri-lo. É muito significativo o fato de que na prática de Empurrar as Mãos, o aluno flui junto não só com os movimentos do adversário mas também com os sentimentos dele! Se alguém percebe que o parceiro está hesitante, ansioso ou distraído, por exemplo, pode aproveitar a oportunidade e derrubá-lo. Mais adiante, explicaremos a técnica de Empurrar as Mãos.

A filosofia do Tai Chi Chuan não surgiu com comandantes militares cujo objetivo era matar, mas sim com mestres taoístas que queriam prolongar a vida e alcançar a imortalidade. Essa diferença histórica e filosófica ocasionou uma diversidade na psicologia básica dos praticantes dessa arte. O taoísmo é conhecido pelo amor à liberdade, pelo desprezo por frivolidades mundanas e pelo pendor pela jovialidade. Interpretado pelo Tai Chi Chuan, ele manifesta um atitude despreocupada, alegre e espontânea, tanto na prática solitária quanto no treinamento com companheiros.

Força interior em vez de força bruta

O conceito do desenvolvimento da força no Tai Chi Chuan é interior, com ênfase no poder da mente e no fluxo intrínseco de energia. Portanto, se alguém pratica o Tai Chi Chuan, o treinamento da força não exige que se esmurre sacos de areia, que se levante pesos, que se bata as canelas contra mastros, ou qualquer outro condicionamento duro e doloroso, que deixa calos nas mãos e nos pés. Mas a força desenvolvida pelo Tai Chi Chuan, se a pessoa souber como fazer uso da energia cósmica, é maior do que a obtida com todos os sacos de areia e pesos juntos.

No treinamento exterior, a força desenvolvida em geral é localizada e específica. Por exemplo, se alguém bater com a mão num saco de areia ou bater a canela contra um mastro, a força desenvolvida estará localizada nas mãos e nas canelas. O seu uso também é específico: ter socos e chutes fortes. Mas no treinamento interior do Tai Chi Chuan a força obtida é versátil e pode ser usada de vários modos. Quem aumenta o poder da mente com a meditação e a energia intrínseca com a prática do Tai Chi Chuan desenvolve a lucidez mental necessária para observar calmamente os movimentos do oponente e canalizar a energia intrínseca para as mãos e pernas e desferir golpes poderosos. Ele aprimora a concentração mental e a clareza de pensamento, como também facilita o fluxo harmonioso da energia para proporcionar mais saúde física e emocional. Além disso, é mais conveniente: quem adota o treinamento interno da força não precisa se preocupar em carregar sacos de areia e pesos quando viaja. Adiante descreveremos diversos métodos de treinamento da força interior.

Algumas pessoas acreditam que a força bruta não é necessariamente um fator para a vitória no judô. Uma ilustração clássica dessa arte mostra uma menininha empurrando e derrubando com um dedo um gigantesco lutador de sumô, que já estava desequilibrado. Na vida real, porém, um lutador de sumô jamais seria apanhado sem equilíbrio numa posição dessas. Mas, mesmo que fosse, tudo o que ele precisaria fazer para se salvar seria dar um passo atrás para recuperar o equilíbrio. A verdade é que é preciso muita força, no judô ou em qualquer outra arte, para derrubar mesmo uma pessoa comum — a menos que ela seja ingênua o bastante para ser apanhada numa posição de desequilíbrio.

O Tai Chi Chuan, e não o judô, é a arte que melhor demonstra que a força bruta não é necessária para lutar. Uma menina de aparência frágil, treinada no Tai Chi Chuan, não apenas consegue se defender de um homem forte como também pode causar-lhe ferimentos graves e até derrubá-lo. Ela precisa ter muita força, mas não necessariamente uma força bruta ou mecânica.

Uma arte conveniente e cultural

Caso você seja uma dessas pessoas que gostem de artes marciais mas não da inconveniência de ter de vestir uma roupa especial cada vez que for treinar, o Tai Chi Chuan é uma excelente escolha, pois ele não requer nenhum uniforme ou roupa específicos para praticar seriamente. Se você se envolver numa luta e quiser usar as técnicas das artes marciais, não será preciso pedir ao adversário que espere um pouco enquanto você se troca!

Ademais, ao contrário de outras artes marciais, no Tai Chi Chuan normalmente não se transpira copiosamente, apesar dos benefícios obtidos. Pode-se, por exemplo, dar um passeio matinal no parque usando um traje de executivo, praticar o Tai Chi Chuan sem atrair a atenção dos curiosos, o que acontece com freqüência com os praticantes de outras artes marciais, e depois ir diretamente para o trabalho. O Tai Chi Chuan pode até mesmo ser praticado no espaço restrito do escritório ou do quarto de dormir. É difícil encontrar outra arte marcial que seja tão conveniente.

Na cultura chinesa, a pessoa ideal é hábil tanto nas artes eruditas quanto nas artes marciais, o que se expressa poeticamente como *wen wu shuang quan*. O próprio Confúcio, o patriarca da fidalguia, que muitas pessoas julgam erroneamente ter sido um velho rato de biblioteca, era na verdade um exímio arqueiro e esgrimista. Muitos grandes generais também foram poetas e escritores. O Tai Chi Chuan satisfaz esses ideais e por isso é considerado, muitas vezes, como a arte marcial do erudito. Sua popularidade provém de dois aspectos. Muitos estudiosos preferem o Tai Chi Chuan porque seus métodos de treinamento são graciosos e elegantes. A arte em si enfatiza características já encontradas e valorizadas pelos eruditos, como clareza de pensamento, disposição relaxada e aversão à brutalidade. Por outro lado, os praticantes de Tai Chi Chuan, mais do que aqueles de outras artes marciais, também são atraídos pela literatura e outros passatempos culturais, como pintura, música e xadrez, porque o conceito de yin e yang dessa arte (que será explicado mais adiante) revela aspectos da filosofia e da literatura chinesas. Além disso, a sensação de relaxamento e espontaneidade, comparada com a atitude tensa e competitiva da maioria das outras modalidades, encoraja a participação nessas atividades.

A riqueza teórica do Tai Chi Chuan

O Tai Chi Chuan apresenta um rico conjunto de teorias que descrevem vários aspectos da arte e que muitas vezes são registradas em linguagem poética. Essa materialização do conhecimento teórico resume as técnicas eficazes de luta e de treinamento da força, e muitos dos seus princípios podem ser aplicados à vida diária. Um bom exemplo é a aplicação do princípio quádruplo do treinamento da força: diferenciar o real do aparente, regular a respiração, usar a mente e não a força bruta, permanecer calmo e relaxado durante a ação.

Uma rápida explicação desse princípio revela a profundidade da teoria do Tai Chi Chuan. Na maioria das artes marciais, o treinamento da força é simplista e mecânico. O praticante dessas artes que quiser aumentar o poder do seu soco ou a sua resistência, por exemplo, só precisa bater num saco de areia ou andar pendurado numa corda. Todavia, o Tai Chi Chuan não encoraja o treinamento da força com sacos de areia, corridas, etc., pois esses métodos não só são muito rudes como na verdade diminuem a capacidade de luta do praticante. Esses métodos grosseiros aumentam a força e a resistência apenas aparentemente.

Socar um saco de areia endurece o punho, o que é muito diferente de aumentar a força. Um punho endurecido e coberto de calos pode sentir menos dor quando esmurra um tijolo, mas não terá necessariamente mais força. Todo aumento de poder não resulta do contato repetido do punho contra o saco de areia, mas sim da ação repetida de socar. Portanto, se a pessoa apenas socar o ar, em vez do saco de areia, que causa dor, o aumento do poder do soco será maior e mais rápido. O fato de a maior parte dos artistas marciais não gostar disso é uma prova de que eles não diferenciam o real do aparente. O poder obtido com essa prática de socar é apenas mecânico e depende da rapidez do impulso — e de quanto as mãos conseguem resistir. Uma alternativa melhor seria o uso da força interior, que se assemelha a uma forma de eletricidade. Assim, o punho não é um martelo ósseo, mas uma ponte ligando a força interior da pessoa ao oponente. Se coordenamos a respiração, usamos a mente e permanecemos calmos e relaxados, não só aumentamos a força interna do soco como também ressaltamos outros aspectos da luta.

Da mesma forma, os mestres do Tai Chi Chuan consideram o deslizar em uma corda e a corrida numa máquina como métodos grosseiros para aumentar a resistência.

Assim como socar um saco de areia, eles revelam a incapacidade de diferenciar o real do aparente. O aumento da resistência é aparente, e não real, pois, se o aumento da atividade não for seguido pelo treinamento da mente, conseguiremos apenas ficar sem fôlego. O coração também estará trabalhando mais, e o sangue corre de forma artificial. Isso leva à tensão e impede a pessoa de pensar com clareza e reagir espontaneamente no combate. A longo prazo, isso pode afetar a saúde. Os métodos do treinamento de força do Tai Chi Chuan sobrepujam essas desvantagens, como será explicado no capítulo 6.

O Tai Chi Chuan na saúde, no aperfeiçoamento do caráter e na filosofia

O Tai Chi Chuan é uma eficiente arte de luta, mas também é eficaz na cura e na prevenção de doenças orgânicas e psicóticas, como hipertensão, reumatismo, asma, gastrite, insônia, enxaqueca, depressão e nervosismo — exatamente as mesmas doenças que a medicina convencional considera incuráveis. Praticado adequadamente, ele pode prevenir ou aliviar dores nos joelhos, consideradas pela Academia Americana de Cirurgiões Ortopedistas, em 1989, como a principal categoria de todos os ferimentos, nos Estados Unidos. Além disso, ele oferece um sistema suave de exercícios para promover a saúde e a vitalidade. Em outras palavras, não é preciso estar doente ou ser atacado por alguém para usufruir os maravilhosos benefícios do Tai Chi Chuan. Quem não tem tempo ou acha que exercitar-se numa academia é muito difícil, pode encontrar uma resposta positiva no Tai Chi Chuan. Apenas quinze minutos por dia, no conforto de casa, proporcionam todo o exercício de que precisamos mas para o qual não temos tempo ou energia. Os benefícios não são só físicos. O aspecto meditativo do Tai Chi Chuan e sua ênfase nos movimentos relaxados contribuem para a serenidade da mente e a clareza do pensamento.

Enquanto muitas artes marciais deixam seus praticantes beligerantes e agressivos, o Tai Chi Chuan ajuda seus adeptos a permanecerem calmos e bem compostos. Isso não acontece pela moralização dos instrutores, mas devido à própria natureza da prática do Tai Chi Chuan. Como esse treinamento enfatiza a gentileza, a elegância e a harmonia do fluxo energético, ele se presta ao aperfeiçoamento do caráter, mais do que a maioria das outras artes marciais. Ele é intrínseco ao crescimento da clareza mental e da harmonia cósmica. Um típico mestre de Tai Chi Chuan apresenta muitas das qualidades de um modelo de artista marcial: ao mesmo tempo que confia em suas habilidades marciais, fala com calma, é humilde, tolerante e pacífico consigo mesmo e com os outros.

Mas o Tai Chi Chuan não é apenas uma arte marcial; ele está profundamente enraizado na filosofia chinesa e na sabedoria taoísta. O termo "Tai Chi Chuan", que literalmente significa o "Princípio Infinito" e figurativamente "o cosmo", tem sua origem no *Yi Jing* (*I Ching*), o *Livro das Mutações*. No início do clássico *Tratado de Tai Chi Chuan*, que deveremos estudar mais pormenorizadamente depois, o grande mestre Wang Zong Yue diz que o "Tai Chi nasce do Vazio. Origina o movimento e o repouso, e é a mãe do yin e do yang. Quando movido, separa; quando em repouso, unifica". É impressionante o quanto essa filosofia se aproxima da física moderna no que diz respeito ao átomo e ao universo.

Ao ler este livro com atenção, espero que o leitor seja tocado pelas maravilhas do Tai Chi Chuan. Muitos acham difícil acreditar que esses benefícios sejam possíveis. É fácil entender isso, porque apenas um pequeno número de pessoas tem acesso aos conhecimentos relacionados com essa arte marcial. Há muitas razões para esse fato; entre elas, uma tendência dos mestres do passado de reter os seus segredos; e também a grande distância cultural que existe entre o Ocidente e o Oriente. Você, contudo, não deverá aceitar qualquer coisa que este livro lhe disser simplesmente pela fé; mas pratique os exercícios durante algum tempo, de preferência com a ajuda de um bom instrutor, e então avalie aquilo que ele lhe ensinou segundo o seu próprio juízo e experiência, da melhor maneira possível.

2

O conceito de yin–yang no Tai Chi Chuan

O que pode ter-lhe escapado nas aulas de Tai Chi

De muitas maneiras, poderíamos dizer que o Tai Chi Chuan é totalmente fundamentado no yin e yang. Se há apenas yin e não há yang, ou vice-versa, então não é Tai Chi Chuan.

A filosofia do yin–yang

Você alguma vez se perguntou por que Tai Chi Chuan se chama Tai Chi Chuan? Por que essa arte marcial tão eficiente é tão amplamente praticada para aprimorar a saúde? Por que normalmente fazemos os seus movimentos tão devagar? E por que muitos praticantes alcançam uma porção tão pequena dos benefícios que podem ser proporcionados por ela? O conhecimento sobre Tai Chi Chuan nos trará respostas para essas e outras perguntas.

Yin–yang talvez seja o conceito chinês mais amplamente difundido no Ocidente; é também aquele a respeito do qual se cometem mais equívocos, mesmo entre os próprios chineses. Muitos eruditos, por exemplo, transmitem a impressão de que o yin e o yang, que representam os princípios positivo e negativo, masculino e feminino, sejam as duas forças primordiais que controlam o universo, ou os dois componentes fundamentais a partir dos quais todo o cosmo é constituído. Essa interpretação é bastante errônea, apesar da popularidade que esse mesmo conceito goza, por outro lado, entre figuras de respeito. Yin e yang, por si só, não são nem forças nem componentes; são, na verdade, símbolos e podem ter significados diferentes em contextos diferentes. Assim, algumas vezes eles podem *simbolizar* forças ou componentes, sejam cósmicos ou de outra natureza, mas nem sempre o fazem.

Ainda que as suas manifestações sejam com freqüência bastante profundas, na sua forma mais simples o conceito de yin e yang está relacionado sempre a dois aspectos que, embora sejam opostos, são também complementares em relação a tudo o que existe no universo, seja um simples objeto, um processo ou uma idéia. Por exemplo, se caminhamos olhando para o céu, que está acima de nós, "céu" e "acima" tornam-se significativos apenas quando relacionamos esses dois termos aos seus simétricos "terra" e "abaixo". Normalmente, fazemos essa relação sem ter consciência disso, já que esses termos são tão familiares a nós; contudo, mesmo inconscientemente, nós a fazemos. Em outras palavras: "céu" e "acima" e "terra" e "abaixo" são dois pares cujos elementos se opõem, ainda que se complementem, e cada um deles dá sentido ao outro. Se não pudéssemos definir conceitualmente os termos "abaixo" e "terra", também não seria possível definir "acima" e "céu", e vice-versa. Se estivéssemos bem longe — no espaço sideral, talvez —, "abaixo" e "terra" ou "acima" e "céu" não teriam significado. Um desses dois aspectos é denominado yin, e o outro é denominado yang. De acordo com esse exemplo, "acima" e "céu" referem-se, por convenção, ao yang, enquanto "abaixo" e "terra" referem-se ao yin.

Observemos, então, o próprio céu, que é yang quando comparado à terra. Se estiver nublado e relativamente escuro, poderemos nos referir a ele como sendo yin em relação às outras vezes em que esteve claro e ensolarado. No entanto, se compararmos esse mesmo céu nublado com o aspecto que teria durante a noite, então ele é yang, pois será sempre mais claro do que o céu noturno, mesmo que pareça escuro em contraste com um dia ensolarado. Portanto, podemos perceber que yin e yang, em suas manifestações escura e clara, são relativos, além de complementares.

Yin e yang são dois aspectos de uma unidade ou holismo. Essa unidade geralmente é representada por um diagrama conhecido como o símbolo do Tai Chi (*ver figura 2.1*). Tai Chi é geralmente traduzido por cosmo. Ao observarmos o símbolo, percebemos que ele é perfeitamente simétrico de todos os pontos de vista. Ele simboliza magistralmente aqueles aspectos complementares, embora opostos, do yin–yang. Percebemos também que o yin começa precisamente onde o yang atinge o seu máximo, e vice-versa.

Figura 2.1 O símbolo do Tai Chi

Os conceitos de yin e yang e do símbolo do Tai Chi são utilizados em muitas outras disciplinas além das artes marciais. São particularmente significativos na medicina, na alquimia, na astrologia, na geomancia e na filosofia taoísta. Na medicina chinesa, por exemplo, freqüentemente se diz que a harmonia yin–yang é essencial para a saúde. Como uma fórmula matemática, ele é um princípio conciso, embora grandioso, que pode se manifestar em inúmeras situações na saúde individual e na medicina. O símbolo do Tai Chi é o motivo mais recorrente nas ilustrações taoístas, simbolizando, entre outras coisas, o físico e o espiritual da filosofia taoísta.

O yin–yang no treinamento da postura e da força no Tai Chi

O nome "Tai Chi Chuan" deriva desse conceito de yin–yang de acordo com a sua expressão no símbolo do Tai Chi. O yin–yang se manifesta em todos os quatro aspectos ou dimensões do Tai Chi Chuan, a saber, na postura, no treinamento da força, na aplicação e na teoria.

Quando Zhang San Feng modificou o kung-fu shaolin para o Wudang dos Punhos Longos, que mais tarde viria a ser o Tai Chi Chuan, ele aperfeiçoou os movimentos de modo a deixá-los mais suaves e circulares na arte de lutar, e aperfeiçoou também a harmonia dos movimentos, relativamente mais duros, do kung-fu shaolin. Observemos, a título de exemplo, como o golpe shaolin conhecido como O Tigre Negro Rouba o Coração (*figura 2.2a*) evoluiu para um soco relativamente mais "suave" no movimento do Tai Chi conhecido como Mover — Interceptar — Esmurrar (*figura 2.2b*); e como o bloqueio diagonal direto do shaolin, conhecido como A Bela Olha-se no Espelho (*figura 2.2c*), desenvolve-se no movimento circular de bloqueio do Tai Chi (*figura 2.2d*).

Assim, em geral percebemos que os movimentos do Tai Chi são graciosos, delicados e bem diferentes dos movimentos do kung-fu shaolin, por sua vez rápidos e potentes. Os alunos de Tai Chi Chuan normalmente fazem os movimentos de forma lenta, pois fica mais fácil desenvolver o fluxo interno de energia com movimentos lentos; entretanto, se os praticantes adquirem destreza na execução desses movimentos, estes podem, e devem, tornar-se mais rápidos e vigorosos, completando dessa maneira o ciclo harmonioso do yin (que é lento e delicado) e do yang (que é rápido e vigoroso).

Na época em que Chen Wang Ting estava desenvolvendo uma filosofia para o Tai Chi Chuan, a maioria das outras artes marciais dava ênfase aos métodos rígidos e exteriores de outras práticas em seus treinamentos, como o uso de sacos de areia, levantamento de peso e postes para o treino de socos. Chen Wang Ting procurava, por sua vez, enfatizar métodos interiores e suaves, como movimentos circulares e o fluxo de energia, para equilibrar o que ele acreditava ser um treinamento excessivamente duro.

No método rígido e externo usado para desenvolver A Palma de Ferro Shaolin, por exemplo, o praticante golpeia com as palmas das mãos, com regularidade e persistência, um saco de areia, numa rotina diária realizada durante meses e anos. Entretanto, no método suave e interno utilizado para desenvolver a Palma do Tai Chi, os praticantes fazem movimentos graciosos para produzir um fluxo de energia através da palma das mãos. Nesse método, é preciso praticar de maneira adequada o controle da respiração e a visualização: só fazer os movimentos externos dificilmente produzirá um efeito significativo.

Esse método de desenvolver a Palma do Tai Chi ilustra o conceito de yin–yang: um lembrete de que os melhores resultados são obtidos quando o yin e o yang estão em harmonia. Aqui, o aspecto yang se manifesta nos movimentos de mãos externos e circulares, e o aspecto yin, no controle da respiração e na visualização. Um praticante pode ainda desenvolver muita força fazendo uso apenas da respiração e da mente; o resultado, entretanto, será bem melhor se os movimentos apropriados das mãos também forem empregados. A abordagem aqui é suave e interna, mas quando o praticante tiver adquirido força, a aplicação poderá ser rígida e externa.

Figura 2.2 As posturas rígidas e flexíveis do kung-fu

Contudo, muitos alunos de Tai Chi Chuan partem hoje em dia para o outro extremo, por acreditar que o treinamento exterior e a aplicação sejam estranhos ao Tai Chi Chuan. Uma reflexão sobre os princípios yin–yang ajudaria a superar essa visão superficial e propiciaria a visão interior necessária para um treinamento mais eficiente.

O yin–yang na aplicação do Tai Chi Chuan

Alguns praticantes de artes marciais enfatizam apenas o aspecto da luta em suas modalidades, e com freqüência sacrificam a própria saúde para adquirir mais destreza na luta, desenvolvendo mãos e pés firmes, de tal maneira que acabam perdendo muito da sensibilidade natural e sofrem muitos danos físicos que muitas vezes passam despercebidos. Porém, mais graves ainda que os danos físicos são os prejuízos espirituais e emocionais que esse tipo de prática provoca. Alguns ficam agressivos e brutais, irritando-se com facilidade quando acidentalmente são golpeados pelos parceiros durante um treinamento e chegam, inclusive, a demonstrar um orgulho sádico ao punir seus colegas durante uma luta.

Os mestres de Tai Chi Chuan vêem essas práticas e atitudes insanas como excesso de yang, ou seja: dá-se ênfase excessiva ao aspecto yang da luta, em detrimento do aspecto yin da saúde. Para consertar esse desequilíbrio, enquanto mantêm a excelente função do sistema como arte de luta, eles colocam mais ênfase no aspecto saúde, praticando o Tai Chi Chuan para prevenir doenças, aumentar a vitalidade e promover a longevidade. De fato, é um excelente sistema para aliviar doenças degenerativas e psiquiátricas como a asma, o reumatismo, a gastrite, a depressão e o *stress*, contra as quais a medicina convencional e a psiquiatria se mostraram ineficazes.

Por outro lado, muitos alunos e instrutores hoje exageram a ênfase no aspecto saúde, o que significa que a maneira como praticam o Tai Chi Chuan também está em desequilíbrio.

Inúmeros alunos de Tai Chi Chuan não sabem como aplicar sua arte para a defesa pessoal, nem mesmo para bloquear os golpes mais simples, como um soco direto e um chute. Alguns praticantes com quem tenho conversado mostraram-se de fato surpresos ao descobrir que o Tai Chi Chuan é uma arte marcial. Em mais de uma dúzia de livros que consultei em pesquisas recentes não há nenhuma informação substancial a respeito do aspecto marcial do Tai Chi, embora muitos dos livros escritos em chinês descrevam esse sistema de fato como uma arte marcial.

Entre os praticantes que sabem que o Tai Chi Chuan é fundamentalmente uma arte marcial, muitos insistem em dizer que o praticam por causa da saúde, e não da luta, sem refletir sequer que praticar uma arte marcial sem compreender suas funções marciais é ignorar sua essência. É um excesso de yin, comparável ao excesso de yang explicado antes; é algo avesso ao espírito do Tai Chi Chuan.

O que muitos entusiastas do Tai Chi Chuan não percebem é que os melhores benefícios que ele proporciona à saúde derivam de sua prática como arte marcial, mesmo que não seja empregado como luta. Se você pratica Tai Chi Chuan como uma forma de exercícios suaves, como muitos fazem, os benefícios alcançados serão mínimos, menores talvez do que aqueles que você poderia alcançar com ginástica calistênica, ginástica aeróbica ou natação. Mas se você praticar como deve, ou seja, como arte marcial — da mesma forma que faziam os grandes mestres de Tai Chi Chuan do passado —, os benefícios serão enormes. Assim você se livrará, por exemplo, de doenças físicas e emocionais, terá vigor e energia em abundância, manterá a calma e será senhor de si mesmo durante as situações mais difíceis, e todos esses benefícios serão aprimorados pela idade! Por que é assim, e como você deve treinar para alcançar esses benefícios, será explicado mais adiante. Por enquanto, é suficiente dizer que o conceito de yin—yang é significativo; ele nos lembra do yin—yang do Tai Chi Chuan em seus aspectos marcial e de saúde, bem como nos princípios orientadores dos métodos de treinamento dos quais derivam esses benefícios.

Vejamos como esse conceito é aplicado ao Tai Chi Chuan numa situação de combate.

Um princípio importante do Tai Chi Chuan é: "Se o meu oponente não se mover, eu não me moverei; se o meu oponente se mover, eu me moverei mais rápido que ele." Daremos, a seguir, um exemplo disso.

Meu oponente está pronto para atacar. Apesar de movimentar minhas mãos e meus pés sem propósito, como fazem certos iniciantes, eu insisto nisso, com a finalidade de avaliar a outra pessoa e de fazer que tanto a minha mente quanto a minha energia permaneçam concentradas. Assim que o meu oponente se mover para me atacar, seja para me dar um direto ou um chute lateral, eu me moverei com mais rapidez para frustrar o seu ataque, antes mesmo de ele ser realizado por completo, e contra-atacá-lo, por exemplo, desviando seu soco ou chute e golpeando-o simultaneamente com a palma da outra mão. Esse é o padrão de Tai Chi conhecido como O Dragão Verde Cospe a Pérola, que também é conhecido como Girar o Joelho e Avançar o Passo.

A estratégia do exemplo acima envolve a imobilidade e o movimento, que são representados pelo yin e pelo yang. Simbolicamente, pode ser expresso da seguinte forma: "Se for yin, que seja mais yin; se for yang, que seja mais yang." Obviamente, essa estratégia só poderá ser usada por alguém que tenha muita destreza nela. Se, quando o seu oponente estiver se preparando para o ataque, você estiver impaciente apesar de permanecer imóvel, não haverá yin suficiente para executar essa estratégia; e se, quando, por outro lado, o oponente o atacar, você reagir muito lentamente, então não haverá o yang necessário para a execução de mesma estratégia.

Em vez de usar mais yin contra o yin do oponente, e mais yang contra o yang do oponente, o praticante de Tai Chi Chuan poderá empregar estratégias diversas: como usar o yin contra o yang do oponente, e o yang contra o yin do oponente. Podemos expressar essas situações simbolicamente da seguinte forma: "Se for yang, use o yin; se for yin, use o yang." Toda uma categoria de situações de combate nas quais é possível aplicar essa estratégia pode ser resumida em um princípio prático conhecido como "movimento circular contra movimento direto; movimento direto contra movimento circular", em que o movimento circular é representado pelo yin e o movimento direto, pelo yang, como vemos na *figura 2.3*.

Figura 2.3 O yin–yang do circular e do direto

Na *figura 2.3a*, o oponente ataca com um direto violento. O praticante de Tai Chi o desvia com um movimento de braço circular ("circular contra direto") e reage com um golpe com a palma (*figura 2.3b*). Os dois oponentes e os dois praticantes de Tai Chi representados nas figuras são os mesmos descritos no exemplo anterior, mas, nesse caso, o praticante de Tai Chi põe ênfase no movimento circular em vez de no rápido.

O oponente dá um pequeno passo para trás; empurra o braço do praticante para o lado ao erguer o braço esquerdo (*figura 2.3c*) e aplica um chute circular lateral nas costelas do oponente (*figura 2.3d*). Se precisar bloquear esse chute circular, o praticante de Tai Chi fará que a sua perna direita fique posicionada diagonalmente em relação à esquerda e com o pé empurrará a coxa do oponente, em vez de atingir-lhe a genitália, para, nesse caso, evitar machucá-lo gravemente. Neste exemplo foi empregado o "direto contra o circular": *figura 2.3e*.

O yin–yang na filosofia do Tai Chi

O conceito de yin–yang constitui a base filosófica do Tai Chi Chuan. A série fundamental do Tai Chi Chuan, da qual muitas outras derivam, é algumas vezes chamada de As Treze Técnicas do Tai Chi. Essas Treze Técnicas compreendem os oito movimentos básicos de mãos do Tai Chi, a saber: o bloqueio com as mãos, repelir, pressionar, empurrar, agarrar, dar uma cotovelada e inclinar; e os cinco movimentos básicos de pernas: para a frente, para trás, para a esquerda, para a direita e permanecer no centro. Essas treze técnicas fundamentais serão explicadas mais adiante em pormenores.

Os oito movimentos de mãos e os cinco movimentos de pernas são inspirados no conceito dos Oito Trigramas, ou *ba-guá* (*pakua*) e no dos Cinco Processos Elementares, ou *wuxing* (*wu hsing*), da filosofia taoísta. O *ba-guá* e o *wuxing* são conceitos bastante próximos um do outro, e o princípio do yin–yang constitui o fundamento da sua prática.

O *ba-guá* simboliza as oito formas arquetípicas do universo, que são representadas pelo céu, pela terra, pelo trovão, pelo vento, pela água, pelo fogo, pela montanha e pelo pântano.

Devemos nos lembrar de que se trata de símbolos, e não de objetos independentes; o céu, por exemplo, pode representar autoridade e poder. O conceito de *ba-guá* é a base para o funcionamento do *Yi Jing* (*I Ching*), o *Livro das Mutações*,* não só nas tendas de adivinhos, mas também em vários campos, como na estratégia militar, na política e na economia.

---

* Wilhelm, Richard. *I Ching, o Livro das Mutações*, Editora Pensamento, São Paulo, 1998.

O *wuxing* representa os Cinco Processos Elementares do universo, que são representados pelo metal, pela água, pela madeira, pelo fogo e pela terra. É importante perceber que são processos, e não elementos — como são ·freqüentemente descritos por eruditos ocidentais. A água e o fogo como processos arquetípicos no *wuxing* distinguem-se da água e do fogo como formas arquetípicas no *ba-guá*. Não podemos nos esquecer de que esses termos são simbólicos; a água como um processo, por exemplo, pode representar métodos de treinamento que aprimoram a saúde.

Entender os conceitos de *ba-guá* e *wuxing* é muito útil, mas não essencial, na prática do Tai Chi Chuan para a saúde ou para o combate. Mas se visamos a um nível mais elevado, no qual a prática acaba resultando em compreensão filosófica e desenvolvimento espiritual, então esse entendimento é capital.

Os conceitos de *ba-guá* e *wuxing* no Tai Chi Chuan serão discutidos em detalhes mais adiante. Enquanto isso, examinemos como o conceito de yin—yang pode nos ajudar a entender a teoria do Tai Chi Chuan de forma mais concreta ou prática. Esse conceito é evidente em preceitos básicos do Tai Chi Chuan, como o de "quietude e movimento", "mente e corpo", "habilidade e aplicação".

Nesses preceitos, quietude, mente e habilidade são representados convencionalmente por yin, ao passo que movimento, corpo e aplicação são representados por yang.

Entender a harmonia do yin—yang possibilita-nos perceber que tanto a quietude quanto o movimento são coisas importantes. Na seção anterior, vimos como ambos os conceitos são usados de fato no combate. E também é na teoria que rege o combate. Por exemplo, o praticante de Tai Chi que sabe se movimentar mas não é capaz de permanecer quieto e observar o oponente, ou aquele praticante que apenas se mantém plantado no lugar sem saber como se movimentar com rapidez quando surge a oportunidade, não é um lutador eficiente. Ele não sabe aplicar a harmonia yin—yang.

Esse conceito de yin—yang é usado, evidentemente, também em outras áreas. Na prática, por exemplo, se um estudante simplesmente executa os movimentos do Tai Chi — como uma rotina — sem dedicar tempo e esforço à prática da quietude do Tai Chi Chuan, nem à da postura de meditar sentado, é improvável que ele alcance os melhores resultados porque a prática está incompleta.

Da mesma forma, um bom praticante de Tai Chi usa a mente e o corpo, não apenas no combate, mas também no trabalho diário e no lazer. Se a maneira como ele pratica o Tai Chi lhe garante uma boa forma física e um corpo saudável, mas faz com que ele continue com a mente embotada, isso significa que o seu treinamento está incompleto. Ele pode ser, mesmo assim, um praticante de Tai Chi Chuan muito habilidoso, mas se continua indisposto no trabalho e no lazer é porque falhou no preceito básico de "habilidade e aplicação" do yin—yang.

Assim, um bom entendimento do conceito yin–yang permite-nos tanto uma melhor apreciação do Tai Chi Chuan quanto obter dele mais benefícios. De muitas maneiras, o Tai Chi Chuan tem muito que ver com o yin–yang. Se houver yin mas não houver yang, ou vice-versa, então não haverá Tai Chi Chuan. Por exemplo, se nós só praticamos as posturas do Tai Chi Chuan, mas não procuramos desenvolver a força do Tai Chi Chuan, então não estamos praticando essa arte por completo, pois, nesse caso, só há yin, mas não há yang. Na melhor das hipóteses, estaríamos executando algum tipo de dança graciosa, o que não nos levaria muito longe, mesmo que praticássemos durante toda a vida. Se praticarmos, por outro lado, o Tai Chi Chuan para a saúde mas não soubermos aplicá-lo para a defesa pessoal, ou se apenas o usamos para lutar mas não alcançamos nenhum dos benefícios que essa arte traz para a saúde, então é porque falta ao nosso treinamento essa harmonia do yin–yang.

O Tai Chi Chuan é uma arte maravilhosa que nos proporciona vitalidade, habilidade para a defesa, estabilidade emocional, vigor mental e uma vida longa e saudável. Em seu nível mais elevado, se estivermos preparados, ele nos ajudará a transcender o físico e a completar a busca taoísta da imortalidade. O entendimento do conceito de yin–yang nos dá um vislumbre dessas maravilhas.

3

O desenvolvimento histórico dos vários estilos

Saúde, combate e alegria espiritual no Tai Chi Chuan

Há três fases características no seu desenvolvimento que podem ser mais bem representadas pelos seguintes estilos: o Tai Chi Chuan Wudang, o estilo Chen de Tai Chi Chuan e o estilo Yang de Tai Chi Chuan.

As primeiras referências históricas ao Tai Chi

Se você, como muitos estudantes, fica confuso com tantos estilos de Tai Chi Chuan, este capítulo explicará como eles se desenvolveram a partir de uma raiz comum, o Tai Chi Chuan, que se tornou uma árvore com diversos ramos. Você não só apreciará as diferenças como também as semelhanças entre os vários estilos que serão descritos em pormenores nos capítulos seguintes. O quadro de cada um deles será apresentado, de acordo com os ensinamentos dos melhores mestres conhecidos.

Como vimos, o termo "tai chi" significa "o cosmo", tem a sua origem no *Yi Jing* (*I Ching*), o *Livro das Mutações*, e está intimamente relacionado com a filosofia taoísta. Mas ninguém tem muita certeza a respeito da origem do Tai Chi Chuan, ainda que várias teorias tenham sido postuladas a esse respeito. Alguns registros indicam que, durante a dinastia Tang (618 d.C.–906 d.C.), um eremita chamado Xu Xuan Ping praticava uma arte conhecida como Os 37 Estilos do Tai Chi. Também foi chamada de *Changquan* ou "Punho Longo" e, mais tarde, de "Rio Longo" em referência ao Yang-tzé Kiang, o rio mais extenso da China, porque a sua execução deveria ser longa e contínua como um rio. Por volta da mesma época, no monte Wudang, um sacerdote taoísta chamado Li Dao Zi praticava uma arte denominada Punho Longo Primordial, que era semelhante aos 37 Estilos do Tai Chi.

O documento mais antigo a usar o termo "Tai Chi Chuan" é um texto clássico chamado de "Método para se Alcançar o Esclarecimento através da Observação da Escritura" (*Guan Jing Wu Hui Fa*), que foi escrito por Cheng Ling Xi, que viveu durante o período da dinastia Liang (907 d.C.–923 d.C.).

Cheng Ling Xi estudou com Han Gong Yue, que chamava a sua arte de Os 14 Estilos do Treinamento de Tai Chi.

Zhang San Feng e a origem do Tai Chi Chuan

A teoria mais popular sobre a origem do Tai Chi Chuan, todavia, cabe ao sacerdote taoísta Zhang San Feng (cujo nome se pronuncia, e às vezes se soletra, de acordo com o sistema francês, Chang San Foong), que viveu por volta do final da dinastia Song, no século XIII. Depois de se formar no conhecido Mosteiro Shaolin, o berço do kung-fu shaolin, do chi kung e do zen, Zhang San Feng continuou a praticar artes marciais e o desenvolvimento espiritual no Templo do Pico Purpúreo, no monte Wudang, que é um dos mais importantes montes sagrados do taoísmo.

Um dia, Zhang San Feng testemunhou uma briga entre uma serpente e um grou (alguns documentos dizem que se tratava de um pardal), e isso o inspirou a modificar o seu kung-fu shaolin, relativamente rude, para um estilo mais suave que passou a ser conhecido como Os 32 Estilos do Wudang do Punho Longo. Este, mais tarde, desenvolveu-se no Tai Chi Chuan. Zhang San Feng foi o primeiro mestre a descartar os métodos de treinamento exterior — como golpear sacos de areia, pressionar as mãos em grãos, treinar com pesos — e estimular os métodos interiores — como o controle da respiração, o fluxo do *chi* e a visualização. Por esse motivo, ele ficou conhecido como o primeiro patriarca do kung-fu interior, arte que abrange o Tai Chi Chuan, o kung-fu Pakua e o kung-fu Hsing Yi. A maioria das escolas de Tai Chi reconhece hoje Zhang San Feng como o fundador do Tai Chi Chuan, com exceção do estilo Chen de Tai Chi Chuan, por razões que serão explicadas mais adiante.

A "Canção do Sentar Silencioso", que mostramos abaixo, foi extraída de *O Segredo de Treinar a Quintessência Interior na Arte do Tai Chi*, que, segundo se dizia, fora escrito por Zhang San Feng. Essa canção mostra que o objetivo original do Tai Chi Chuan era o enriquecimento espiritual.

> Sentando em silêncio, exercita a meditação;
> O impulso está no *yuanguan.*
> Contínua e suavemente regula a respiração;
> Um yin e um yang fermentam no caldeirão interior.
> A natureza precisa ser iluminada; a vida, preservada.
> Não te apresses, deixa o fogo queimar lentamente.
> Fecha os olhos e contempla o teu âmago,
> Deixa que a tranqüilidade e a espontaneidade sejam a fonte.
> Em cem dias, verás um resultado:
> Uma gota de quintessência brota do *kan,*

A parteira é quem promove a união,
O bebê e a mulher são perfeitos.
A beleza é ilimitada e inexplicável,
Por todo o corpo, a energia vital emerge.
Quem pode viver uma experiência tão maravilhosa?
É como uma pessoa muda que tem um lindo sonho.
Capta prontamente a essência primordial;
A quintessência avança sobre os três obstáculos,
Subindo do *dantian* para o topo do *niyuan*,
Para então submergir no *zhongyuan*.
Água e fogo combinam-se para formar o verdadeiro mercúrio,
Sem o *wu* e o *ji* não há quintessência.
Deixa que a mente esteja tranqüila e a vida seja vigorosa,
O espírito irradia através de três mil mundos.
Um galo dourado canta no bosque sombrio,
A flor de lótus floresce no meio da noite.
O inverno chega, o sol torna a brilhar,
Um rugido atroador irrompe no céu e na terra.
Dragões gritam, tigres brincam;
A música celeste inunda o céu de harmonia plena,
Na nebulosa mistura tudo é vazio,
Os fenômenos infinitos estão todos aqui.
Maravilhoso em seu mistério: misterioso em seu prodígio.
A circulação da corrente irrompe através dos três obstáculos;
Todos os fenômenos nascem da união do céu e da terra.
Sorve o orvalho da natureza, doce como mel,
Os santos são budas, os budas são santos.
Quando a realidade última se revela, o dualismo desaparece,
Então, eu compreendo: todas as religiões são iguais!
Come, se faminto; dorme, se cansado,
Fazer oferendas e pratica a meditação.
O grande Tao está bem diante dos teus olhos,
Se estiveres iludido, perderás a oportunidade.
Uma vez perdida a forma humana, podes ter de esperar
   um milhão de eras.
O sonho ignorante da subida aos céus,
O cego adentra a floresta profunda para praticar.
O segredo supremo é maravilhoso além do profano,
Descartar o segredo supremo é um grave pecado.
Os quatro verdadeiros princípios, tu os tens de cultivar,
Romper o portal do mistério para alcançar o maravilhoso.
Cultiva o dia e a noite incansavelmente,

Consiga logo um mestre que devolva tua quintessência.
Alguns sabem que o verdadeiro mercúrio
É a quintessência da longevidade e da imortalidade;
Consagra-te ao dia; persevera cada dia mais;
Não faças do cultivo espiritual uma tarefa imediata:
O cultivo tarda, para o êxito, três anos, nove anos,
Até que uma pérola de quintessência amadureça.
Se queres saber quem compôs esta canção,
Foi o sacerdote taoísta da Pureza e do Vazio, o santo San Feng.[1]

Escrito propositadamente em linguagem simbólica para proteger o seu conteúdo misterioso daqueles que não eram iniciados, essa canção apresenta tanto a filosofia quanto o método para alcançar a meta suprema no taoísmo do Tai Chi Chuan, ou em qualquer outra disciplina espiritual. Sobre o desenvolvimento espiritual no Tai Chi Chuan, daremos explicações mais detalhadas no capítulo 21.

Yuanguan, dantian, niyuan e *zhongyuan* são diferentes campos de energia no corpo. *Kan* refere-se ao abdômen; *wu* e *ji* referem-se, respectivamente, à circulação de energia vital em volta do corpo, numa arte do chi kung conhecida como O Pequeno Universo. A parteira, o bebê, a mulher, os dragões, os tigres e o galo dourado são termos simbólicos que descrevem a aplicação de mente e energia, unidas em harmonia com a finalidade de produzir uma pérola de quintessência ou uma luminosidade íntima. O bosque sombrio é uma alusão à frase de Hui Neng "Bodhi não é uma árvore", uma maneira zen de dizer que a realidade suprema não tem forma; os quatro princípios verdadeiros são as Quatro Verdades Nobres, que compõem os alicerces dos ensinamentos de Buda. Essas duas referências, assim como outros conceitos apresentados na canção, refletem os ensinamentos shaolin de Zhang San Feng.

As provas da existência de Zhang San Feng são impressionantes, embora alguns estudiosos digam que ele foi um mito. Nas alturas do monte Wudang há duas enormes placas de pedra que lhe prestam homenagem como a um santo: uma delas, foi colocada lá por decreto do imperador Seng Zu, da dinastia Ming; a outra, por decreto do imperador Ying Zong, também da dinastia Ming.

A *História Imperial da Dinastia Ming* registra que Zhang San Feng nasceu em 1247, aprendeu os preceitos do taoísmo com um mestre taoísta chamado Dragão de Fogo, no monte Nanshan em Shenxi; cultivou seu espírito por nove anos no monte Wudang; era conhecido pelo título honorífico de "O Santo da Conquista Espiritual Infinita"; e foi o primeiro patriarca das artes marciais interiores.

Os Anais do Grande Pico da Montanha da Paz Eterna mencionam que ele estudou o yin—yang do cosmo, observou o princípio da longevidade das tartarugas e dos grous e obteve resultados notáveis. A obra *Collections of Clouds and Water* o descreve carregando alaúde e espada nas costas, cantando canções taoístas, trabalhando nas montanhas e estudando os maravilhosos segredos do cosmo.[2]

Os primeiros mestres do Tai Chi Chuan

O sucessor de Zhang San Feng foi o monge taoísta Taiyi Zhenren, muito conhecido por causa da sua espada de Wudang. No final da dinastia Ming, o kung-fu Wudang, que fora ensinado originalmente aos monges taoístas no templo do Pico Purpúreo, foi difundido entre discípulos seculares. O monge taoísta Ma Yun Cheng transmitiu a arte ao seu famoso discípulo secular Wang Zong Yue, que denominou essa arte de Tai Chi Chuan Wudang e cujo *Tratado de Tai Chi Chuan* continua um clássico até os dias de hoje.

Outros dois, entre os célebres discípulos de Ma Yun Cheng, eram Mi Deng Xia e Guo Ji Yuan, popularmente conhecidos como "os dois santos". Há alguma indicação de que eles ensinaram o kung-fu Wudang para Dong Hai Chuan, o fundador do kung-fu Pakua. Se isso é verdade, então o Tai Chi Chuan e o kung-fu Pakua (ou *Baguazhang* em chinês românico) têm a mesma origem: o kung-fu Wudang.

Wang Zong Yue transmitiu a arte a outro mestre secular famoso, Zhang Song Xi, que depois ensinou a Dan Si Nan. O discípulo de Dan era Wang Zheng Nan, que particularmente se referia ao kung-fu Wudang como uma arte interior distinta do kung-fu shaolin, que ele chamava de exterior. É sabido que Wang Zong Yue ou Zhang Song Xi ensinou a arte do Wudang para a família Chen em Chen Jia Gou, ou no povoado da família Chen, no distrito de Wen, na província de Henan, onde a arte era conhecida como Tai Chi Chuan.

Contudo, a família Chen, fundadora do estilo Chen de Tai Chi Chuan, afirmava que o Tai Chi Chuan fora desenvolvido no século XVII por um ancestral da nona geração da sua família, Chen Wang Ting, um general da dinastia Ming, e que Wang Zong Yue de fato aprendeu essa arte com a família Chen.

Chen Wang Ting e o estilo Chen de Tai Chi Chuan

Quando a dinastia Ming foi substituída pela dinastia Qing, Chen Wang Ting retirou-se na aldeia da família Chen para passar o tempo estudando literatura e artes marciais, desenvolvendo subseqüentemente o Tai Chi Chuan.

Não há registros precisos sobre onde Chen Wang Ting aprendeu originalmente as artes marciais, mas há duas teorias bem populares de como o estilo

Chen de Tai Chi Chuan se desenvolveu. A primeira delas diz que o kung-fu Wudang de Wang Zong Yue, ou Tai Chi Chuan Wudang, como é mais conhecido nos dias de hoje, é o fundamento no qual esse estilo se baseia, porque Wang Zong Yue ficou por muitos anos na aldeia da família Chen e também porque o *Tratado de Tai Chi Chuan*, que ele escreveu, descreve admiravelmente a filosofia e as técnicas de Tai Chi. A segunda diz que Chen Wang Ting aprendeu sua arte no exército, como um legado de Qi Ji Guang, o grande general da dinastia Ming, que no século XVI evitou a invasão naval japonesa, uma vez que a obra-prima de Qi, *O Clássico de Kung-fu*, estabelece os princípios fundamentais do estilo Chen de Tai Chi Chuan.

Algumas pessoas sugerem que Chen Wang Ting poderia ter sido influenciado diretamente pelo kung-fu shaolin, uma vez que a aldeia da família Chen não ficava longe do Mosteiro Shaolin da mesma província, e que praticamente todas as posturas e princípios do Tai Chi, exceto aqueles que dizem respeito à filosofia taoísta, também estão presentes no kung-fu shaolin.

Os alunos de Tai Chi Chuan podem se inspirar bastante no seguinte poema de Chen Wang Ting, que mostrou o espírito de um guerreiro invencível, ainda que o seu adorado país tivesse sido derrotado. Esse poema também registra o processo no qual ele desenvolveu o Tai Chi Chuan. *O Clássico do Palácio Amarelo*, que ele menciona abaixo, é uma importante obra taoísta sobre o chi kung e o cultivo espiritual.

Ao lembrar-me dos velhos tempos, quando eu era forte e impetuoso,
Varrendo destemidamente obstáculos perigosos,
Agradeço ao imperador pela sua generosidade,
Que me proporcionou viver até a maturidade da velhice.
Hoje, só me resta o *Clássico do Palácio Amarelo* para me acompanhar.
Nas horas de descanso eu invento artes marciais,
Nas horas de trabalho eu cultivo os campos,
E ensino meus filhos e netos a serem fortes e saudáveis para enfrentar
    as situações da vida.
A pensão imperial já acabou há muito tempo,
Tenho de trabalhar duro para pagar as minhas dívidas.
Nunca se deixe vencer pelo orgulho,
Devemos ser sempre humildes e tolerantes.
Todo mundo diz que eu estou triste,
Todo mundo diz que eu enlouqueci.
Ouvi isso muitas vezes,
Mas não me abalei.
Sorria para inúmeras pessoas lutando para permanecer à frente em
    suas atividades profanas;
Eles não entendem a paz interior de não cobiçar riqueza e fama.

Faça a sua emoção calma como o sereno da noite,
Transforme a sua perseverança em montanhas e riachos.
O sucesso não importa;
O fracasso não importa;
Quem é feliz como um santo na sua quietude?
Eu sou feliz como um santo na sua quietude.[3]

Não é incontestável que Chen Wang Ting tenha inventado o Tai Chi Chuan, mas é certo que ele contribuiu bastante para essa filosofia e que foi em sua época que o termo Tai Chi Chuan firmou-se; antes disso era normalmente chamado de kung-fu Wudang.

O velho, o novo, o pequeno e o grande

O Tai Chi Chuan era originalmente ensinado apenas para os membros da família Chen. Em meados do século XVIII, surgiram dois novos subestilos: a Velha Forma, representada por Chen Chang Xin (1771–1853), e a Nova, representada por Chen You Ben. Depois de aprender a Nova Forma com Chen You Ben, seu discípulo Chen Jing Ping (1795–1868) mais tarde a modificaria ao adicionar aos padrões pequenos movimentos circulares. A partir daí, o subestilo de Chen Jing Ping passou a ser conhecido por Pequena Forma. Mais tarde, ele se mudou para Zhao Bao, um centro urbano perto dali, onde passou a ensinar Tai Chi Chuan a alunos que não pertenciam à família Chen. A sua Pequena Forma é, desde então, conhecida também como Forma Zhao Bao.

Essas três formas não são três estilos diferentes, mas três variações do mesmo estilo de Tai Chi Chuan, o Chen. Na Velha Forma, os movimentos "vão do corpo para os braços". Por exemplo, se você pretende dar um soco, primeiro tem de ajeitar a postura para depois mover o corpo de acordo com ela e, em seguida, deixar que a rotação do corpo flua para os braços num movimento contínuo que se inicia nas pernas e termina no soco. A Velha Forma é, por isso, caracterizada por movimentos grandes, ou amplos, nos quais o desenvolvimento da força é o mais importante.

Na Nova Forma, os movimentos "vão dos braços para o corpo". Assim, quando se dá um soco, inicialmente não se movimentam as pernas e o corpo, mas apenas o braço. A conclusão do golpe se dá movendo-se o corpo de acordo com o instante do soco. A Nova Forma tem um repertório bem menor de movimentos do que a Velha Forma e, por essa razão, é mais rápida: é própria para o combate. Deve-se notar que a esse pequeno movimento do corpo que acompanha o instante do soco não deve ser acrescentado o peso corporal, como é bem comum em algumas artes marciais, mas um fluxo maior de energia interior.

Na Pequena Forma, esse movimento do corpo não é necessário; é substituído por um impulso circular do braço que golpeia, o que produz aquilo que é chamado de força espiral. Desse modo, a eficiência em combate do Tai Chi Chuan é aprimorada na Pequena Forma: não é só mais forte, pois envolve pouco movimento, é também mais rápida, conserva mais energia e dá mais equilíbrio.

Os mestres de Tai Chi Chuan advertem os iniciantes de que é necessário começar pela Velha Forma, que ensina o mecanismo básico. No estágio intermediário, quando os alunos já tiverem desenvolvido a força interior pela prática da Velha Forma e tiverem compreendido como executá-la, poderão começar a prática de combate da Nova Forma. Num estágio mais avançado, poderão empregar a Pequena Forma para aumentar a força, a velocidade e o equilíbrio.

Existe também uma quarta forma, a Grande Forma, que foi desenvolvida mais tarde no estilo Yang de Tai Chi Chuan.

Yang Lu Chan e o estilo Yang de Tai Chi Chuan

Há uma história muito interessante que narra o aparecimento do estilo Yang de Tai Chi Chuan. Yang Lu Chan (1799–1872) vendeu todas as suas terras e foi trabalhar como empregado da família de Chen Chang Xin com o objetivo de "roubar" o estilo Chen de Tai Chi Chuan ao aprender os seus segredos. Ele teve tanto sucesso que ninguém percebeu, mas, além disso, ele alcançou um nível muito alto.

Um dia, um experiente lutador de kung-fu desafiou o mestre Chen Chang Xin. Seu filho, seu melhor discípulo, aceitou o desafio, mas foi duramente derrotado. O desafiante pediu para encontrar-se com o mestre. Os alunos de Chen avisaram a ele que o mestre estava fora. Mas o desafiante, determinado a encarar o mestre, alojou-se em uma hospedaria das redondezas e voltava a cada três dias para procurá-lo. Isso continuou por alguns meses. A família Chen ficou desesperada; parecia não haver jeito de livrar-se dessa situação embaraçosa.

Um dia, o desafiante chegou e disse, como de hábito:

— Gostaria de ver Sifu Chen Chang Xin e pedir-lhe que me ensine algumas técnicas de luta!

Era uma maneira delicada de dizer: "Estou aqui para uma luta amistosa."

— Desculpe-me, Sifu, nosso mestre ainda não voltou da viagem! — disse um dos alunos.

— Nesse caso, volto daqui a três dias!

Mas antes que o desafiante fosse embora como de costume, um criado aproximou-se, surpreendendo a todos, e disse:

— Senhor, eu também tenho treinado um pouco o estilo Chen de Tai Chi Chuan. Não sou muito bom, e ficaria honrado se o senhor me fizesse a gentileza de me ensinar!

Era uma forma educada de dizer: "Aceito seu desafio amistoso."

O empregado, já sabemos, era Yang Lu Chan.

Eles ficaram ainda mais surpresos quando Yang Lu Chan, empregando o legítimo estilo Chen de Tai Chi Chuan, derrotou o desafiante. Mas derrotar um desafiante era uma coisa, suportar a disciplina da família Chen, outra. "Roubar" um segredo marcial era um delito grave, castigado com a morte. Então, Yang Lu Chan caiu de joelhos aos pés do mestre, diante de todos os seus alunos, que haviam entrado no pátio da casa da família para vê-lo ser castigado. Depois de reverenciar três vezes e oferecer chá ao mestre, Yang Lu Chan disse solenemente:

— Senhor, sei que cometi um grave delito ao me apoderar dos segredos de sua arte marcial. Sei das conseqüências, e estou pronto a aceitar o castigo.

O clima ficou tenso. O mestre aplicaria a pena capital? Todos estavam agradecidos a Yang Lu Chan por ter derrotado o desafiante, mas o mestre tinha de dar o exemplo para manter a disciplina. O que ele poderia fazer?

Chen Chang Xin bebeu o chá compenetradamente. Então, disse:

— Que delito? Que castigo? O delito só existe quando alguém que não pertence à família rouba a sua arte. Mas você não é um estranho. Ao aceitar e beber o chá que me ofereceu, aceitei-o como discípulo. Estamos todos orgulhosos de você, como novo membro do estilo Chen de Tai Chi Chuan, por ter nos livrado da vergonha e nos honrado.

É bem provável que essa história seja verdadeira, mas Yang Lu Chan traria ainda mais honra para o estilo Chen de Tai Chi Chuan. Antes de se estabelecer em Pequim para ensinar Tai Chi Chuan, viajou pelo país desafiando outros mestres de kung-fu para lutas amistosas, e sempre os derrotava. Ficou conhecido como "Yang, o Eterno Vencedor". Ele foi o primeiro a romper com a tradição de que o estilo Chen de Tai Chi Chuan devia ficar restrito aos membros daquela família, uma geração antes de Chen Jing Ping fazer o mesmo com o Zhao Bao.

Os estilos Wu e Sun

Yang Lu Chan transmitiu seus conhecimentos para Wu Yu Xiang (1813—1880) e também para seus filhos, Yang Ban Hou (1837-1890) e Yang Jian Hou (1839—1917). Wu Yu Xiang, mais tarde, também os aprenderia de Chen Jing Ping e, em troca, ensinaria Yang Ban Hou. O estilo Wu Yu Xiang de Tai Chi Chuan, que é uma combinação da Velha Forma de Yang Lu Chan com a Nova Forma de Chen Jing Ping, é conhecido como estilo Wu de Tai Chi Chuan. O discípu-

44 O LIVRO COMPLETO DO TAI CHI CHUAN

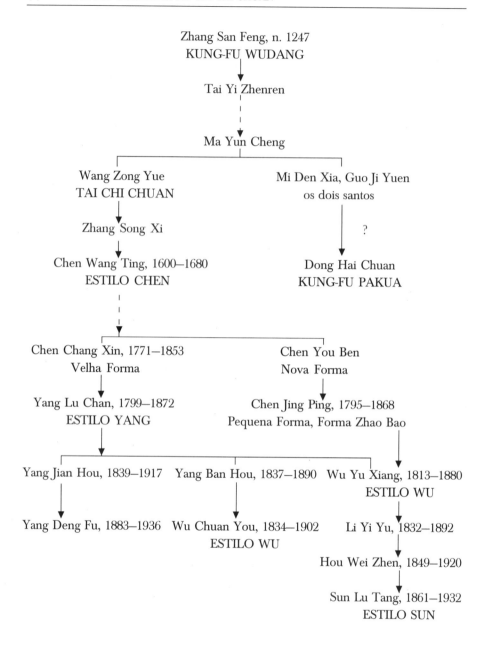

Figura 3.1 A "árvore genealógica" do Tai Chi Chuan

lo mais aplicado de Yang Ban Hou foi Wu Chuan You (1834–1902), que mais tarde desenvolveria um outro estilo Wu de Tai Chi Chuan. O "Wu" de Wu Chuan You tem uma pronúncia um pouco mais suave do que o "Wu" de Wu Yu Xiang (o primeiro é pronunciado no segundo tom, enquanto o outro é pronunciado no terceiro tom). Embora sejam escritos com caracteres chineses completamente diferentes, a semelhança da pronúncia e o fato de que são escritos da mesma forma em inglês, podem confundir muitos ocidentais.

Assim, se você treina o estilo Wu de Tai Chi Chuan, precisa descobrir qual dos dois estilos Wu está treinando.

Outros discípulos de Wu Yu Xiang foram: Li Yi Yu (1832–1892), que ensinou a Pequena Forma a Hao Wei Zhen (1849–1920). Um discípulo notável de Hao Wei Zhen foi o famoso Sun Lu Tang (1861–1932), que era versado nas três escolas de kung-fu interior, conhecidas como kung-fu Hsing Yi, kung-fu Pakua e Tai Chi Chuan. Seu estilo de Tai Chi Chuan é conhecido como estilo Sun de Tai Chi Chuan.

Os três estágios do Tai Chi Chuan

O estilo mais comumente praticado de Tai Chi Chuan hoje em dia é o estilo Yang. O neto de Yang Lu Chan, Yang Deng Fu (1883–1936), ampliou e estabilizou os movimentos dos padrões da Velha Forma que havia aprendido de seu pai com a finalidade de promover os aspectos de saúde do Tai Chi Chuan. Por conseguinte, o estilo Yang de Tai Chi Chuan, que ele desenvolveu, é às vezes chamado de Grande Forma. Ele aboliu o salto, o pisão, o soco direto e outros atos agressivos e de força, mais apropriados para o combate. Também executava os padrões mais lentamente, com delicadeza e graça, quase transformando o Tai Chi Chuan numa bela dança, mesmo sendo ele um lutador formidável.

Ainda que esse desenvolvimento do Tai Chi Chuan, ocorrido ao longo de três gerações, da arte marcial de Yang Lu Chan aos exercícios terapêuticos de Yang Deng Fu, tenha muitos pontos positivos — por exemplo, é mais fácil para pessoas de idade ou menos capacitadas, que acham o estilo original muito duro —, isso não acontece sem algumas desvantagens. A maior delas, na minha opinião, é que há uma perda dos aspectos marciais, a tal ponto que o próprio significado do termo Tai Chi Chuan está desaparecendo. O termo é uma forma abreviada de *Tai Chi quanfa* (que se pronuncia "T'aidji tch'uanfa"). *Tai Chi,* como sabemos, significa "o cosmo", e *quanfa* significa "a arte dos punhos" ou "arte marcial". De fato, algumas pessoas que praticam essa arte apenas por causa de seus aspectos relacionados à melhora da saúde, talvez embaraçadas pela perda de sua essência, referem-se a ela apenas como Tai Chi, e não como Tai Chi Chuan.

Entretanto, se praticam o Tai Chi sem o seu aspecto marcial, não conseguem sequer obter os benefícios de saúde por completo, como estar em forma, ser ágil, calmo e ter uma mente arejada, cheia de vitalidade e energia, pois esses benefícios advêm de exercícios que visam transformar os praticantes dessa arte em artistas marciais de primeira linha. Em outras palavras: se você pratica Tai Chi Chuan simplesmente como um delicado exercício para a saúde, adquire apenas uma sensação de bem-estar, mas não alcançará a velocidade da gazela, a calma do grou, a paciência do boi, a coragem do tigre e a longevidade da tartaruga, ou seja, tudo aquilo que um artista marcial espera alcançar. Por outro lado, se você pratica o Tai Chi Chuan da maneira como ele é ensinado pelos mestres, poderá adquirir todas essas qualidades.

Se examinarmos o desenvolvimento histórico do Tai Chi Chuan desde o tempo de Zhang San Feng até os dias de hoje, poderemos observar que, à medida que ele evolui no tempo, regride em qualidade. Existem três estágios característicos no seu "desenvolvimento", que são mais bem representados no Tai Chi Chuan Wudang, no estilo Chen de Tai Chi Chuan e no estilo Yang de Tai Chi Chuan. O propósito do Tai Chi Chuan Wudang é grandioso e sublime; não se resume ao mergulho no cosmo. No tempo do estilo Chen de Tai Chi Chuan, o propósito inicial deixou de ser o cultivo espiritual e passou a ser a maestria no combate. Mas, no tempo do estilo Yang de Tai Chi Chuan, a dimensão marcial quase desapareceu; a maioria dos estudantes de Tai Chi Chuan, hoje em dia, pratica essa arte marcial devido ao seu aspecto saudável, sendo que muitos nem se dão conta de que é uma arte marcial e muito menos de que é também um caminho para o desenvolvimento espiritual.

Esta descrição não pretende sugerir que o Tai Chi Chuan Wudang seja superior aos demais. Qualquer estilo de Tai Chi Chuan, se praticado corretamente, pode levar aos melhores resultados, e qualquer estilo, se praticado sem a compreensão da profundidade de seu significado e dimensão, pode acabar degenerando num simples exercício de dança. A situação atual do Tai Chi Chuan é bastante precária: quando pessoas que fizeram apenas alguns cursos de fim de semana começam a ensinar a arte, quando os próprios instrutores não têm energia suficiente para saltar ou correr para pegar um ônibus, fica fácil entender por que essa arte está degenerando a ponto de se tornar simplesmente um exercício de demonstração — ao qual os mestres se referem como "punhos floridos e chutes enfeitados". O propósito deste livro é apresentar a filosofia e os métodos do Tai Chi Chuan como foram ensinados pelos seus maiores mestres, para que praticantes dedicados possam alcançar seus objetivos de acordo com o nível ou com o estágio de realização que escolherem.

4

Conselhos dos grandes mestres

Como alcançar resultados melhores em menos tempo

Não existe melhor modo de obter os conhecimentos adequados sobre alguma arte do que aprendê-la diretamente dos mestres.

Existe alguma forma melhor de aprender uma arte do que com os próprios
mestres? Alguns dos conselhos mais importantes registrados pelos mestres do
Tai Chi Chuan ainda podem ser lidos em *Song of Secrets for Training in the 13
Techniques*, de Wu Yu Xiang (1813–1880), *Five Characters Formula*, de Li Yi
Yu (1832–1892) e *Ten Important Points of Tai Chi Chuan*, de Yang Deng Fu
(1883–1936).

A "Canção dos Segredos para o Treinamento"

A "Canção dos Segredos para o Treinamento das Treze Técnicas" tem a forma de poema. É claro que grande parte da poesia se perde na tradução,
embora o significado se mantenha. Wu Yu Xiang foi o criador do estilo Wu de
Tai Chi Chuan, ao combinar a Velha Forma de Yang Lu Chan com a Postura
Nova de Chen Jing Ping. Eis aqui os seus conselhos:

> Não subestime as treze técnicas,
> A fonte da vida está na cintura.
> Prestando atenção ao "aparente" e "sólido",
> Sem obstáculos, o *chi* flui com graça.
> Quietude no movimento, movimento na quietude,
> Ajustar-se à situação.
> Todas as técnicas devem ser guiadas pela vontade,
> A eficiência no combate será adquirida com facilidade.
> Preste atenção à cintura o tempo todo,
> O abdômen está pleno de *chi* e de poder.

A espinha está ereta e plena de espírito,
O corpo todo relaxado, e a cabeça erguida.
Esteja atento aos detalhes em cada movimento;
Deixe que os movimentos sejam espontâneos.
Para entrar no caminho é necessária a orientação de um mestre.
Se ele for perfeito, não será restringido por regras.
O que é assim tão difícil na postura?
Mente e energia são soberanas.
Qual o objetivo da prática do Tai Chi Chuan?
Saúde, vitalidade e eterna primavera.[1]

Como é o caso de todas as "canções místicas", os conselhos de Wu Yu Xiang são expressos concisamente. O que segue é apenas um breve comentário introdutório sobre o texto; todos os pontos serão explicados mais detalhadamente no decorrer deste livro.

O Tai Chi Chuan é conhecido também como *as treze técnicas*. Ele não se concentra nas mãos ou nas pernas, mas na cintura. Ademais, a capacidade de diferenciar entre "aparente" e "sólido" constitui uma das lições fundamentais do Tai Chi Chuan; quem não compreender isso fará movimentos desajeitados, e sua fraqueza poderá ser explorada por um oponente habilidoso.

O fluxo interno de energia é essencial no Tai Chi Chuan e só pode ser conseguido quando estamos relaxados. Isso explica por que o Tai Chi Chuan em geral é praticado de maneira lenta e graciosa. Mas o simples fato de fazer os movimentos lenta e graciosamente não é suficiente; sem o fluxo interno do *chi*, ele degenera numa dança elegante.

Ao aplicar o Tai Chi Chuan em combate, temos de permanecer calmos mas alertas: nossa postura é calma mas o *chi* corre em nosso interior. Quando nos movemos, o gesto é rápido, mas a mente está calma. Temos de nos adaptar às sempre cambiantes situações de combate, incluindo a relação harmoniosa entre a quietude e o movimento. Todas as técnicas devem ser dirigidas pela mente, o que significa que todos os movimentos visam a objetivos predeterminados e são executados com tanta rapidez quanto a mente comanda. Desse modo, seremos sempre eficientes no combate.

Mais uma vez ressaltamos a importância da cintura. Existe um ditado no Tai Chi Chuan que afirma que todos os movimentos se originam na cintura. Eles devem ser apoiados na força que deriva da energia acumulada no abdômen. Cabeça e corpo eretos e relaxados, e é preciso prestar atenção a cada movimento. Mas, quando estamos familiarizados com eles, com a prática, todos os movimentos ficam espontâneos.

É imprescindível a orientação de um mestre para iniciar o principiante na arte. Inicialmente pode-se seguir à risca as regras dos antigos mestres, mas depois de se adquirir certa prática não será mais preciso ater-se a elas.

Alguns discípulos poderão achar difícil praticar o Tai Chi Chuan minuciosamente, mas mais importante do que a forma correta são os aspectos da mente e da energia no treinamento. Se alguém desempenha perfeitamente as posturas do Tai Chi Chuan, sem controlar a mente para canalizar a energia interior, não alcançará mais que resultados medíocres, por mais que se esforce. Por que se deve praticar o Tai Chi Chuan? Para melhorar a saúde, aumenta a vitalidade e promover a longevidade.

"A fórmula dos cinco caracteres"

Muitas pessoas sabem que o Tai Chi Chuan é uma arte interior, mas poucas compreendem o que ele realmente significa, e ainda menos sabem como atingir esse aspecto interior. "A fórmula dos cinco caracteres", proposta pelo mestre Li Yi Yu, mostra como esse aspecto interior pode ser alcançado.

O que segue é a minha tradução do texto original chinês. Note-se que tanto o chinês quanto o inglês, embora sejam belos, são diferentes lingüisticamente. Assim, caso algumas expressões ou o vocabulário pareçam estranhos, é porque tentamos fazer a tradução mais literal possível, para manter o tom característico. A versão original chinesa é poética e significativa.

"A fórmula dos cinco caracteres" refere-se a: mente tranqüila, corpo ágil, energia plena, força total e espírito concentrado.

O primeiro é chamado de *mente tranqüila*. Se a mente está tranqüila, significa que não está concentrada. Para qualquer lado que a pessoa se mova — para a frente, para trás, para a esquerda, para a direita —, não há um ponto de atenção. Inicialmente, os movimentos não são espontâneos. É preciso prestar muita atenção ao oponente. Acompanhe de perto os movimentos dele; se ele se estender, contraia-se; se ele não recuar, não avance; não se mexa por sua conta. Se ele usar a força, você também deverá usá-la; se ele não usar a força, você também não o fará. Os movimentos devem ser comandados pela mente. Temos de estar atentos o tempo todo; a mente estará voltada para onde quer que os movimentos mudem. Preste atenção para que não haja obstáculos. Se treinarmos assim, dentro de seis meses a um ano poderemos aplicar essa habilidade com um oponente. É preciso usar a força da vontade, e não a força física. Assim, conseguiremos controlar o oponente, em vez de sermos controlados por ele.

O segundo é chamado de *corpo ágil*. Se os movimentos corporais são lerdos e apáticos, não é possível mover-se eficientemente. Por isso é preciso que o corpo seja ágil. Os movimentos não podem ser hesitantes. A força do oponente apenas roça a minha pele, mas a minha força da vontade penetra-lhe os ossos. As duas mãos se ligam pelo contínuo fluxo do *chi*.

Se o oponente ataca pela nossa direita, o que temos que fazer é chamar a atenção dele para o nosso lado direito e atacá-lo com nosso lado esquerdo. O *chi* flui como uma roda; todo o corpo deve estar bem coordenado. Se alguma parte não estiver ligada às demais, estará desconcentrada e não terá força. A fraqueza está na cintura e nas pernas. Antes de tudo, a mente deve conduzir o corpo, acompanhando os movimentos do oponente. Caso a pessoa se mova por iniciativa própria, o movimento será desajeitado, mas se acompanhar o movimento do adversário, agirá com suavidade. Para poder fluir junto com o oponente, deve-se ter as mãos sensíveis, avaliar corretamente se a força do outro é grande ou pequena e estimar sem erro a extensão do avanço dele. Quer se avance ou se recue, deve-se fluir exatamente como o oponente. Quanto mais se treina, maior fica essa capacidade.

O terceiro é chamado de *energia plena*. Se o *chi* estiver difuso e lerdo, o movimento será desordenado. O objetivo é cultivar a energia para que ela flua pela espinha e resulte em uma respiração harmoniosa, de modo que todas as partes do corpo estejam ligadas. Inspiração representa armazenamento e acúmulo; expiração é expansão e asserção. A inspiração simboliza a capacidade de tomar e sustentar (figurativamente, significa arcar com as responsabilidades); a expiração simboliza a capacidade de abandonar e de soltar (ou seja, figurativamente, tolerar e perdoar). Para conduzir a energia usa-se a vontade, não a força física.

O quarto é a *força total*. Toda a força do corpo forma uma unidade, e é preciso diferenciar entre "aparente" e "sólido". Ao fazer força, deve haver uma fonte. A força começa no calcanhar, é controlada pela cintura, materializa-se na mão e é executada pela cintura, com toda a consciência. Quando o oponente está prestes a exercer a sua força, a minha força já está em contato com a força dele. Isso deve ser feito no tempo certo, nem muito cedo nem muito tarde, jorrando como uma fonte. Quer se avance, quer se recue, não deverá existir o menor traço de desordem. Mesmo em desvantagem, é possível superá-la. Primeiro preparar-se, depois impor-se; isso resultará em sucesso, de acordo com a sua intenção. Isso se chama usar a força do oponente contra ele mesmo, usando quatro *tahils* (uma medida chinesa de peso, correspondente a uma onça, ou cerca de 28,349 g), contra mil *katies* (cerca de mil libras, ou seja, mais ou menos quinhentos quilos).

O quinto é o *espírito concentrado*. Toda a preparação para os quatro primeiros pontos pode ser resumida em ter o espírito concentrado. Quando o espírito, ou *shen*, está concentrado, a energia, ou *chi*, pode ser controlada e cultivada; o cultivo da energia, em troca, alimenta o espírito. Portanto, ao concentrar o espírito, ganha-se energia em abundância, agudeza mental, coordenação nos movimentos e capacidade de diferenciar entre "aparente" e "sólido". Estar "aparente" não significa que não exista força;

quer dizer que a aplicação da energia é flexível; estar "sólido" não significa imobilidade, e sim que a mente está concentrada naquela posição. É importante que os movimentos do peito e da cintura não tenham origem exterior. A força é obtida do oponente, e a energia é executada a partir da espinha. Executar a energia a partir da espinha significa que a energia está submersa, os ombros estão recolhidos na direção da espinha, com o foco na cintura. Quando a energia flui dessa maneira, de cima para baixo, é chamada de "fechada". Quando ela flui da cintura para a espinha, espalhando-se até os ombros e chegando até as mãos e os dedos, é chamada "aberta". "Fechado" significa receber, "aberto" significa liberar, soltar. Quem compreende esses conceitos de "aberto" e "fechado" entende o conceito de yin–yang. Ao chegarmos a esse estágio, estaremos tão capacitados que finalmente alcançaremos o ponto em que conseguiremos fazer tudo o que a mente deseja. Então não haverá nada que não possamos fazer.[2]

Essa obra-prima está expressa em linguagem simples, mas muitos discípulos talvez não a compreendam, devido à falta de familiaridade com os termos e conceitos usados. Por exemplo, o que significa "caso a pessoa se mova por iniciativa própria, o movimento será desajeitado; se seguir o oponente, agirá com suavidade"? E o que significa "a energia flui da cintura para a espinha, espalha-se até os ombros e chega até as mãos e os dedos"? Não devemos nos preocupar se no momento isso parecer incompreensível; o entendimento aumentará à medida que lermos mais.

Enquanto isso, seria interessante resumir as principais lições do Tai Chi Chuan em cinco pontos:

- mente — estar atento aos movimentos do oponente;
- corpo ou postura — fluir de acordo com a postura do adversário;
- energia vital ou *chi* — difundida por todo o corpo;
- força interior — controlada na cintura;
- espírito ou *shen* — preparação geral para os quatro acima.

Quatro desses cinco pontos dizem respeito ao treinamento interior; mesmo na parte externa, ou seja, corpo e postura, é necessária uma grande quantidade de trabalho interior para desenvolver a capacidade de fluir de acordo com a postura do oponente. Portanto, quem passou vinte anos praticando só as posturas do Tai Chi e mais nada, alcançou, na melhor das hipóteses, apenas 25% daquilo que poderia ter conseguido. E se lemos o conselho do mestre a respeito da postura e nos damos conta de que não sabemos diferenciar entre "aparente" e "sólido" e nem como avaliar o avanço do oponente, nem como deixar a mente conduzir o corpo, nem mesmo como coordenar os movimentos para fluírem com o *chi*, provavelmente não alcançamos nem mesmo aqueles 25%. Compreender e depois sentir os benefícios do treinamento das áreas interiores, que serão explicados neste livro, aumentará o potencial do que se pode alcançar.

Os dez pontos mais importantes do Tai Chi Chuan

Embora a postura (*xing*) seja o menos importante dos três elementos fundamentais do Tai Chi Chuan — os outros são a energia (*chi*) e o espírito (*shen*) —, é o mais imediato para os principiantes. Só quando conseguem executar corretamente a postura do Tai Chi Chuan eles podem aventurar-se com êxito nos elementos da energia e do espírito. Por isso, esses *Dez pontos mais importantes do Tai Chi Chuan*, de Yang Deng Fu, que dão muita importância ao treinamento da postura, são provavelmente os mais úteis para os alunos que ainda estão no estágio inicial, independentemente de quando começaram a praticar o Tai Chi Chuan.

Yang Deng Fu foi o mestre responsável por transformar o vigoroso estilo Chen no calmo e gracioso estilo Yang, que é o mais praticado hoje em dia. Examinemos esses dez pontos nas palavras do próprio mestre.

1. ***Shen* que se eleva ao topo**. Para que o *shen*, ou espírito, vá até o alto da cabeça, ela deve estar ereta. Não se usa a força; embora a cabeça possa ficar reta com o uso da força, o sangue e o *chi* não fluem com suavidade. Assim, ainda que exista a vontade de que o *shen* suba, se ele estiver sendo forçado, não subirá e assim não se poderá atingir a clareza mental.

2. **Abaixar o peito e elevar as costas**. Abaixar o peito significa recolhê-lo para que o *chi* possa descer ao *dan tian* (ou campo abdominal de energia, cerca de seis centímetros abaixo do umbigo). Não se deve expandir o peito, pois isso levaria o *chi* a acorrer para o peito, resultando em "peso na parte de cima e leveza na parte de baixo", com os calcanhares "flutuando". Elevar as costas significa concentrar ali o *chi*. Abaixando o peito, levantamos normalmente as costas. Se for possível elevar as costas, pode-se invocar sua força interior, o que possibilitaria a vitória no combate.

3. **Soltar a cintura**. A cintura é a parte que controla o torso. Soltar a cintura equivale a fortalecer os pés para estabilizar a postura. Todas as variações e ações combinadas entre "aparente" e "sólido" são feitas a partir da cintura. É por isso que se diz: "A força vital tem sua origem na cintura." Quem não consegue adquirir poder no combate deveria remediar a situação na cintura.

4. **Diferenciar entre "aparente" e "sólido"**. Esse é o primeiro fundamento do Tai Chi Chuan. Se todo o peso do corpo estiver sobre a perna direita, ela é "sólida", e a esquerda é "aparente"; se todo o peso do corpo

estiver sobre a perna esquerda, esta é que é "sólida" e a direita é "aparente". Quando se pode diferenciar entre "aparente" e "sólido", os movimentos se tornam ágeis, como se fossem executados sem esforço. Se não forem diferenciados, os movimentos das pernas ficam pesados, as posturas ficam instáveis, e o adversário facilmente tirará proveito disso.

5. **Abaixar os ombros e deixar cair os cotovelos**. Abaixar os ombros significa que eles estão relaxados e pendem naturalmente. Se os ombros estiverem elevados, e não abaixados, o *chi* se elevará e todo corpo ficará sem força. Se os cotovelos estiverem altos, os ombros não se abaixarão. Dessa forma, o fluxo do *chi* não terá grande alcance. Essa fraqueza assemelha-se àquilo que no kung-fu se chama "força interrompida".

6. **Usar a vontade, não a força**. A filosofia do Tai Chi Chuan diz: "Tudo reside em usar a vontade, não a força." Quando praticamos Tai Chi Chuan, todo o corpo deve estar relaxado; não pode haver a menor tensão entre os músculos, nos ossos e no fluxo sangüíneo, o que resultaria em autoconstrição. Depois de chegar ao relaxamento completo, a pessoa ficará flexível e versátil nos movimentos circulares, conforme a sua vontade. Alguém poderia perguntar: "Como desenvolver a força sem usar a força?" Isso acontece porque o corpo tem meridianos, da mesma forma que a terra tem canais. Se os canais não estão bloqueados, a água flui tranqüilamente. Da mesma maneira, se os meridianos não estiverem bloqueados, o *chi* fluirá harmoniosamente. Se todo o corpo estiver tenso com a força, o *chi* e o fluxo do sangue ficarão bloqueados e os movimentos ficarão desajeitados. Mesmo se puxarmos um só fio de cabelo, todo o corpo se moverá (isso significa que todo o corpo está interligado pelos meridianos, com cada uma das partes afetando as demais). Se não usarmos a força mas a vontade, sempre que comandarmos a vontade o *chi* atenderá. Portanto, temos de deixar o *chi* e o sangue fluírem serenamente pelo corpo todo, sem interrupção. A prática constante desenvolverá a verdadeira força interior. Por isso é que se afirma, na filosofia do Tai Chi Chuan: "Ser extremamente flexível e gentil, depois ser extremamente rígido e forte." O braço de um praticante de Tai Chi Chuan é como o ferro no algodão, extremamente poderoso e estável. As pessoas que treinam artes marciais externas são poderosas quando usam a força, mas leves e flutuantes quando não usam a força. Isso mostra que a sua força é exterior e superficial. Usar a força sem a vontade facilmente resultará em instabilidade, o que demonstra uma arte incompleta.

7. **Coordenação entre a parte de cima e a parte de baixo**. O significado da coordenação entre a parte de cima e a de baixo revela-se na filosofia do Tai Chi Chuan: "As raízes estão nos pés, a execução nas pernas, o controle na cintura, a materialização nas mãos e nos dedos." Dos pés às pernas e à cintura, a ação completa-se "em um único *chi*" (que é o termo do kung-fu que significa "continua espontaneamente, sem in-

terrupção, no tempo de uma respiração confortável"). Movimentos das mãos, da cintura e das pernas, bem como "olho vivo" deverão estar todos num movimento unificado; só assim pode-se dizer que há coordenação entre a parte de cima e a de baixo; se faltar algum movimento, se houver alguma interrupção, o movimento unificado ficará desordenado.

8. **Unidade interior e exterior**. O treinamento do Tai Chi Chuan está na mente; portanto, "a mente é o comandante, e o corpo é o agente". Quando a mente está treinada, os movimentos e as ações ficam naturalmente leves e ágeis. Os padrões do Tai Chi Chuan nada mais são do que movimentos alternados de "aparente" e "real", abertura e fechamento. "Abrir" não quer dizer simplesmente que as mãos e as pernas estão estendidas, mas também que a mente e a vontade estão estendidas; "fechado" não significa apenas que as mãos e pernas estão recolhidas, mas que a mente e a vontade também estão recolhidas (ou seja, concentradas). Se o interior e o exterior estão unificados em um único *chi* (ou corpo de energia), isso significa que não há separação no cosmo.

9. **Continuidade sem interrupção**. Nas artes marciais exteriores, a força é o resultado da tensão pós-natal (ou seja, artificial, em oposição à natural); assim, há começo e fim, continuidade e interrupção. O momento mais propício para o oponente se aproveitar é quando a força antiga estiver gasta e a força nova ainda não tiver sido gerada. No Tai Chi Chuan usa-se a vontade, não a força; ele é contínuo do começo ao fim, sem interrupção; depois de cada ciclo, ele começa novamente, num círculo sem fim. O Tratado original menciona que o Tai Chi Chuan é como as ondas contínuas do rio Longo (Yang-tzé Kiang, o maior rio da China). Ele também diz que a aplicação da força no Tai Chi Chuan é como a tecelagem da seda (longa e contínua), o que expressa o armazenamento e a continuidade em um único *chi*, o que significa que a força interior é canalizada continuamente, regulada pela respiração adequada.

10. **Procurar a quietude no movimento**. As artes marciais exteriores enfatizam a capacidade de correr e pular rapidamente; gasta-se muita energia nessas atividades, o que leva os praticantes à estafa depois do treinamento. No Tai Chi Chuan é a quietude que governa os movimentos. Quando um praticante se move, é como se ele estivesse parado. É por isso que no Tai Chi Chuan, quanto mais lento for o movimento, melhor. Quando eles são vagarosos, a respiração fica profunda e longa, o *chi* está submerso no *dan tian* (campo energético abdominal), e naturalmente não existe o problema de o sangue e o *chi* estarem "inchados", ou seja, bloqueados. Os discípulos devem prestar atenção a esse conselho e sentir os seus efeitos; só então poderão compreender o objetivo do Tai Chi Chuan.[3]

Esses pontos são muito importantes não apenas para os alunos principiantes como também para os praticantes mais adiantados.

Conclui-se dos conselhos dos três grandes mestres citados que o principal objetivo do Tai Chi Chuan é a eficiência no combate, embora Wu Yu Xiang conclua dizendo que a meta da prática do Tai Chi Chuan é "ter saúde, vitalidade e longevidade". Todos os pontos ressaltados em seus conselhos dizem respeito a fazer do praticante de Tai Chi Chuan um lutador melhor: por exemplo, a diferenciação entre "aparente" e "sólido", a acumulação de *chi* no abdômen e a elevação do *shen*, ou espírito, até a cabeça visam proporcionar estabilidade, força interior e clareza mental ao praticante, para que ele lute bem. Essas qualidades, derivadas da prática do Tai Chi Chuan como arte marcial, certamente também beneficiam a vida diária. Mas, se os discípulos ou instrutores praticam ou ensinam o Tai Chi Chuan apenas para melhorar a saúde, e não para o combate, eles poderão estar negligenciando os métodos de treinamento que visam desenvolver essas qualidades, acreditando que elas sejam irrelevantes para os seus objetivos. Portanto, eles deixarão de desenvolver exatamente as verdadeiras qualidades que estimulam a saúde, a vitalidade e a longevidade.

Muitos discípulos exageram no segundo ponto de Yang Deng Fu — "abaixar o peito e elevar as costas" —, o que resulta em um fechamento tão grande do peito que prejudica a respiração e abaixa as costas. O objetivo desse princípio é permitir que o *chi* desça para o campo energético do abdômen, e não apertar o coração ou sufocar os pulmões! Ao comentar esse ponto, o mestre contemporâneo Cheng Man Ching afirma: "Abaixar o peito significa que não se deve elevá-lo, mas também não é para encurvá-lo. O peito deve estar relaxado. Esse é o único método correto."[4]

5

Movimentos fundamentais de mãos e pés

Como adquirir equilíbrio e elegância nos movimentos do Tai Chi

A experiência ensinou que adiar a prática de uma série de Tai Chi para dedicar mais tempo a esses movimentos básicos de mãos e pernas geralmente leva o estudante a progredir mais rapidamente a longo prazo.

As treze técnicas do Tai Chi

Na literatura clássica, o Tai Chi Chuan muitas vezes é chamado de *As treze técnicas do Tai Chi*. Isso não se refere aos treze padrões fundamentais, como em geral se imagina, mas aos oito movimentos fundamentais de mãos e aos cinco de pernas, algumas vezes representados pelo *ba-guá*, ou *oito trigramas*, e *wuxing*, ou *os cinco processos elementais*.

Os oito movimentos fundamentais de mãos nas *treze técnicas* são:

- *peng*, aparar;
- *lu*, rebater;
- *qi* (pronuncia-se *chî*), pressionar;
- *an*, empurrar;
- *lie* (pronuncia-se *liat*), estender;
- *cai* (pronuncia-se *chai*), agarrar;
- *zhou*, golpear com o cotovelo;
- *kao*, inclinar-se.

Os cinco movimentos fundamentais de pernas são:

- *jin*, avançar;
- *tui*, recuar;
- *ku*, ir para a esquerda;
- *pan*, ir para a direita;
- *ding*, permanecer no centro.

Essas técnicas serão explicadas neste capítulo. A seqüência na qual elas são apresentadas é diferente da lista dada acima, o que permite uma progressão metódica. Como os exercícios deste capítulo formam a base do treinamento do Tai Chi Chuan, vale a pena praticá-los com consciência; a prática demonstrou que adiar o treinamento de uma série de Tai Chi para dedicar mais tempo a esses movimentos básicos de mãos e pernas geralmente resulta em progresso mais rápido para o estudante a longo prazo.

Não é fácil para os iniciantes aprender uma arte marcial por meio de um livro; ainda mais difícil é aprender artes interiores como o Tai Chi Chuan, nas quais fatores sutis como postura e equilíbrio, imaginação e controle de energia são mais importantes do que a mera ação física. É por isso que, embora este livro tenha sido escrito como um manual de auto-aprendizado, aconselho os leitores a procurar a supervisão pessoal de um instrutor competente.

O segredo da força interior do Tai Chi

Os mestres de artes marciais chinesas, de todas as escolas, aconselham que "antes de começar a aprender as técnicas, é preciso desenvolver a força". A forma mais básica para desenvolver a força é o treinamento da postura, ou seja, ficar numa determinada postura por um período que pode variar de alguns minutos a uma hora ou mais. Julga-se equivocadamente que o treinamento da postura só é importante no kung-fu shaolin, no qual ele é conhecido como *zuo ma*, que significa "montar num cavalo", porque a postura mais importante dessa arte é a Postura de Cavalgar. Esse treinamento é tão importante no Tai Chi Chuan quanto em outros dois famosos estilos de kung-fu interior, o kung-fu Pakua e kung-fu Hsing Yi, nos quais ele é conhecido como *zhan zhuang*, ou seja, "estar numa postura". Mas não se deve imaginar que o principal objetivo do *zhan zhuang* seja apenas desenvolver posturas fortes e estáveis. Muito mais importante é o desenvolvimento da força interior, sem a qual o Tai Chi Chuan, o kung-fu Pakua e o kung-fu Hsing Yi não podem ser chamados de artes interiores.

A postura mais importante para desenvolver a força interior no Tai Chi Chuan é a Postura dos Três Círculos. Na verdade, ela é usada tão vulgarmente nessa arte que muitas vezes é chamada de Postura do Tai Chi. Tai Chi significa "o grande princípio", e alguns discípulos conhecem a expressão: "Do princípio infinito, ou vácuo, nasce o grande princípio, ou o cosmo."

Começaremos o treinamento da força interior com um exercício que reflete isso.

Fique em pé ereto, com os pés juntos e os braços pendendo normalmente dos lados (*figura 5.1a*). A boca deve estar um pouco aberta, como num sorriso. Feche os olhos suavemente, limpe a mente de todos os pensamentos e relaxe por completo. Essa postura é conhecida como *Wuji Zhuang*, ou Postura do Princípio Infinito. Permaneça assim por alguns minutos.

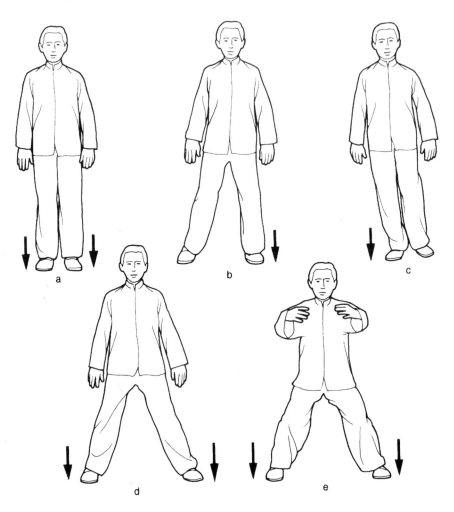

Figura 5.1 Da Postura do Princípio Infinito à Postura do Tai Chi

O ponto mais importante desse treinamento não é apenas ficar ereto, o que seria só a forma exterior. O maior benefício resulta do relaxamento profundo e da sensação de paz interior desenvolvidos pelo treinamento dessa postura. Num estágio posterior, pode-se sentir a força interior fluindo dentro do corpo; num estágio ainda mais avançado, sente-se a própria energia vital fundir-se com a energia cósmica do universo, cuja experiência se reflete no nome da postura: Postura do Princípio Infinito.

Depois de ficar alguns minutos na Postura do Princípio Infinito, passa-se para os Três Círculos, ou Postura do Tai Chi. Sem mexer os pés, transferir o peso do corpo para a perna esquerda. Com a perna esquerda, agora conhecida como a perna "sólida", suportando o peso do corpo, levar a perna direita, neste caso a perna "aparente", um passo para a direita (*figura 5.1b*). Gradualmente transferir o peso da perna esquerda para a direita, que agora é a perna "sólida", e levar a perna esquerda, agora a perna "aparente", para perto da direita (*figura 5.1c*). Com o peso do corpo agora sobre a perna direita "sólida", levar a perna esquerda "aparente" dois passos para a esquerda (*figura 5.1d*). Distribuir o peso do corpo igualmente sobre as duas pernas, de modo que ambas sejam "sólidas". As pernas devem estar afastadas cerca de sessenta centímetros, ou seja, uma vez e meia a largura dos ombros, com os artelhos voltados um pouco para dentro.

Dobrar os joelhos para que fiquem sobre os dedos dos pés. A parte superior do corpo fica ereta e relaxada. Levantar os braços à frente, na altura do peito, com os cotovelos dobrados para que os braços formem um círculo (*figura 5.1e*). Os polegares e indicadores formam dois arcos que, se se juntarem, formarão um círculo na frente do peito. Entortar os joelhos dobrados, como se estivesse segurando uma bola entre as coxas e os joelhos. Agora é como se estivéssemos segurando três bolas imaginárias: uma pequena na palma das mãos, uma maior com os braços e uma terceira com as coxas e os joelhos.

Essa é a postura conhecida como Montar o Bode, mas a sua forma especial, com os braços levantados como se estivessem segurando uma grande bola, é conhecida como Postura dos Três Círculos, ou Postura do Tai Chi Chuan.

Os ombros e cotovelos devem pender naturalmente. Os lábios ficam um pouco separados, como se estivessem sorrindo; os olhos, fechados suavemente; muito calmamente, concentre a mente no abdômen e então esvazie-a de pensamentos. Fique completamente parado e relaxado nessa posição por cerca de cinco minutos.

No final do treinamento dessa postura, volte ao *Wuji*, ou Postura do Princípio Infinito, e permaneça quieto por mais alguns minutos. Suavemente, concentre a força interior no *dan tian* abdominal, ou seja, no campo energético situado cerca de seis centímetros abaixo do umbigo, ficando assim por um ou dois minutos. Esfregue as palmas das mãos para aquecê-las, coloque-as sobre os olhos e esfregue-os de leve para abri-los. Para completar esse importante exercício, caminhe rapidamente.

Deve-se praticar todos os dias e gradualmente — repito, gradualmente — aumentar o tempo até conseguir ficar na Postura do Tai Chi por pelo menos meia hora. Isso levará alguns meses de treinamento diário. Depois desse tempo, se o treinamento for correto e constante, a força interior crescerá dentro do

60   O LIVRO COMPLETO DO TAI CHI CHUAN

corpo e fluirá para os braços e pernas. Algumas vezes ela é tão poderosa que as palmas das mãos, os braços ou outras partes do corpo poderão vibrar vigorosamente. Se isso acontecer, é importante não contrair nenhuma parte do corpo; apenas relaxar e usufruir essa manifestação espontânea. Se, por algum motivo, a pessoa quiser parar a vibração, só precisará pensar calmamente no *dan tian* e a força interior ficará armazenada no campo energético abdominal. A vibração da força interior como resultado de uma imobilidade prolongada é uma manifestação do princípio muito citado mas pouco compreendido de que "a imobilidade extrema gera o movimento", expresso simbolicamente dessa forma: "Quando o *yin* atinge o máximo, nasce o *yang*."

Esse treinamento é um exemplo da expressão "O *Wuji* cria o *Tai Chi* e o *Tai Chi* retorna ao *Wuji*", ou então "O Princípio Infinito cria o cosmo, e o cosmo retorna ao Princípio Infinito". No começo, o Princípio Infinito é vazio e nebuloso; depois, por causa da operação yin–yang, a forma ou substância aparece como o cosmo fenomenal. Finalmente, o cosmo retorna ao seu estado primordial nebuloso e vazio. Isso acontece na escala infinitesimal de uma partícula subatômica em um instante, da mesma forma que na escala infinita das galáxias em termos de éons. Como o corpo é um cosmo em miniatura, essa transformação cósmica também ocorre no seu interior, gerando uma enorme quantidade de força interior.

Como desenvolver a estabilidade e o equilíbrio

Além de treinar a quietude, que é o aspecto yin do Tai Chi Chuan, temos que treinar também o movimento, que é o aspecto yang. Inicia-se com a Postura do Tai Chi (*figura 5.2a*) e transfere-se o peso do corpo para a perna direita, "sólida", levando a perna esquerda, "aparente", um passo para a direita, com os artelhos apenas tocando o chão e a perna direita ainda suportando o peso do corpo. Simultaneamente, gira-se a cintura e dobram-se ligeiramente os joelhos, virando para a esquerda (*figura 5.2b*). É importante girar a cintura, e não o corpo. Se virarmos o corpo sem girar a cintura, interrompemos o fluxo de energia do *dan tian*, mas, se girarmos a cintura, o corpo vira naturalmente e o fluxo de energia é espontâneo. Ao girarmos a cintura, sentimos esse fluxo interior de energia.

Com a perna direita "sólida" ainda apoiando o peso, deslize a perna esquerda "aparente" cerca de dois pés e meio, ou seja, duas vezes a largura dos ombros, para a frente (esse é o lado esquerdo da Postura do Tai Chi, anterior), para colocar-se na Postura do Arco e Flecha esquerda (*figura 5.2c*), com a perna da frente (esquerda) dobrada, representando um arco, com o pé voltado cerca de 45 graus para a esquerda da posição em que estava nas posturas anteriores do Tai Chi. O movimento deve ser de tal modo que, se a perna

MOVIMENTOS FUNDAMENTAIS DE MÃOS E PÉS   61

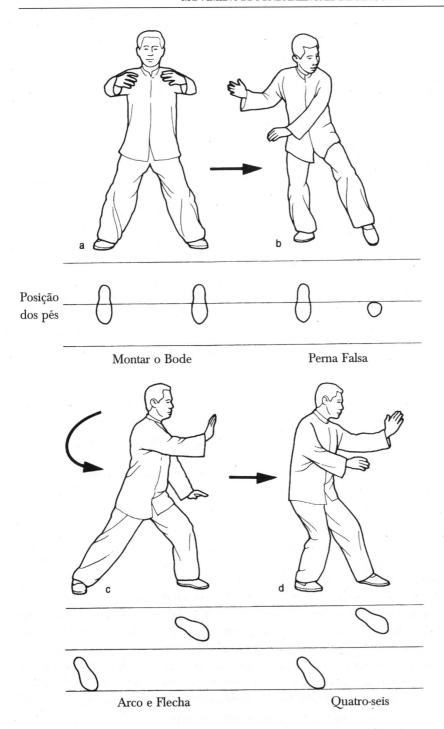

Figura 5.2 Posturas do Arco e Flecha e Quatro-seis (esquerda)

esquerda pisar em falso, a pessoa não caia, pois é uma perna "aparente", e ela está apoiada na perna direita "sólida". Depois de certificar-se de que a perna esquerda está em terreno firme, gradualmente transfira metade do peso para ela, de maneira a plantar-se solidamente sobre as duas pernas. Os pés devem estar "entortados" de modo que, se for traçada uma linha entre os calcanhares, cada pé faça um ângulo de quarenta e cinco graus em relação a ela.

Ao mesmo tempo, trace um círculo, no sentido anti-horário, com a mão direita e empurre a palma da mão para a frente na altura do peito, mas com o cotovelo um pouco dobrado, não totalmente estendido. Simultaneamente trace um círculo com a mão esquerda, no sentido horário, completando o movimento perto do joelho esquerdo, que está à frente. Esse padrão chama-se O Dragão Verde Cospe a Pérola.

Podemos classificar os movimentos como grossos ou finos. No exemplo acima, o movimento grosso é girar da Postura do Tai Chi esquerda para a Postura do Arco e Flecha esquerda. Os movimentos finos consistem em girar a cintura para o lado esquerdo, cujo início gera o movimento do corpo todo, desviando o corpo ligeiramente para trás, deslizando a perna esquerda para a frente na posição correta, transferindo o peso enquanto gira os joelhos, ajustando a posição do pé de trás e concentrando o centro de gravidade no *dan tian*, ou campo energético abdominal. Para ter um bom equilíbrio, que é muito importante no Tai Chi Chuan, e para gerar uma força espiral, que começa no calcanhar de trás, é preciso compreender os movimentos finos.

Para passar à próxima posição, transfira momentaneamente o peso do corpo da perna da frente (esquerda) para a perna de trás (direita) e leve a perna esquerda um passo mais para trás, mas ainda à frente da direita. Em seguida, transfira cerca de 40% do peso para a perna esquerda; dobre as duas pernas, com a perna de trás um pouco mais flexionada que a da frente, concentrando o centro de gravidade no *dan tian*. Essa é a Postura do Caráter Fluente, também conhecida como Postura Quatro-seis, pois a perna da frente suporta cerca de 40% do peso do corpo, e a de trás apóia os 60% restantes. Manter as mãos como na *figura 5.2d*. Esse padrão, construído a partir da Postura Quatro-seis, chama-se Tocar o Alaúde.

Agora gire e repita os dois padrões do outro lado, da seguinte forma:

A partir do padrão Tocar o Alaúde (*figura 5.3a*), transfira o peso da perna direita, e, usando o calcanhar direito como pião, gire a cintura e o pé direito para a direita, de modo a dar uma volta para a direita com o corpo. Essa volta deve ser conduzida pela rotação da cintura. Em seguida, transfira o peso para a perna esquerda, que é agora a perna de trás "sólida", com os artelhos apenas tocando o chão (*figura 5.3b*). Simultaneamente, gire a mão esquerda no sentido horário e a mão direita no sentido anti-horário.

Continue a girar as mãos. Leve o pé direito para a frente, na Postura do Arco e Flecha, girando a cintura ao mesmo tempo para estabilizar a postura,

MOVIMENTOS FUNDAMENTAIS DE MÃOS E PÉS 63

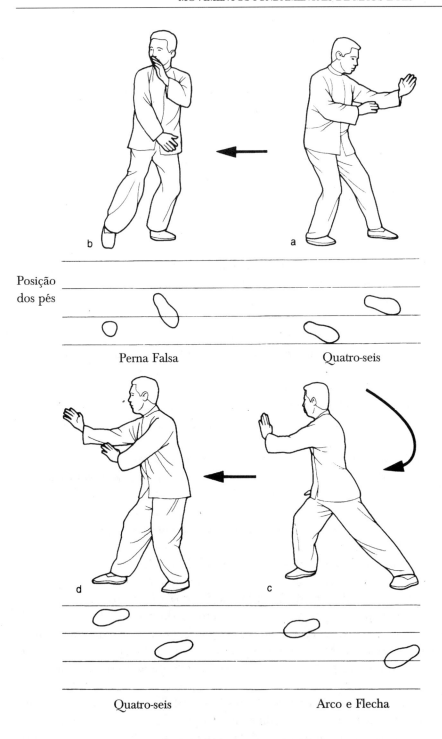

Figura 5.3 Posturas do Arco e Flecha e Quatro-seis (direita)

com o peso distribuído igualmente sobre as duas pernas e o centro de gravidade localizado no *dan tian* (*figura 5.3c*).

Juntamente com os movimentos dos pés, conclua o círculo horário com a mão esquerda e o círculo anti-horário com a mão direita, jogando a palma da mão esquerda para a frente com o cotovelo um pouco dobrado e a palma da mão direita perto do joelho direito.

Em seguida, transfira momentaneamente o peso para a perna direita, depois para a esquerda, levando a perna direita cerca de um pé para trás, para assumir a Postura Quatro-seis. Ao mesmo tempo, coloque as duas mãos na posição mostrada na *figura 5.3d*. O centro de gravidade deve estar no *dan tian.*

Depois apóie o peso na perna esquerda (de trás) e, com a cintura como ponto de origem do movimento, gire um pouco o pé direito para a esquerda. Transfira o peso para a perna direita e, girando a cintura, vire para a esquerda (*figura 5.4a*). Levante a perna esquerda, com o joelho elevado, o pé esquerdo protegendo ós genitais e os artelhos virados para baixo. Ao mesmo tempo cruze a palma das mãos na frente do rosto (*figura 5.4b*). Chute com o pé esquerdo, tendo o calcanhar como ponto central do golpe, e abra as mãos, no padrão denominado Chute de Impulso com as Mãos Cruzadas (*figura 5.4c*). Recolha imediatamente a perna na posição original, protegendo os genitais, mas com as mãos na posição mostrada na *figura 5.4d*. Esse padrão denomina-se O Galo Dourado Permanece Só. Essa posição, que apóia tanto o padrão do Galo Dourado quanto a do Chute de Impulso, chama-se Postura de Uma Perna Só.

Em seguida, abaixe a perna esquerda até o chão cerca de sessenta centímetros à esquerda e com elegância transfira o peso da perna direita para a esquerda. Levante a perna direita e apóie-se na esquerda. Cruze as palmas das mãos à frente do rosto (*figura 5.4e*). Chute o calcanhar direito e abra as mãos (*figura 5.4f*). Leve imediatamente a perna direita para a posição em que estava antes do chute, com o pé protegendo os genitais (*figura 5.4g*). Esse é o reverso do padrão Chute de Impulso com as Mãos Cruzadas e O Galo Dourado Permanece Só, mencionados no parágrafo anterior.

A partir dessa Postura de Uma Perna Só, abaixe graciosamente a perna direita até o chão, cerca de sessenta centímetros à direita, para formar a Postura Quatro-seis direita. Eleve as mãos como na *figura 5.5a*. Esse padrão, conhecido como Erguer as Mãos, é muito popular no Tai Chi Chuan, pois é assim que os praticantes se postam durante o combate, esperando para atacar ou se defender.

Transfira o peso para a perna de trás (esquerda) e puxe ligeiramente para trás a perna direita, com os artelhos virados para baixo e apenas tocando o chão, momentaneamente na Postura da Perna Falsa direita, como se estivesse carregando uma esfera de *chi* (*figura 5.5b*). Leve a perna direita "aparente"

MOVIMENTOS FUNDAMENTAIS DE MÃOS E PÉS 65

Figura 5.4 Postura de Uma Perna Só

para a frente cerca de sessenta centímetros, para formar a Postura do Arco e Flecha direita; ao mesmo tempo, leve a mão direita para a frente no nível dos olhos, e coloque a mão esquerda perto do cotovelo direito, como na *figura 5.5c*, na técnica *peng*, ou de repelir. O peso deve estar distribuído por igual nas duas pernas, com o centro de gravidade no *dan tian*. A posição dos pés nesses vários passos é mostrada na *figura 5.6*.

Transferindo o peso para a perna esquerda, recue a perna direita, colocando-a momentaneamente perto da esquerda (*figura 5.5d*), com os braços seguindo a rotação da cintura, que é a origem do movimento. Continuando a girar a cintura, recue a perna direita até cerca de sessenta centímetros atrás do corpo e transfira o peso para ela, de modo que agora ela seja a perna "sólida" (*figura 5.5e*). É preciso ajustar o ângulo do pé esquerdo para que os artelhos, que antes desse movimento estavam apontando para a esquerda, agora apontem para a direita. Ainda continuando o movimento de rotação, leve o corpo para a frente, sem mexer os pés, para a Postura do Arco e Flecha, distribuindo o peso sobre as duas pernas. Ao mesmo tempo, leve a mão esquerda para a frente no nível dos olhos e coloque a mão direita perto do cotovelo esquerdo, na técnica *peng* (*figura 5.5f*). Todos esses movimentos devem ser feitos com suavidade, sem interrupção; quando se muda o sentido do movimento, como ao deixar de ir para trás e passar a ir para a frente, a alteração deve ser feita em curva, descrevendo a figura de um oito, e não angularmente.

Para completar o exercício, transfira o peso para a perna de trás (direita) e leve a perna esquerda alguns centímetros para a direita, com os artelhos apontados para a frente. Depois, transfira o peso para a perna esquerda, trazendo a perna direita para a frente, para perto da esquerda, ficando ereto, com os pés juntos e os artelhos apontando para a frente. O peso do corpo deve ser distribuído por igual entre as pernas.

Ao mesmo tempo, levante os braços, com as palmas das mãos para o alto, acima da cabeça (*figura 5.5g*), enquanto respira suavemente. Em seguida, com as palmas viradas para baixo, deixe que os braços pendam com naturalidade ao lado do corpo, respirando suavemente (*figuras 5.5h e 5.5i*). Ao levantar os braços e inspirar simultaneamente, imagine a boa energia cósmica do universo fluindo para o seu interior; e, ao abaixar os braços e expirar, imagine a energia cósmica fluindo e acumulando-se no *dan tian*, o campo energético abdominal.

O movimento, a respiração e a visualização devem ser coordenados e executados com delicadeza; qualquer ação forçada poderá resultar em efeitos colaterais indesejáveis. Essa técnica, muitas vezes empregada para completar um programa de treinamento de Tai Chi Chuan, bem como de outros estilos de kung-fu, é conhecida como Acúmulo de Energia no Campo Energético.

Feche os olhos suavemente, esvazie a mente de todos os pensamentos, relaxe totalmente e permaneça na Postura do Princípio Infinito por alguns

MOVIMENTOS FUNDAMENTAIS DE MÃOS E PÉS 67

Figura 5.5 Erguer as Mãos e outras posições

68   O LIVRO COMPLETO DO TAI CHI CHUAN

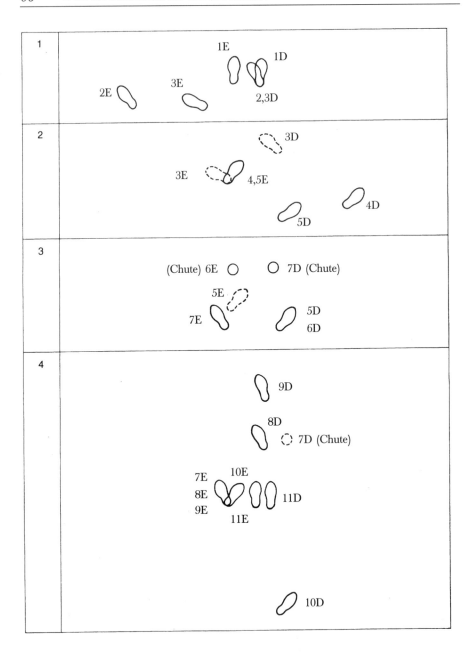

Nota: Para evitar sobreposições, cada fase é mostrada separadamente. Na realidade, cada passo é sobreposto ao anterior, de modo que a posição número 11, por exemplo, está no mesmo lugar que a posição número 1. A posição dos pés foi desenhada a partir da perspectiva do executante, e não do observador. E = esquerda, D = direita.

Figura 5.6 Posições dos pés para os movimentos de pernas

minutos. Termine o exercício esfregando as palmas das mãos e depois colocando-as sobre os olhos, batendo levemente neles, como que para abri-los. Massageie o rosto e a cabeça, solte o corpo e caminhe vigorosamente.

Essa curta rotina proporciona um bom treino para os cinco movimentos de pernas e as quatro posturas básicas do Tai Chi Chuan. Os cinco movimentos básicos de pernas são *jin*, avanço; *tui*, recuo; *ku*, ir para a esquerda; *pan*, ir para a direita; e *ding*, permanecer no centro. As quatro posturas básicas do Tai Chi Chuan são Montar o Bode, ou Postura do Tai Chi; Postura do Arco e Flecha; Postura Quatro-seis e Postura de Uma Perna Só. A *figura 5.6* mostra a posição dos pés nos movimentos de pernas, e a *figura 5.7* mostra a posição dos pés nas quatro posturas principais.

Essa rotina, que enfatiza os movimentos e o treinamento da estabilidade e do equilíbrio, inicia-se com o cosmo, ou o Grande Princípio, e termina com o vazio, ou Princípio Infinito. Ela complementa o exercício anterior, que enfatiza a quietude e o desenvolvimento da força interior, que avança do vazio ao cosmo. Em termos de Tai Chi Chuan, pode-se dizer que "Do *Wuji* nasce o *Tai Chi*; e o *Tai Chi* retorna ao *Wuji*". Lembrando o princípio de yin–yang, explicado no capítulo 2, se quisermos obter o máximo do Tai Chi Chuan, devemos praticar tanto os aspectos estáticos quanto os dinâmicos, ou seja, o yin e o yang.

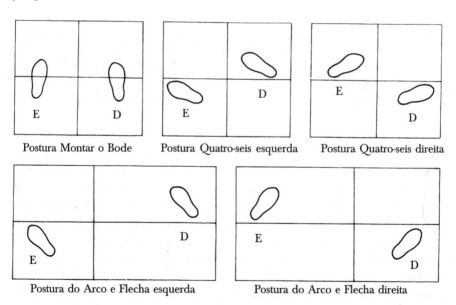

Nota: A posição dos pés aqui é desenhada a partir da perspectiva do executante, enquanto nas *figuras 5.2* e *5.3* é mostrada a partir da perspectiva do observador. A intersecção das mediatrizes dos quadrados ou retângulos representa o centro de gravidade do corpo. E = esquerda; D = direita.

Figura 5.7 Posições dos pés nas posturas principais

As quatro técnicas primárias de mãos

Existem oito movimentos básicos de mãos no Tai Chi, divididos em técnicas primárias e secundárias.

O procedimento dos quatro movimentos primários de mãos é o seguinte: inicie com a Postura do Princípio Infinito, *Wuji* (*figura 5.8a*). Transfira o peso do corpo para a perna direita, depois leve a perna esquerda um pouco para a esquerda, transferindo o peso do corpo para ela, para ficar na Postura da Perna Falsa, com os artelhos do pé direito mal tocando o chão; gire a cintura para a direita (*figura 5.8b*). As palmas das mãos ficam na frente do abdômen, como se estivessem segurando uma bola de *chi*, com a palma direita por baixo da esquerda.

Depois leve a perna direita para a frente, na Postura do Arco e Flecha direita. O movimento deve ter início na cintura, é preciso estabelecer uma diferença entre "aparente" e "sólido" e ainda ajustar a posição dos pés adequadamente. Ao mesmo tempo leve o braço direito para a frente na altura do rosto, com a palma da mão direita voltada para dentro e a palma da mão esquerda perto do cotovelo direito, que deve estar um pouco dobrado (*figuras 5.8c e d*). Os movimentos de mão também devem começar pela rotação da cintura. Essa técnica é chamada de *peng*, aparar, e é a mesma que foi usada com os movimentos básicos de pernas.

Depois, a partir da cintura, recue o corpo, abaixando-o sobre a perna esquerda. Os pés não se mexem, mas as pernas devem ser dobradas, com o joelho de trás mais abaixado que o da frente. Ao mesmo tempo puxe as mãos da frente para o lado esquerdo da cintura, com a palma da mão direita virada para baixo e a mão esquerda virada para cima, girando a cintura da direita para a esquerda durante o processo (*figura 5.8e*). Essa técnica chama-se *lu*, rebater.

A descrição dessas técnicas como dois movimentos separados é feita apenas para facilitar o aprendizado. Depois de dominadas, deve-se fluir do *peng* para o *lu*, e não parar no *peng*. A mudança de direção do braço, de avanço para recuo, devia ser contínua, na forma de um oito, e não abrupta e angular, como se fosse uma linha para a frente e para trás. Esse movimento contínuo e circular é básico no Tai Chi Chuan e devia ser aplicado em todos os padrões.

Continuando a partir do movimento da técnica *lu*, reverta a rotação da cintura de direita—esquerda para esquerda—direita; empurre o antebraço direito para a frente, com a palma da mão esquerda pressionando o punho direito, para dar mais força (*figuras 5.8f e g*). Essa técnica é chamada de *qi*, pressão. A inversão da rotação da cintura não deve ser abrupta nem angular, mas sim contínua e circular, novamente com a forma de oito, sem quebra do fluxo da técnica *lu* para a técnica *qi*. Da mesma forma, a mudança de direção das mãos, de aparar para pressionar para a frente, não deve ser abrupta, mas sim contínua, em forma de oito.

MOVIMENTOS FUNDAMENTAIS DE MÃOS E PÉS 71

Figura 5.8 Os quatro movimentos primários de mãos

Depois de pressionar com a técnica *qi*, abaixe o corpo, dobrando a perna esquerda sem mexer os pés, enquanto desce os pulsos (*figura 5.8h*). Em seguida, com a força brotando do calcanhar esquerdo, vire para a Postura do Arco e Flecha direita, e golpeie com as palmas das mãos para fora, na técnica denominada *an*, empurrar (*figura 5.8i*). Lembremo-nos do conselho de Li Yi Yu, citado no capítulo anterior: "A força começa no calcanhar, é controlada na cintura, materializa-se nas mãos e é exercida a partir da espinha, com atenção total."

Essas quatro técnicas — *peng, lu, qi* e *an* — são os quatro movimentos primários de mãos do Tai Chi Chuan. Depois de executar a técnica *an*, transfira o peso da perna esquerda e gire a cintura, levando o pé direito para a esquerda, de modo a fazer uma volta para a esquerda. Leve a perna esquerda na direção da direita, para uma momentânea Postura da Perna Falsa; em seguida leve a perna esquerda para a frente, repetindo as quatro técnicas do outro lado. Complete a rotina voltando à Postura do Princípio Infinito inicial, levantando as mãos, com as palmas para cima, acima da cabeça, abaixando-as depois, com a palma para baixo, pendendo ao lado do corpo.

As quatro técnicas secundárias de mãos

Descrevemos abaixo as quatro técnicas secundárias de mãos — *lie, cai, zhou* e *kao*. A partir da Postura do Princípio Infinito, transfira momentaneamente o peso do corpo para a perna direita, um pequeno passo para a esquerda com a perna esquerda; depois transfira o peso para ela, ficando na Postura da Perna Falsa. Gire o corpo para a direita, segurando uma bola de *chi* imaginária, com a palma da mão esquerda por cima e a da mão direita por baixo, num padrão preparatório chamado Segurar o Cosmo (*figura 5.9a*). Leve a perna direita para a frente, na Postura do Arco e Flecha direita, estenda o braço direito diagonalmente para a frente e para cima, com o braço esquerdo um pouco para baixo e para trás, como na *figura 5.9b*. Isso é o *lie* (pronuncia-se *liat*), espalhar-se.

Leve a perna direita de volta para a Postura Quatro-seis, com a perna direita ainda à frente, e segure a palma da mão direita na frente e a palma da mão esquerda perto do cotovelo direito, como na *figura 5.9c*. Essa técnica é o *cai*, tomar, e você poderá reconhecer o padrão de Tocar o Alaúde.

Para o padrão seguinte, momentaneamente transfira o peso para a perna direita, trazendo depois a perna esquerda para a frente, batendo-a no chão, perto e atrás da perna direita, transferindo assim o peso para a perna esquerdo. O joelho esquerdo fica dobrado. Ao mesmo tempo, segure o antebraço direito horizontalmente, com o cotovelo direito pronto para golpear e a palma

MOVIMENTOS FUNDAMENTAIS DE MÃOS E PÉS 73

Figura 5.9 Os quatro movimentos secundários de mãos

da mão esquerda atrás do punho direito, como na *figura 5.9d*. Continuando a partir da batida do pé e usando o pé de trás como apoio, "jogue" o corpo para a frente, com o cotovelo direito como ponto de origem da pancada (*figura 5.9e*). Isso é *zhou*, golpear com o cotovelo. A força origina-se no pé de trás, é controlada pela cintura e manifestada no cotovelo direito.

O padrão seguinte, *kao*, encostar-se, é semelhante, mas agora o ponto de origem do golpe é o ombro, e não o cotovelo. Bata a perna esquerda no chão, perto e atrás da perna direita, que está à frente, dobre o joelho esquerdo, abaixando o corpo (*figura 5.9f*) e "atire" o corpo para a frente com o ombro direito como ponto de partida (*figura 5.9g*). Dois pontos merecem atenção. Embora o corpo seja jogado para a frente, esse movimento não pode ser exagerado; o centro de gravidade, que agora subiu do abdômen para o peito, ainda devia estar entre as pernas. Em segundo lugar, a força do golpe origina-se na perna de trás, e não no ombro.

Depois de praticar essas quatro técnicas do lado direito, vire e repita todo o procedimento do lado esquerdo. Complete o treinamento com a Postura do Princípio Infinito, fechando os olhos suavemente, esvaziando a mente de todos os pensamentos e ficando quieto por alguns minutos.

O golpe de ombro é um exemplo de *kao*, ou técnica de encostar-se. Outro exemplo de *kao*, caso o oponente tenha prendido as mãos do praticante e tente empurrá-lo para trás (*figura 5.10a*), é aproveitar o impulso do empurrão "absorvendo-o", ou seja, encolher o abdômen, sem mexer os pés (*figura 5.10b*). Em seguida, quando o corpo do oponente estiver perto do nosso ombro (*figura 5.10c*), virar a cintura e girar a perna esquerda para trás, no sentido anti-horário, derrubando o outro com o ombro (*figura 5.10d*). Note-se que também aqui a força não vem do ombro, e sim dos pés, controlada pela cintura.

Damos outro exemplo do uso do *kao* em combate. Suponha que o oponente ataque com um soco direto de direita — a forma de ataque mais comum em muitas artes marciais (*figura 5.11a*). "Absorve-se" o soco recuando para a Postura Quatro-seis, ao mesmo tempo que se empurra o punho do adversário com a mão direita e o cotovelo dele com o antebraço esquerdo, no padrão Tocar o Alaúde (*figura 5.11b*). Num combate real, isso deslocaria o cotovelo da pessoa, de modo que é preciso ter cuidado ao praticar essa técnica com um parceiro.

Note-se que na técnica *cai* também usamos o padrão Tocar o Alaúde. Isso mostra que o mesmo padrão pode ser usado em técnicas diferentes; analogamente, a mesma técnica também pode ser implementada em padrões diferentes.

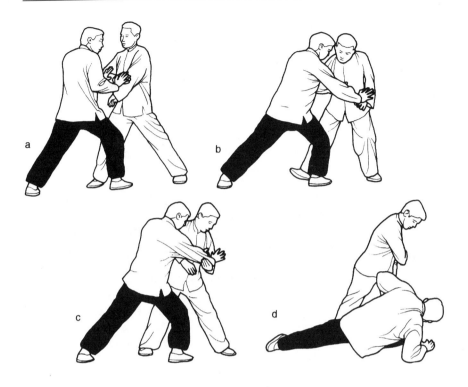

Figura 5.10 Como derrubar o oponente com o *kao*

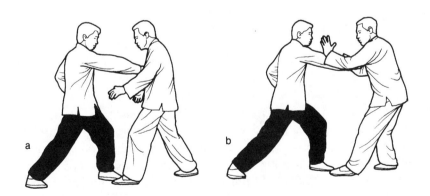

Figura 5.11 Como deslocar o cotovelo do oponente com o *kao*

O Tai Chi Chuan pode provocar lesões nos joelhos?

Em sua tese, concluída em dezembro de 1991, a dra. Jay Dunbar aponta um sério problema que preocupa os praticantes de Tai Chi Chuan nos Estados Unidos. Eis o que ela diz:

> Mais de 60% dos 216 mestres de Taijiquan que foram entrevistados relataram lesões nos joelhos, em si mesmos ou em seus alunos, como resultado da prática dessa modalidade (T'ai Chi Ch'uan).
>
> Essa descoberta, na minha opinião a mais chocante de todo o estudo, ressalta a necessidade de todos os mestres de Taijiquan reverem seus métodos de ensino e tomarem algumas providências para sanar o problema.
>
> A incidência de lesões no joelho na população nacional pode tornar esses danos menos surpreendentes. Em 1989, *The New York Times* relatou que, segundo a American Academy of Orthopedic Surgeons, os danos ao joelho constituem 26% de todos os ferimentos — a maior porcentagem.
>
> Em *Save Your Knees* (1988), Fox e McGuire afirmam que "o joelho é a junta mais vulnerável do corpo [...] cerca de 50 milhões de americanos (ou seja, quatro entre cinco), sofreram ou estão sofrendo de dores ou lesões no joelho". Problemas no joelho manifestam-se principalmente nos esportes como ginástica aeróbica, esqui, tênis, vôlei, basquete, ciclismo [...]
>
> O ritmo cadenciado do Taijiquan, a colocação cuidadosa dos pés e as considerações posturais deveriam torná-lo um exercício ideal para a reabilitação, bem como preventivo para condições presentes ou potenciais nos joelhos.

É interessante notar que, na longa história do Taijiquan e de outras artes marciais chinesas, os ferimentos nos joelhos jamais foram um problema. Parece que isso é peculiar aos Estados Unidos, uma vez que nenhum dos praticantes que conheci na Europa e na Austrália se queixou de danos nos joelhos como resultado da prática do Tai Chi Chuan.

Certamente concordo com a dra. Jay Dunbar em que "os mestres de Taijiquan deveriam adquirir um conhecimento operacional de etiologia, tratamento e reabilitação de ferimentos como entorses e distensões", mas discordo da sua sugestão de que "os mestres de Taijiquan fariam bem em pelo menos estudar textos como *Modern Principles of Athletic Training*, de Arnheim, e instruções específicas para o joelho, como *Save Your Knees*, de Fox e McGuire". É claro que esses textos ocidentais convencionais são úteis, apesar de que, dos 50 milhões de americanos que sofrem de problemas nos joelhos, muitos devem ter lido esses trabalhos. O ponto crucial é que, se quisermos evitar os sofrimentos causados por danos aos joelhos como resultado da prática de Tai Chi Chuan, devemos procurar os mestres dessa arte cujos discípulos *não* tenham problemas nos joelhos, e não aqueles "instrutores que ensinam simplesmente coreografias", nem pessoas que pouco sabem sobre o Tai Chi Chuan, embora sejam especialistas em anatomia e fisiologia do joelho.

MOVIMENTOS FUNDAMENTAIS DE MÃOS E PÉS 77

Tradicionalmente, todos os mestres de Tai Chi Chuan ou de qualquer outro estilo de kung-fu estão familiarizados com a traumatologia, o único ramo da medicina chinesa que trata de ferimentos, e que muitas vezes é chamado de medicina de kung-fu. Os mestres de Tai Chi Chuan e de outras modalidades de kung-fu empregam a traumatologia não para curar males do joelho devido à prática de sua arte, simplesmente porque isso não existe, mas para sanar ferimentos como entorses, distensões, deslocamentos, fraturas, bloqueio de sangue ou do fluxo de energia e danos aos órgãos internos, que são comuns em lutas ou combates reais.

Mas o que têm a dizer os mestres sobre danos nos joelhos devido à prática de Tai Chi Chuan ou outros tipos de kung-fu? Nada — simplesmente porque esses problemas não existem. Se o Tai Chi Chuan for praticado adequadamente (e não "jogado", como se diz vulgarmente na literatura americana sobre essa arte), o mínimo conseguido pelo praticante é uma boa saúde, inclusive, é claro, nos joelhos. Um momento de reflexão pode mostrar a incoerência que seria uma arte marcial produzindo ferimentos nos joelhos dos praticantes. Numa análise retrospectiva, nota-se que três fatores são particularmente relevantes para a ausência de problemas nos joelhos no tipo de Tai Chi Chuan ensinado pelos mestres. Essas fatores são o equilíbrio e a elegância dos movimentos do Tai Chi, posturas estáveis e movimentos ágeis dos pés, e o fluxo harmonioso do *chi*. Tudo isso foi detalhado neste capítulo. O fluxo do *chi* será tratado no próximo capítulo, bem como no capítulo 12.

A propósito, esse problema americano com os joelhos revela a superioridade do Tai Chi Chuan, adequadamente praticado, sobre os conhecimentos anatômicos e fisiológicos convencionais a respeito da função e da segurança dessa articulação. Especialistas convencionais dizem que "deve-se prestar atenção à mecânica do joelho durante o trabalho da postura, e os exercícios auxiliares prejudiciais aos joelhos — como rotação dos joelhos, corridas de obstáculos e flexões profundas dos joelhos — devem ser substituídos por outros que aumentem a força e estabilidade dos mesmos. É interessante que esses exercícios auxiliares, considerados danosos aos joelhos pelos especialistas ocidentais, venham sendo ensinados regularmente pelos mestres de Tai Chi Chuan e outros tipos de kung-fu para deixar as pernas (e os joelhos) fortes e flexíveis, um fator importante na eficiência em combate. Qual o resultado da abordagem ocidental e do Tai Chi Chuan? Entre os americanos, não só os movimentos dos joelhos são limitados, como 50 milhões de pessoas têm realmente problemas desse tipo! Por outro lado, o giro dos joelhos é um princípio básico ensinado pelos mestres de Tai Chi Chuan aos seus alunos como parte do processo, em movimentos graciosos e para transmitir a força interior do calcanhar para a mão. E, além de os danos aos joelhos serem virtualmente inexistentes entre os discípulos dos mestres, a prática adequada do Tai Chi Chuan tem sido até mesmo recomendada para aliviar problemas já existentes — boas-novas para os 50 milhões de americanos que sofrem desse problema. Mas, é claro, é preciso aprender com mestres, ou pelo menos com instrutores competentes; se aprendermos com alguém que ensina a coreografia do Tai Chi Chuan, ou com anatomistas especializados em joelhos, os quais também sofrem desse problema, provavelmente agravaremos a situação.

Como treinar os joelhos para serem fortes e flexíveis? Como foi explicado neste capítulo, é preciso diferenciar entre movimento "aparente" e "sólido" — conduzir com a cintura e girar os joelhos! Se fizermos de outro modo, restringindo o joelho a movimentos lineares (em vez de girá-los) e pisando em frente com todo o peso do corpo (em vez de transferir o peso do pé "sólido" para o pé "aparente"), estaremos limitando e ferindo os joelhos em cada movimento.

Ter joelhos "firmes" e "móveis", ou fortes e flexíveis, reflete o princípio yin–yang do Tai Chi Chuan. Se eles forem fortes mas limitados a uma flexão angular, ou se sentirmos dor ao girá-los, o treinamento do Tai Chi Chuan estará incompleto. Um método eficiente para desenvolver a estabilidade do joelho é o treinamento da postura, principalmente a postura do Tai Chi Chuan. Estabilidade e força não são desenvolvidos só a partir da mecânica da forma exterior das diferentes posturas, mas principalmente a partir da construção da energia interior e do fluxo harmonioso da energia, algo que os especialistas convencionais em joelhos, compreensivelmente, não entendem direito.

Caso ocorram ferimentos nos joelhos, ou em qualquer outra parte do corpo, durante a prática do Tai Chi Chuan, o que pode acontecer até mesmo entre discípulos dos grandes mestres, esses fatores podem ser eliminados pelo fluxo harmonioso da energia para a parte afetada, como durante a postura *Wuji* ou treinamento formal de rotina, com controle da mente e da energia (que serão explicados no capítulo 7). Assim, não estaremos dando oportunidade a esses fatores de se transformarem em ferimentos clínicos nos joelhos ou outras complicações. Compreendendo isso, podemos perceber por que a mecânica do corpo sozinha, implícita nas medidas preventivas sugeridas pelos especialistas convencionais, não serve para resolver esse problema nos joelhos dos americanos.

6

A importância do chi kung no Tai Chi Chuan

O desenvolvimento da força interior

Tai Chi Chuan sem chi kung não é Tai Chi Chuan, pois nesse caso o Tai Chi Chuan se resumiria a um tipo de exercício suave que talvez oferecesse alguns benefícios em termos de circulação do sangue e divertimento, mas provavelmente não traria a vitalidade e a clareza mental geralmente atribuídas ao treinamento do Tai Chi Chuan.

Saúde, combate e espiritualidade

Os estudantes de Tai Chi não podem se defender se praticarem apenas posições do Tai Chi. Se desejarmos uma defesa pessoal eficiente, teremos de desenvolver a força interior e praticar as aplicações de combate dessa arte marcial. Sem a força interior, não podemos desenvolver nem mesmo uma boa saúde. E a preocupação com a saúde é outra importante razão, além da defesa pessoal, pela qual as pessoas praticam o Tai Chi Chuan. Sem a força interior e as aplicações de combate, o Tai Chi degenera para uma dança; graciosa e elegante, é verdade, mas nada mais do que isso. A aplicação do Tai Chi Chuan em combate será explicada mais adiante; aqui examinaremos apenas a força interior, que é desenvolvida principalmente a partir do chi kung. Na verdade, o chi kung do Tai Chi e a força interior do Tai Chi muitas vezes são usados como sinônimos, embora, tecnicamente falando, o chi kung seja o método, enquanto a força interior é o efeito produzido por esse método.

O chi kung, que literalmente significa "a arte da energia", é um termo abrangente que se refere a centenas de sistemas de treinamento que desenvolvem a energia cósmica para diversas finalidades, principalmente relativas à saúde, à eficiência em combate, à expansão da mente e ao aprimoramento espiritual.[1] É digno de nota o fato de que tanto a pronúncia quanto a palavra chinesa para *chi* no termo chi kung sejam diferentes daquelas do Tai Chi Chuan. Chi kung é pronunciado "ch'i kung" e é escrito *qigong* em chinês românico, enquanto Tai Chi Chuan é pronunciado como "T'ai Ji Chuan" e é

80 O LIVRO COMPLETO DO TAI CHI CHUAN

escrito *Taijiquan*. Todavia, para a conveniência dos leitores ocidentais, aqui é usada a grafia românica para ambos os termos.

O treinamento do chi kung como parte integrante do Tai Chi Chuan é essencial não apenas para a defesa pessoal eficaz, mas também para a boa saúde. Tai Chi Chuan sem chi kung não é Tai Chi Chuan, pois nesse caso o Tai Chi Chuan se resumiria a um tipo de exercício suave que talvez oferecesse alguns benefícios em termos de circulação do sangue e divertimento, mas provavelmente não traria a vitalidade e a clareza mental geralmente atribuídas ao treinamento do Tai Chi Chuan.

A principal conquista do Tai Chi Chuan é o desenvolvimento espiritual, que eleva a arte, como por exemplo o kung-fu shaolin[2], muito acima do nível das artes de combate comuns. O desenvolvimento espiritual no Tai Chi Chuan está intimamente relacionado, ou é sinônimo, do culto taoísta, que não é religioso, pois não envolve dogmas ou adorações e pode ser praticado por pessoas de qualquer religião. O culto taoísta, que será explicado no capítulo 21, compreende três estágios, ou seja, cultivar o *jing* (essência) para tornar-se *chi* (energia), cultivar o *chi* para tornar-se *shen* (espírito) e cultivar o *shen* para retornar ao cosmo. O chi kung é, pois, a ponte que liga o físico (*jing*) ao espiritual (*shen*).

Os mestres de Tai Chi Chuan classificam as suas conquistas em três níveis: saúde, combate e desenvolvimento espiritual. Se alguém alega que pratica o Tai Chi Chuan há muitos anos e continua fraco e doentio, algo está errado, e muitas vezes isso se deve ao fato de essa prática não incluir o chi kung. Praticar apenas a forma física do Tai Chi Chuan, sem o chi kung, não permite equipar o estudante com a resistência, a força e a perseverança necessárias ao combate eficiente. Os aspirantes que visam o progresso espiritual do Tai Chi Chuan perderão o elo entre o físico e o espiritual se não praticarem o chi kung.

A força interior no treinamento do Tai Chi Chuan

Por conveniência, dividiremos o treinamento do Tai Chi Chuan em aspectos intrínseco e extrínseco, ou seja, yin e yang. O treinamento extrínseco é realizado paralelamente a uma série de posições de Tai Chi, enquanto o treinamento intrínseco é incorporado na própria série. Note-se que "extrínseco" aqui não significa "exterior" ou "externo"; tanto o treinamento extrínseco quanto o intrínseco envolvem muita coisa interior, embora a forma exterior seja necessária, obviamente.

Duas excelentes formas de treinamento extrínseco do chi kung do Tai Chi foram descritas no capítulo anterior: a Postura do Princípio Infinito e a Postura do Tai Chi. Outra postura que deverá ser praticada conscientemente, se desejarmos obter todos os benefícios do Tai Chi, é conhecida pelo prosaico nome de Padrão Inicial do Tai Chi. No kung-fu shaolin, esse mesmo exercício, que é o estágio inicial de uma arte avançada conhecida como Sino Dourado, é chamado de Levantar a Água. Embora prosaico, o termo Padrão Inicial do Tai Chi é bastante significativo, pois não só indica que esse é o padrão pelo qual se inicia a maioria das séries de Tai Chi como também sugere que ele deveria ser praticado por algum tempo antes de se aprender qualquer série de Tai Chi.

Fique parado por alguns segundos (ou por alguns minutos, se quiser uma sessão de treinamento mais longa) na Postura do Princípio Infinito (*figura 6.1a*). Em seguida, mova uma das pernas para o lado, para fazer a Postura do Tai Chi, ou Postura de Montar o Bode. Ao mesmo tempo, eleve os braços à sua frente, na altura do peito, com os cotovelos bem retos (*figura 6.1b*), inspirando suavemente pelo nariz. Depois, abaixe os braços vagarosamente na sua frente, como se estivesse fazendo pressão sobre a água com as palmas das mãos, expirando calmamente pela boca (*figura 6.1c*).

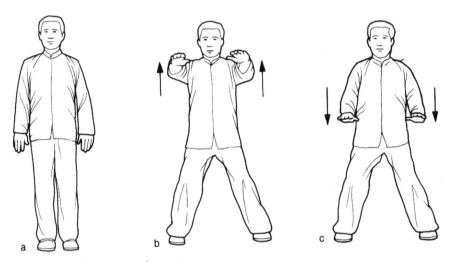

Figura 6.1 Levantar a Água

Depois de elevar e abaixar os braços de cinco a dez vezes, respirando corretamente, você deverá entrar num estado mental de chi kung, um nível subconsciente. Calmamente visualize a boa energia cósmica fluindo para dentro enquanto inspira, e a sua energia vital fluindo para os braços e para a palma das mãos enquanto expira. (Energia cósmica e energia vital são termos geralmente usados para designar respectivamente a energia de fora e de dentro do seu corpo.) É muito importante que essa visualização seja feita delicadamente; se tiver dificuldade em visualizar, será suficiente pensar com tranqüilidade na energia cósmica fluindo para dentro e na energia vital fluindo para as palmas das mãos.

Depois de erguer e abaixar os braços por trinta vezes, com a devida visualização e fluxo de energia, junte os pés vagarosamente e fique quieto na Postura do Princípio Infinito por alguns minutos. Você sentirá a força interior fluindo para os braços e para as pernas e se avolumando dentro de você. À medida que for progredindo, aumente o número de vezes que levanta e abaixa os braços para cinqüenta, depois gradualmente para cem ou mais.

Você pode começar com *zhan zhuang* (ficar em pé numa postura) e Levantar a Água, depois passe para uma série de Tai Chi, sem interrupção, como será explicado no próximo capítulo. Por outro lado, se a sua sessão de treinamento for curta, você poderá praticá-los separadamente. Note que tanto a Postura Final do Princípio Infinito quanto Levantar a Água são partes integrantes de qualquer série de Tai Chi, que geralmente começa com eles. Todavia, durante a realização de uma série de Tai Chi, normalmente nos colocamos na Postura do Princípio Infinito apenas por alguns segundos e elevamos e abaixamos os braços só duas vezes. Se você os praticar com os padrões iniciais de uma série de Tai Chi em vez de praticá-los como exercícios separados, mesmo que você dedique muito tempo a isso, eles constituirão apenas um treinamento intrínseco de chi kung.

Outro exemplo de treinamento de chi kung no Tai Chi que pode ser classificado como intrínseco ou extrínseco, dependendo de como é praticado, são os quatro movimentos primários das mãos, *peng*, *lu*, *qi* e *an*, descritos no capítulo anterior. A partir da Postura do Princípio Infinito, movimente-se para a direita com o *peng*, ou técnica de aparar um golpe. Inspire suavemente pelo nariz enquanto carrega uma esfera de *chi*, na Postura da Perna Falsa, e expire calmamente pela boca, enquanto vai para a Postura do Arco e Flecha, com a técnica *peng*. Enquanto inspira, concentre-se no *chi* do seu *dan tian*, e enquanto expira visualize o seu *chi* fluindo do *dan tian* pelo braço direito, para a frente, até a palma da mão.

Em seguida, role para trás com a técnica *lu*, inspirando suavemente pelo nariz, visualizando a energia cósmica fluindo para você. Enquanto pressiona para frente com a técnica *qi*, expire suavemente pela boca e visualize a sua energia vital fluindo para o braço direito. Depois abaixe as palmas das mãos, inspirando tranqüilamente e concentrando-se no *dan tian* abdominal. Quando empurrar para a frente com a técnica *an*, expire e visualize o *chi* fluindo do seu abdômen pelo corpo e pelos braços e saindo pelas palmas das mãos.

Repita as quatro técnicas dez vezes, com a respiração e a visualização apropriadas, e depois repita todo o processo do lado esquerdo, o mesmo número de vezes. Aumente o número de vezes à medida que for progredindo. No final da sessão de treinamento, use o padrão Acúmulo de Energia no Campo Energético, descrito anteriormente, para concentrar a energia vital no *dan tian* abdominal, e fique quieto por algum tempo na Postura do Princípio Infinito.

Como desenvolver uma pérola de energia intrínseca

O treinamento energético no chi kung recai em duas categorias principais: aumento da quantidade de energia vital no corpo e promoção de um fluxo de energia harmonioso. Elas podem ser consideradas como o yin e o yang do treinamento chi kung. Um método importante de intensificar a energia é a respiração abdominal, que deve ser aprendida de preferência em etapas.

Fique na Postura do Princípio Infinito. Coloque a palma de uma das mãos suavemente sobre o *dan tian* e a outra em cima da primeira (*figura 6.2a*). Pressione suavemente o abdômen enquanto conta até seis, para esvaziá-lo. Não quer dizer que você deve pressioná-lo seis vezes — o processo deve ser calmo e contínuo, e não um *staccato*. Mantenha a expiração por dois segundos, depois solte a pressão enquanto conta até seis, de modo que o abdômen

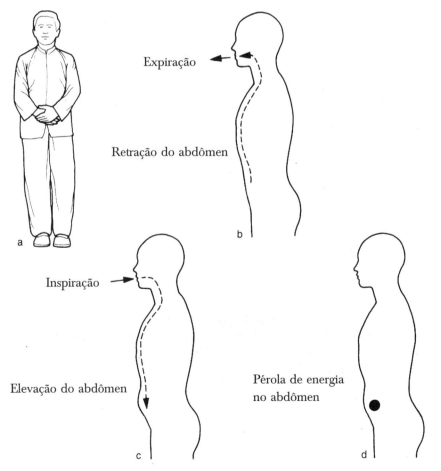

Figura 6.2 A respiração abdominal

volte ao nível original. Essa soltura também deve ser calma e contínua. Mantenha essa posição enquanto conta até dois, e repita o procedimento por dez vezes. Esse é o primeiro estágio do treinamento. A respiração deve ser espontânea, mas assegure-se de que não inspira enquanto esvazia o abdômen. Aumente gradualmente o número de vezes que pressiona e solta, de dez até 36.

É preciso praticar durante pelo menos duas semanas, até que a descida e a elevação do abdômen se tornem espontâneas, antes de passar para o segundo estágio. Proceda como no primeiro estágio, mas, enquanto esvazia o abdômen, visualize a energia estagnada fluindo para fora do corpo, pela boca. Enquanto você alivia a pressão das mãos e o abdômen se eleva, visualize a boa energia cósmica fluindo pelo nariz até o abdômen. Pratique isso ao menos por duas semanas, antes de passar ao estágio seguinte.

O terceiro estágio é a respiração abdominal propriamente dita. Siga o mesmo procedimento do segundo estágio, mas, ao esvaziar o abdômen e visualizar a energia gasta saindo, expire suavemente pela boca. Ao soltar a pressão e visualizar a energia positiva fluindo para o abdômen, inspire suavemente pelo nariz. Depois de respirar, para dentro e para fora, mais ou menos 36 vezes, feche os olhos e fique imóvel na Postura do Princípio Infinito. Primeiro desembarace a mente de todos os pensamentos e em seguida visualize tranqüilamente uma pérola de *chi* no *dan tian* abdominal, mais ou menos seis centímetros abaixo do umbigo. No começo essa pérola será imaginária, mas, à medida que você progredir, ela se tornará real, representando a fonte primária de sua força interior.

Devo reiterar que a prática do chi kung é importante se você não deseja que o seu Tai Chi Chuan degenere numa dança apenas. Sem o chi kung, o Tai Chi Chuan não poderia proporcionar os magníficos benefícios à saúde tradicionalmente associados a ele, pois ele seria, na melhor das hipóteses, uma forma suave de exercícios físicos. Sem o chi kung, o Tai Chi Chuan não seria uma arte marcial efetiva, pois não teria a força interior pela qual se notabilizou. Sem o chi kung, o Tai Chi Chuan não poderia ser uma forma de culto espiritual, pois é o seu *chi* que preenche a lacuna entre a sua forma e o desenvolvimento do espírito no sentido de uma unidade com o cosmo. Mas o chi kung deve ser praticado sob a supervisão de um mestre ou instrutor competente, e seu progresso deve ser gradual, para permitir que os órgãos interiores tenham tempo de se ajustar à nova força. Um treinamento incorreto ou apressado de chi kung pode ocasionar problemas graves.

7

A poesia da energia
e da mente

O Tai Chi Chuan com controle da respiração
e visualização

Para alcançar os melhores resultados de qualquer série de posições do Tai Chi, é preciso compreender os aspectos da energia e da mente, de modo que a sua poesia no movimento esteja imbuída de força interior e consciência.

Os objetivos da prática da série

Quando alguém diz que pratica Tai Chi Chuan, o que está querendo dizer, em geral, é que sabe como executar uma ou mais séries de Tai Chi. Mas praticar uma série de Tai Chi é apenas uma parte do Tai Chi Chuan, e não a sua totalidade. Do ponto de vista da saúde e da vida cotidiana, desenvolver movimentos elegantes, o fluxo de energia e a consciência é mais importante do que apenas executar séries de Tai Chi.

Não obstante, embora a prática da série não seja o mais importante no treinamento de Tai Chi Chuan, ainda assim é relevante, pois ela nos oferece os meios para aprender os padrões, bem como para desenvolver movimentos elegantes, o fluxo de energia e a consciência. É também uma forma de aprender e depois ser capaz de executar espontaneamente os padrões básicos do Tai Chi em combate, o que será explicado nos capítulos subseqüentes.

Além dos modos extrínsecos de desenvolver a força interior, explicados no capítulo anterior, essa força pode ser treinada como uma parte da prática em si. Isso é feito principalmente por meio do controle da respiração e da visualização com os movimentos físicos dos padrões na série de Tai Chi descrita adiante. Mas, até familiarizar-se com a série, o aprendizado será mais rápido se você não se preocupar, durante algum tempo, com o controle da respiração e a visualização e se concentrar na realização correta das posturas físicas. Quando os movimentos se tornarem suaves e espontâneos, você pode voltar ao controle da respiração e à visualização.

A série é ilustrada por um conjunto de figuras com as respectivas descrições. Ao aprender a série por meio das ilustrações, você confirmará o velho

86 O LIVRO COMPLETO DO TAI CHI CHUAN

ditado que diz que uma imagem vale por mil palavras. As descrições estão ali para indicar a abrangência das ações e acentuar os pontos cruciais, não para explicar movimentos detalhados. No capítulo 5, foram dadas instruções pormenorizadas para os movimentos fundamentais, que deveriam ser lidas e *praticadas*, para a obtenção de resultados melhores no treinamento das séries, no menor tempo possível.

A série que segue é conhecida como Série Simplificada dos 24 Padrões do Tai Chi, e foi elaborada por um conselho de mestres de Tai Chi, depois de muito estudo e deliberações. Esse conselho foi estabelecido pelo governo chinês para atender a duas necessidades prementes: usar o Tai Chi Chuan como um método conveniente e barato de solucionar os problemas de saúde do país; encontrar uma série comum com a qual os praticantes dos diferentes estilos de Tai Chi Chuan pudessem concorrer nas competições de artes marciais recentemente popularizadas.

A Série Simplificada dos 24 Padrões do Tai Chi é predominantemente do estilo yang. Por esse motivo, foi criada uma outra série, conhecida como Série dos 48 Padrões do Tai Chi. Mas, embora não seja mais usado em competições, a Série dos 24 Padrões continua muito popular, por ser relativamente fácil de aprender e por ser eficaz tanto para a saúde quanto para a defesa.

A menos que a pessoa esteja familiarizada com os movimentos do Tai Chi ou do kung-fu, não é fácil aprender por meio de um livro, por mais bem ilustrado e explicado que ele seja. Assim, se você for principiante, é aconselhável aprender com um instrutor competente.

Série simplificada de Tai Chi — Seção 1

Execute a série como descrito abaixo, devagar e graciosamente, como se fosse poesia em movimento. Preste atenção principalmente ao equilíbrio e à estabilidade quando estiver executando os diversos padrões. Isso só será conseguido se você compreender os movimentos mais precisos de condução da cintura e a diferenciação entre aparente e sólido, como foi explicado no capítulo 5. Lembre-se também que o Tai Chi Chuan é uma arte interior, o que significa que, se você fizer apenas os padrões exteriores da série, na melhor das hipóteses estará fazendo um exercício físico. Para obter os melhores resultados de qualquer série de Tai Chi, é preciso compreender os aspectos da mente e da energia, de forma que a sua "poesia em movimento" esteja imbuída de força interior e consciência.

Comece com a Postura do Princípio Infinito (*figura 7.1.1a*). É de suma importância que você esteja calmo e relaxado, sorrindo com o coração. Se você não consegue atingir essa condição, é preferível não continuar a fazer a série. Sinta que todo o corpo está carregado com energia. Concentre-se calmamente no seu *dan tian*.

Mova a perna direita cerca de trinta centímetros para a direita para ficar na Postura do Tai Chi. Levante os braços vagarosamente à sua frente, com os dedos apontados para a frente e os cotovelos bem retos (*figura 7.1.1b*). Ao mesmo tempo, respire suavemente pelo nariz e imagine a energia cósmica fluindo para dentro de você. A visualização durante esta série deve ser feita calmamente; uma visualização forçada muitas vezes produz efeitos prejudiciais. Se tiver dificuldade, pode apenas pensar, tranqüilamente, naquilo que deve ser visualizado. Em seguida, abaixe os braços (*figura 7.1.1c*), expire lentamente pela boca e imagine que a energia vital está fluindo para as palmas das mãos. Esse padrão é chamado de Levantar a Água, ou Padrão Inicial do Tai Chi. Faça duas vezes esse padrão.

Em seguida, mude para um padrão tradicional denominado Segurar o Cosmo, na Postura da Perna Falsa esquerda, como na *figura 7.1.2a*. Inspire suavemente e imagine-se carregando uma bola de *chi*. Passe depois para a Postura do Arco e Flecha esquerda, estendendo os braços na técnica de estender, num padrão chamado Vôo Diagonal ou Cavalo Selvagem Sacode a Crina (*figura 7.1.2b*). Ao mesmo tempo, expire e imagine a energia vital fluindo para os braços.

Leve a perna direita para uma Postura da Perna Falsa direita de transição (*figura 7.1.2c*), e depois para a Postura do Arco e Flecha direita, executando o lado direito de O Cavalo Selvagem Sacode a Crina (*figura 7.1.2d*). Expire e visualize a energia vital fluindo para os braços. Em seguida, faça uma Postura da Perna Falsa esquerda de transição, inspirando simultaneamente (*figura 7.1.2e*); depois, faça a Postura do Arco e Flecha esquerda, com o lado esquerdo de O Cavalo Selvagem Sacode a Crina (*figura 7.1.2f*), expirando e visualizando o *chi* fluindo para os braços.

Inspire delicadamente e faça a Postura da Perna Falsa esquerda (*figura 7.1.3a*); expire suavemente e estenda os braços, no padrão denominado O Grou Branco Bate as Asas (*figura 7.1.3b*).

Descreva um pequeno círculo na frente do corpo com a mão esquerda, no sentido horário, e um círculo grande, no sentido anti-horário, com a mão direita à direita do corpo (*figura 7.1.4a*); ao mesmo tempo, leve a perna que está à frente (a esquerda) mais para a frente, para fazer a Postura do Arco e Flecha esquerda, terminando com um golpe com a palma da mão direita, como na *figura 7.1.4b*, com a palma da mão esquerda pendendo ao lado perto da coxa. Esse padrão se chama Girar o Joelho e Avançar o Passo, depois do movimento do pé, mas um nome mais poético é O Dragão Verde Cospe a Pérola. Inspire ao começar a fazer os círculos com as mãos, e expire enquanto conclui o círculo direito com um golpe com a palma da mão direita. Imagine o *chi* fluindo para a palma da mão direita.

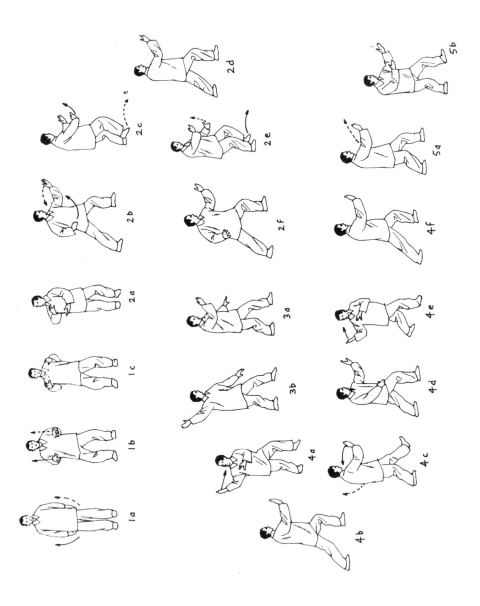

A POESIA DA ENERGIA E DA MENTE   89

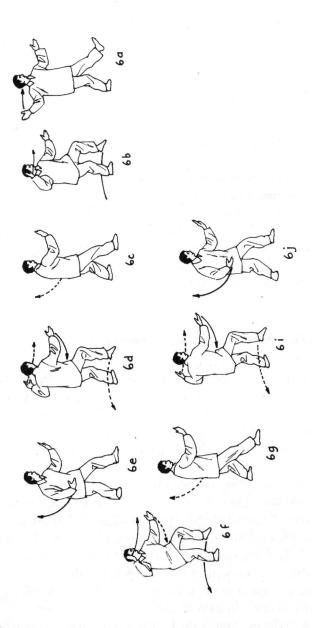

Figura 7.1 Série simplificada de Tai Chi – Seção 1

O LIVRO COMPLETO DO TAI CHI CHUAN

Repita o padrão do Dragão Verde com um golpe com a palma da mão esquerda (*figuras 7.1.4c* e *d*). Depois, repita novamente com um golpe com a palma da mão direita (*figuras 7.1.4e* e *f*). O controle da respiração e a visualização são os mesmos do padrão anterior do Dragão Verde.

Em seguida, ponha a perna esquerda de volta na Postura Quatro-seis esquerda (*figura 7.1.5a*), e, girando a cintura um pouco para a direita, coloque as mãos como na *figura 7.1.5b*, no padrão chamado Tocar o Alaúde. Inspire no começo e expire no final do padrão. Concentre o seu *chi* no *dan tian*.

Depois, traga a perna esquerda de volta à Posição Quatro-seis direita, descrevendo um grande círculo no sentido anti-horário com a mão direita e terminando com um golpe com a palma da mão direita na altura do ombro (*figuras 7.1.6a, b* e *c*). Inspire no começo e expire no fim do padrão. Visualize o *chi* fluindo para a palma da mão direita. Esse padrão se chama Rotação Inversa do Bíceps, ou, com mais imaginação, Enxotar o Macaco.

Repita o padrão Enxotar o Macaco, com um golpe com a palma da mão esquerda na Postura Quatro-seis esquerda (*figuras 7.1.6d* e *e*). Repita Enxotar o Macaco do lado direito e do lado esquerdo (*figuras 7.1.6f–i*), executando assim o padrão do Macaco quatro vezes. Inspire ao iniciar cada série e expire ao completá-la. Visualize o *chi* fluindo para a palma da mão.

Série simplificada de Tai Chi — Seção 2

A partir do padrão Enxotar o Macaco esquerdo, gire para a direita sobre uma Postura da Perna Falsa direita de transição (*figura 7.2.7a*), depois faça a Postura do Arco e Flecha direita com a técnica *peng,* ou de aparar o golpe (*figuras 7.2.7b* e *c*). Inspire enquanto carrega a bola de *chi,* e expire enquanto executa a técnica *peng*, visualizando o *chi* fluindo para a mão estendida.

A partir da técnica *peng*, vire para trás com a técnica *lu* (*figura 7.2.7d*), ao mesmo tempo que inspira e se concentra no *dan tian*. Em seguida, execute a técnica *qi*, ou de pressão (*figuras 7.2.7e* e *f*), expirando e visualizando o *chi* no seu antebraço direito. Inspire e abaixe a postura (*figura 7.2.7g*), depois empurre com a técnica *an*, expirando e visualizando o *chi* golpeando ao mesmo tempo (*figura 7.2.7h*). Essas quatro técnicas — *peng, lu, qi* e *an* — constituem um padrão conhecido como Agarrar o Pardal pela Cauda.

Repita esse padrão do lado esquerdo (*figuras 7.2.7i–o*). A respiração e a visualização são as mesmas do lado direito.

Vire-se para a direita na Postura do Tai Chi e movimente continuamente a mão direita à sua frente, descrevendo um amplo círculo no sentido horário, e com a mão esquerda descreva outro grande círculo no sentido anti-horário. Enquanto continua girando as mãos, ande lateralmente para a esquerda (*figu-*

ras 7.2.8a–f). Inspire quando mover a perna esquerda e expire quando levar a perna direita para a esquerda. Visualize a energia vital fluindo para os braços e as mãos. Esses padrões são chamados de Mãos de Nuvem.

Inspire e leve o pé esquerdo para perto do direito, para ficar momentaneamente numa Postura de Perna Falsa esquerda, e segure as mãos como na *figura 7.2.9a*. Em seguida, leve a perna esquerda para a frente, utilizando a Postura do Arco e Flecha esquerda, e golpeie com a palma da mão esquerda para fora (*figuras 7.2.9b* e *c*), ao mesmo tempo que expira e visualiza o *chi* fluindo para a palma da mão esquerda.

Série simplificada de Tai Chi — Seção 3

Do Chicote Simples passe para um padrão conhecido como Cavalo de Trote Alto, como nas *figuras 7.3.10a* e *b*. Inspire no início do padrão e expire enquanto move a mão direita para a frente.

Fique em pé apoiado na perna esquerda e cruze as mãos na frente do rosto, inspirando simultaneamente. Depois, separe as mãos e chute com o calcanhar direito voltado para fora, expirando ao mesmo tempo (*figuras 7.3.11a, b* e *c*). Esse padrão se chama Chute de Impulso com as Mãos Cruzadas. Abaixe a perna direita diagonalmente para a frente e execute o padrão chamado Um Par de Abelhas Zumbindo nos Ouvidos, concentrando o *chi* nos punhos (*figuras 7.3.12a* e *b*), e expire com energia pela boca.

Leve o pé direito para perto do pé esquerdo e faça um giro para a esquerda. Fique em pé apoiado na perna direita e cruze as mãos em frente ao rosto, enquanto inspira. Depois, golpeie com a perna esquerda no padrão Chute de Impulso com as Mãos Cruzadas, expirando ao mesmo tempo (*figuras 7.3.11d* e *f*).

Abaixe a perna esquerda para a frente, num padrão chamado de Postura Baixa do Chicote Simples, como nas *figuras 7.3.13a* e *b*, e inspire delicadamente. Sem mexer os pés, leve o corpo para a frente, na Postura do Arco e Flecha esquerda baixa (*figura 7.3.13c*). Continue movendo o corpo para a frente e fique em pé sobre a perna esquerda, no padrão denominado O Galo Dourado Permanece Só (*figuras 7.3.14a* e *b*), expirando suavemente durante o processo. Concentre-se na manutenção do equilíbrio.

Abaixe o pé direito para fazer o padrão Chicote Simples de Postura Baixa como nas *figuras 7.3.13d* e *e*, e inspire. Mova o corpo e a palma da mão direita para a frente (*figura 7.3.13f*), na Postura do Arco e Flecha, depois fique sobre a perna direita, no padrão O Galo Dourado Permanece Só (*figuras 7.3.14c* e *d*), e expire. Em seguida, leve a perna esquerda para a frente para fazer o padrão chamado A Menina de Jade Trabalha no Tear (*figuras 7.3.15a*

92 O LIVRO COMPLETO DO TAI CHI CHUAN

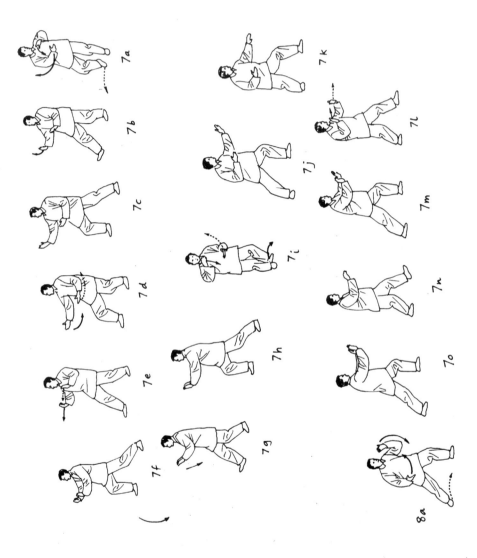

A POESIA DA ENERGIA E DA MENTE 93

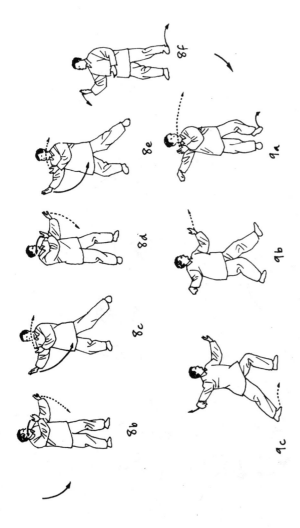

Figura 7.2 Série simplificada de Tai Chi – Seção 2

94   O LIVRO COMPLETO DO TAI CHI CHUAN

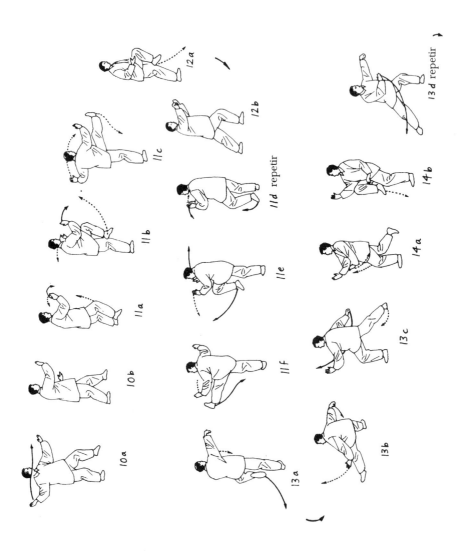

A POESIA DA ENERGIA E DA MENTE 95

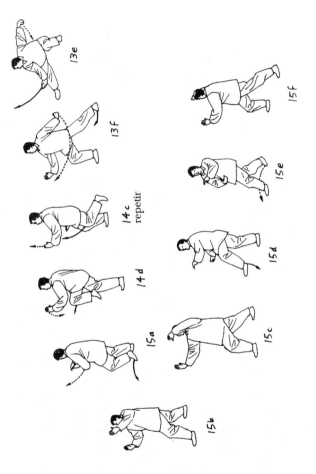

Figura 7.3 Série simplificada de Tai Chi – Seção 3

e *b*). Inspire ao começar e expire no final do padrão. Concentre o *chi* na palma da mão que golpeia. Em seguida, cruze a perna esquerda sobre a direita, na postura de transição conhecida como O Passo do Unicórnio (*figuras 7.3.15d* e *e*), depois leve a perna direita para a frente, outra vez no padrão A Menina de Jade Trabalha no Tear (*figura 7.3.15f*), com o mesmo controle da respiração e a mesma visualização da primeira Menina de Jade.

Série simplificada de Tai Chi — Seção 4

De A Menina de Jade Trabalha no Tear vá para o padrão chamado Agulha no Fundo do Mar, como na *figura 7.4.16*. Inspire enquanto muda a posição da perna e expire ao golpear com a palma da mão direita para baixo. Visualize o *chi* fluindo para a mão que golpeia. Em seguida, leve a perna direita para a · frente, para um Golpe de Cotovelo (*figura 7.4.17*). A respiração deve ser espontânea. Nesse padrão, como no seguinte, tome cuidado para não apoiar demais o corpo, para não perder o equilíbrio.

Depois, pise no chão com a perna esquerda, um pouco atrás da perna direita (*figura 7.4.18a*), e leve a perna direita à frente com um Golpe de Ombro (*figura 7.4.18b*), expirando com força enquanto golpeia. Concentre o *chi* no ombro que está em ação. A técnica de golpear desse padrão é conhecida como apoio, ou *kao*, mas não se atrapalhe com esse termo, pois isso não signi-fica que você vá apoiar o ombro no oponente. A força extraordinária desse ataque deve-se ao lançamento para a frente da perna que está atrás, tendo o ombro como ponto central do golpe, e não à inclinação do ombro para a frente a partir da cintura.

Faça um Passo do Unicórnio de transição (*figura 7.4.19a*) e depois dê um grande passo para a frente com a perna esquerda, de modo que ela agora seja a perna dianteira de uma Postura do Arco e Flecha baixa, e dê um golpe com a palma da mão esquerda, tendo a palma da mão direita acima da cabeça (*figura 7.4.19b*). Inspire enquanto volta a perna direita para trás e expire ao levar a perna para a frente. Visualize o *chi* projetando-se das suas costas para a palma da mão que golpeia. Esse padrão é chamado, algumas vezes, de Leque pelas Costas, embora o mais provável é que seja uma corruptela de Esquivar-se e Estender o Braço, pois ambos têm o mesmo som em chinês.

Sem mexer os pés, mas ajustando a posição dos artelhos, gire para a direi-ta e rode o punho direito, tendo as juntas das costas do punho como ponto central (*figuras 7.4.20a* e *b*). Inspire enquanto move a palma da mão esquerda e expire ao girar o punho direito. Visualize o *chi* fluindo ao longo do braço direito até o punho. Esse padrão é conhecido simplesmente como Punho Gira-tório.

Faça um Passo do Unicórnio de transição, com o braço esquerdo levantado como se segurasse um bloco vertical (*figura 7.4.21a*). Inspire e leve a perna esquerda para a frente, e dê um soco com o punho direito, expirando com força, mantendo o braço esquerdo ainda na posição vertical (*figuras 7.4.21b* e *c*). Concentre o *chi* no punho direito. Esse padrão, sutil na sua aplicação de combate, é conhecido pelo prosaico nome de Mover-se — Interceptar — Socar.

Coloque a palma da mão esquerda sob o antebraço direito, puxe o punho direito para trás, abra-o, transformando-o numa palma e gire o corpo para trás sem mexer os pés (*figuras 7.4.22a* e *b*), inspirando ao mesmo tempo. Depois, passe para a Postura do Arco e Flecha esquerda, leve as palmas das mãos para a frente e expire simultaneamente (*figura 7.4.22c*). Esse padrão é conhecido como Selado Como se Fosse Fechado.

Gire para a direita e leve a perna esquerda na direção da direita, de maneira que a distância entre as pernas corresponda à distância entre os ombros (*figura 7.4.23a*). Fique na Postura de Montar o Bode e levante as mãos, cruzando-as à frente do rosto (*figura 7.4.23b*), no padrão chamado Mãos Cruzadas. Inspire suavemente e visualize a energia cósmica fluindo para dentro do seu corpo. Em seguida, abaixe as mãos ao lado do corpo e leve a perna direita para junto da esquerda, ficando na Postura do Princípio Infinito (*figura 7.4.24*). Expire delicadamente e com tranqüilidade deixe o *chi* penetrar no *dan tian*.

Feche os olhos suavemente e permaneça na Postura do Princípio Infinito por algum tempo, entre poucos segundos e alguns minutos. Se você tiver feito a série corretamente, com o controle da respiração e a visualização adequados, o seu corpo estará oscilando suavemente, movido pela energia vital que flui harmoniosamente em seu interior. Você também se sentirá calmo, com uma sensação agradável, embora carregado de energia. Usufrua essa oscilação harmoniosa por algum tempo, depois faça com que ela cesse lentamente, concentrando-se no *dan tian*. Fique quieto por uns momentos antes de concluir a meditação em pé, esfregando as mãos e aquecendo os olhos com elas antes de abri-los.

98 O LIVRO COMPLETO DO TAI CHI CHUAN

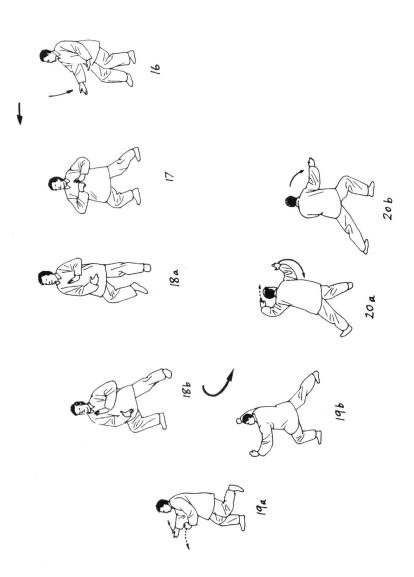

A POESIA DA ENERGIA E DA MENTE 99

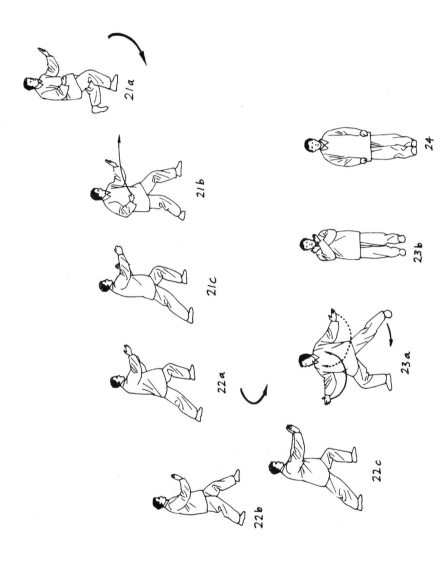

Figura 7.4 Série simplificada de Tai Chi – Seção 4

Existem, na verdade, 36 padrões na Série Simplificada de Tai Chi, mas, se ignorarmos as repetições, teremos 24 padrões diferentes. Devido às diferenças culturais e lingüísticas entre o chinês e o inglês, os nomes desses padrões, que em chinês são poéticos, soam estranhos quando traduzidos. Os nomes dos 24 padrões da Série Simplificada de Tai Chi são os seguintes:

1. Levantar a Água
2. Vôo Diagonal
3. O Grou Branco Bate as Asas
4. O Dragão Verde Cospe a Pérola
5. Tocar o Alaúde
6. Enxotar o Macaco
7. Agarrar o Pardal pela Cauda
8. Mãos de Nuvem
9. Chicote Simples
10. Cavalo de Trote Alto
11. Chute de Impulso com as Mãos Cruzadas
12. Um Par de Abelhas Zumbindo nos Ouvidos
13. Chicote Simples de Postura Baixa
14. O Galo Dourado Permanece Só
15. A Menina de Jade Trabalha no Tear
16. Agulha no Fundo do Mar
17. Golpe de Cotovelo
18. Golpe de Ombro
19. Esquivar-se e Estender o Braço
20. Punho Giratório
21. Mover-se — Interceptar — Socar
22. Selado Como se Fosse Fechado
23. Mãos Cruzadas
24. Postura do Princípio Infinito

A série dos 48 padrões do Tai Chi

A série dos 48 padrões do Tai Chi, que incorpora muitos padrões do estilo Chen de Tai Chi Chuan e se presta principalmente a finalidades de combate, divide-se em seis seções, para maior conveniência, e está ilustrada a seguir. Caso você não esteja familiarizado com o Tai Chi Chuan, será difícil aprender essa série de 48 padrões só com as ilustrações, que podem ser usadas apenas para satisfazer a sua curiosidade. Se você *conseguir* aprender a série pelas figuras — seria preferível fazê-lo com um instrutor competente —, deveria executá-la com o controle da respiração e a visualização adequados, para que esses padrões fluam poeticamente, com força interior e consciência.

Os 48 padrões são os seguintes:

Seção 1
1. O Grou Branco Bate as Asas
2. O Dragão Verde Cospe a Pérola
3. Chicote Simples — lado esquerdo
4. Tocar o Alaúde
5. Aparar e Pressionar
6. Mover-se — Interceptar — Socar — lado esquerdo
7. Agarrar o Pardal pela Cauda — lado esquerdo

Seção 2

8. Apoiar-se com o Corpo Inclinado
9. Socar Abaixo do Cotovelo
10. Enxotar o Macaco
11. Golpe Giratório da Palma da Mão
12. Tocar o Alaúde
13. Girar o Joelho e Acertar o Punho

Seção 3

14. A Serpente Branca Cospe o Veneno
15. Chutar e Domar o Tigre
16. Punho Giratório — lado esquerdo
17. Postura Baixa do Punho Cruzado
18. O Grou Entre os Galos
19. Chicote Simples — lado direito

Seção 4

20. Mãos de Nuvem — lado direito
21. O Cavalo Selvagem Sacode a Crina
22. Cavalo de Trote Alto
23. Chute de Impulso Direito
24. Um Par de Abelhas Zumbindo nos Ouvidos
25. Chute de Impulso Esquerdo
26. Cobrir a Mão e Erguer o Punho
27. Agulha no Fundo do Mar
28. Esquivar-se e Estender o Braço

Seção 5

29. Chutes Bruscos de Esquerda e de Direita
30. O Dragão Verde Cospe a Pérola
31. Avançar para Receber e Bater
32. Selado Como se Fosse Fechado
33. Mãos de Nuvem — lado esquerdo
34. Punho Giratório — lado direito
35. Trabalhar no Tear — esquerdo e direito
36. Recuar o Passo e Ziguezaguear a Palma

Seção 6

37. Pressionar a Palma com a Perna Falsa
38. Levantar a Palma com uma Perna Só
39. Postura de Apoiar-se no Cavalo
40. Girar o Corpo para Virar para Trás
41. Postura Baixa da Palma Levantada
42. Avançar para os Punhos Cruzados
43. Montar no Tigre com uma Perna Só
44. Girar e Balançar o Lótus
45. Atirar no Tigre
46. Mover-se — Interceptar — Socar — lado direito
47. Agarrar o Pardal pela Cauda — lado direito
48. Mãos Cruzadas

A execução de uma série de Tai Chi com a coordenação adequada de movimentos, respiração e visualização proporciona o desenvolvimento de nossa força interior e da concentração mental, como também nos familiariza com os padrões do Tai Chi que podem ser usados para ataque e defesa.

102 O LIVRO COMPLETO DO TAI CHI CHUAN

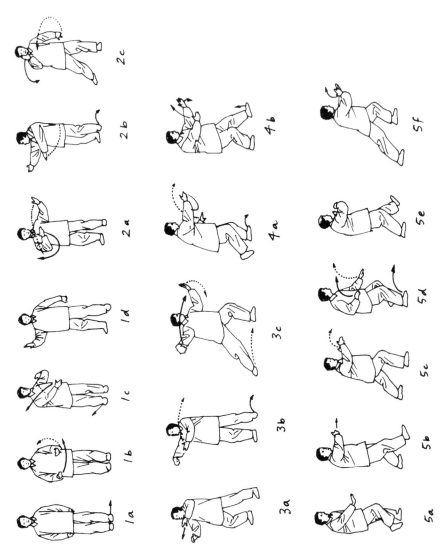

A POESIA DA ENERGIA E DA MENTE 103

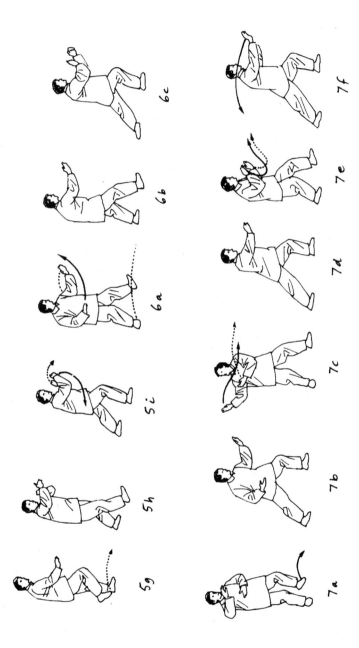

Figura 7.5 Série dos 48 padrões do Tai Chi – Seção 1

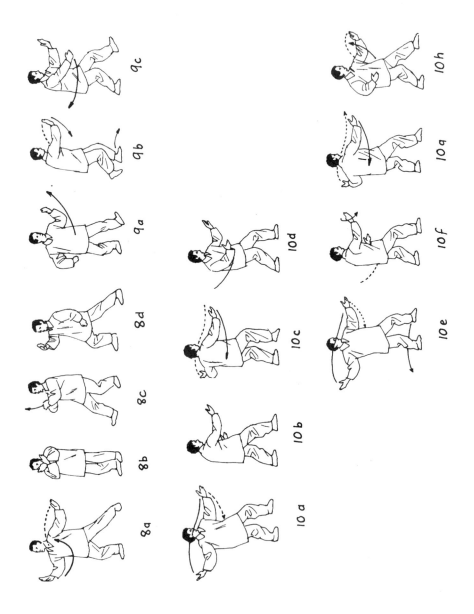

A POESIA DA ENERGIA E DA MENTE 105

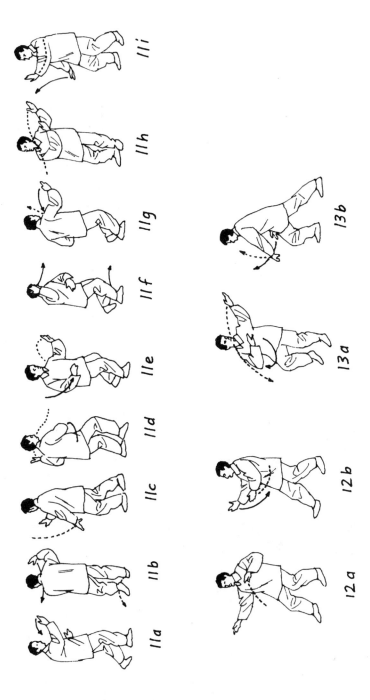

Figura 7.6 Série dos 48 padrões do Tai Chi — Seção 2

106 O LIVRO COMPLETO DO TAI CHI CHUAN

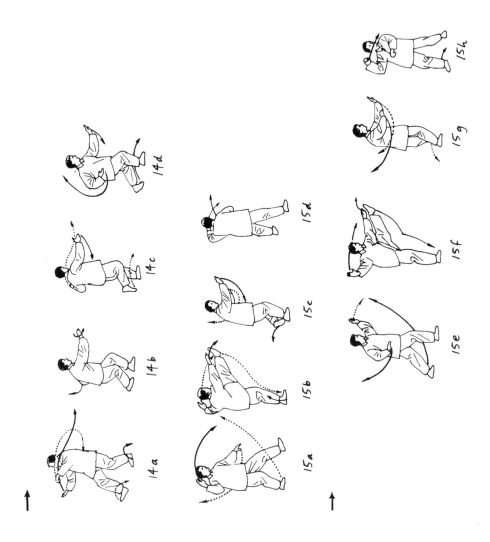

A POESIA DA ENERGIA E DA MENTE 107

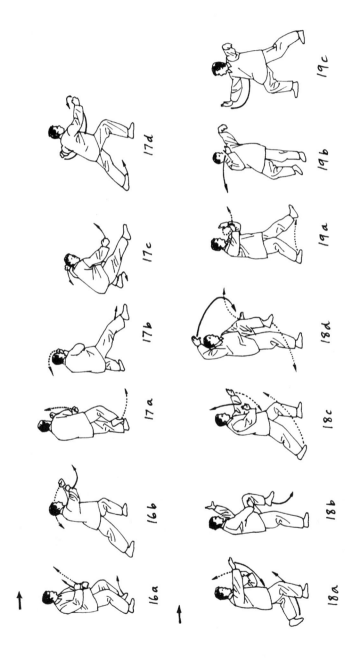

Figura 7.7 Série dos 48 padrões do Tai Chi – Seção 3

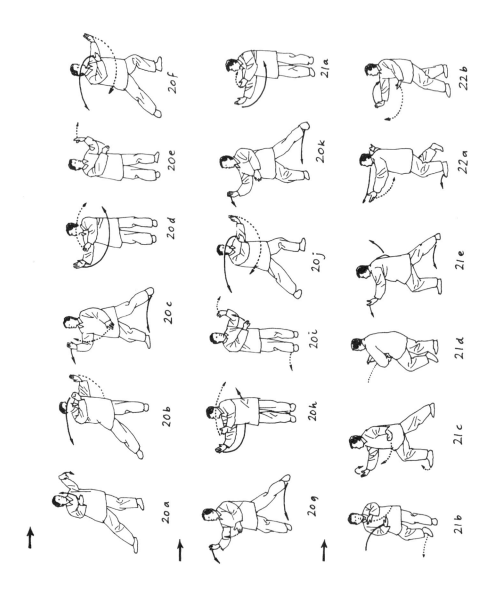

A POESIA DA ENERGIA E DA MENTE 109

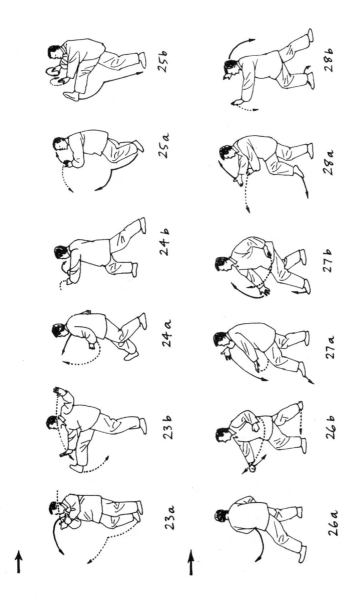

Figura 7.8 Série dos 48 padrões do Tai Chi – Seção 4

110 O LIVRO COMPLETO DO TAI CHI CHUAN

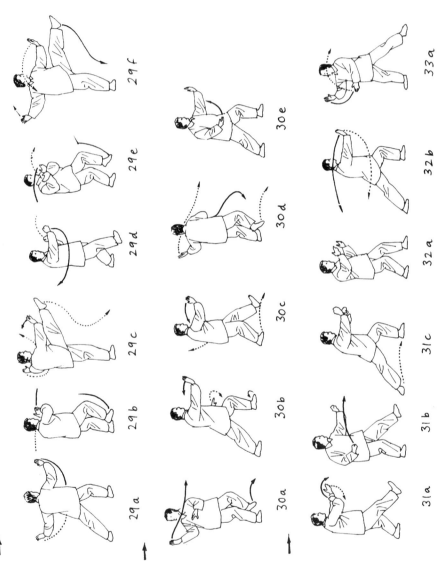

A POESIA DA ENERGIA E DA MENTE   *111*

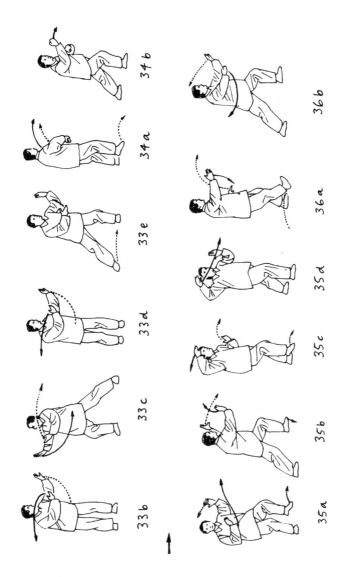

Figura 7.9 Série dos 48 padrões do Tai Chi – Seção 5

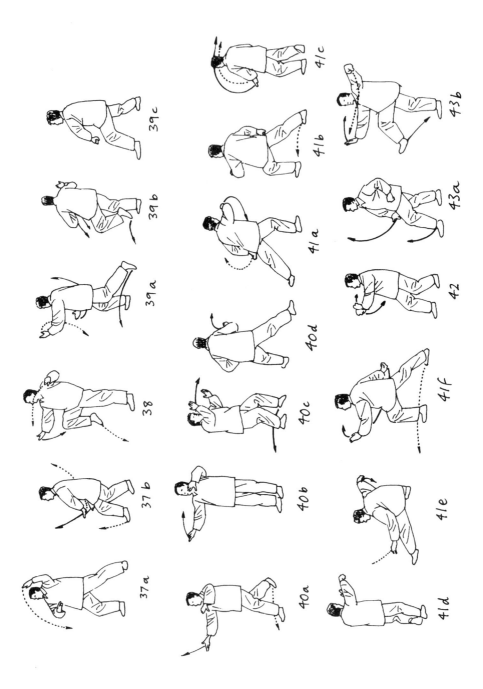

A POESIA DA ENERGIA E DA MENTE 113

Figura 7.10 Série dos 48 padrões do Tai Chi – Seção 6

8

As técnicas e a arte de Empurrar as Mãos

Como avaliar a fraqueza do oponente

Se o seu treinamento for feito às pressas, como infelizmente é o caso da maioria dos estudantes, você descobrirá um dia que só conhece a teoria de como Empurrar as Mãos, mas não tem as habilidades necessárias para executar as técnicas.

Os princípios da técnica de Empurrar as Mãos

Você gostaria de desenvolver a habilidade para antecipar não apenas os movimentos do seu oponente mas também para avaliar-lhe as emoções, para usar a força do adversário contra ele mesmo e reagir com graça e elegância? Todas essas habilidades podem ser desenvolvidas com a prática de um engenhoso sistema de treinamento de Tai Chi Chuan conhecido como *tui shou*, ou Empurrar as Mãos.

Ao contrário da prática de Tai Chi, não existem seqüências fixas no treinamento de Empurrar as Mãos. Não obstante, os antigos mestres nos transmitiram os seguintes princípios, para intensificar a prática:

- "*Chi* no *dan tian*, corpo ereto." Concentre a sua energia intrínseca no *dan tian*, ou seja, no campo de energia vital localizado na região do abdômen, e o corpo deverá ficar relaxado e em equilíbrio.
- "Use a vontade, mas não a força." Use o coração (ou a mente) para sentir os movimentos do seu oponente e direcionar o *chi* de acordo, mas não use a força bruta ou mecânica em seus próprios movimentos.
- "Fique atento para as intenções e explore a força do seu oponente." Sinta a força dos movimentos que o seu oponente emprega no combate, descubra o impulso que ela produz e depois tire proveito disso.
- "Saia mais tarde, chegue mais cedo." A sua iniciativa deve ser o resultado lógico da iniciativa do seu oponente, portanto deve ser tomada posteriormente. Mas o movimento que você mesmo realiza, embora se inicie depois do movimento do oponente, atinge o objetivo antes do dele. Em

AS TÉCNICAS E A ARTE DE EMPURRAR AS MÃOS **115**

outras palavras, em vez de ser você a atacar primeiro, deixe que ele o faça e, quando neutralizar a investida, golpeie antes que ele consiga se recuperar.

- "Neutralize localizadamente, ataque com todo o corpo." Neutralize o ataque do oponente no ponto visado, mas coloque todo o seu corpo em ação quando rebater (ver abaixo). Por exemplo, se o adversário empurrar o seu braço ou peito, simplesmente recolha o braço ou gire a cintura com a intenção de neutralizar o ataque; não é preciso, e muito menos aconselhável, que você movimente todo o corpo.
- "Enraizado nos pés, executado nas pernas, controlado na cintura, materializado nas mãos." Quando você ataca com as mãos, a força que você emprega não vem delas, mas sim dos pés, sendo executada pelas pernas e controlada pela cintura. Por exemplo, se você empurrar o oponente, o poder da força aplicada contra ele não tem origem na palma da mão, mas é canalizado desde os pés, passando pelas pernas, através do corpo todo, alcançando as mãos, até chegar finalmente no adversário.

Esses seis princípios servem de orientação e como metas para o treinamento de Empurrar as Mãos. Em outras palavras, tenha-os em mente quando praticar os exercícios, e o seu treinamento o levará a desenvolver, entre outros benefícios, as habilidades associadas a eles, como o equilíbrio, a elegância e a capacidade de voltar a força do oponente contra ele mesmo.

Como aprimorar sua capacidade de percepção

Antes de tentar Empurrar as Mãos, você deverá estar familiarizado com as formas básicas do Tai Chi (ver capítulo 5) e ter desenvolvido certa força interior no treinamento do chi kung (ver capítulo 6). Caso contrário, não alcançará os benefícios desse maravilhoso aspecto do Tai Chi Chuan.

Você e o seu parceiro de treinamento se encaram na Postura do Arco e Flecha, com o braço direito em contato na posição *peng*, ou posição de aparar o golpe, com a mão esquerda perto do cotovelo direito (*figura 8.1a*). Sem mover o corpo nem mudar de posição, o parceiro empurra o braço direito para a frente, usando a técnica *peng*. Cedendo a esse movimento, gire o braço direito para trás usando a técnica *lu*; aproveitando-se ainda do impulso, movimente o braço do seu parceiro de forma a descrever um arco e empurre-o para a frente, usando a técnica *peng*. Assim, cada um dos dois, alternadamente, empurrará o braço para a frente e o rolará para trás.

Os braços deverão estar constantemente em contato (assim como em todos os exercícios de Empurrar as Mãos), realizando um movimento oval contínuo (*figura 8.1b*). Algumas vezes, os braços poderão se movimentar em forma de oito (*figura 8.1c*). Repita o exercício usando o braço esquerdo na Postura do Arco e Flecha — na verdade, todos os exercícios de Empurrar as Mãos deveriam ser executados duas vezes, uma vez com o braço direito e outra com o esquerdo. Este é chamado de *peng-lu*, ou seja, aparar e rebater.

Algumas vezes, um dos oponentes empurra o braço muito para a frente, tão perto do corpo da outra pessoa que esta tem dificuldade para desviá-lo e dar continuidade ao exercício (*figura 8.1d*). Isso pode ser facilmente contornado se o defensor se abaixar, dobrando a perna de trás e desviando o corpo (*figura 8.1e*). Assim que o braço do atacante tiver sido empurrado de volta, descrevendo uma curva, e sem perder o impulso, o defensor deverá desviar o corpo para a frente, sem mover os pés, para voltar à Postura do Arco e Flecha. Empurre o braço para a frente para continuar o exercício.

A simplicidade do exercício *peng-lu* é apenas aparente. O objetivo do treinamento não é apenas desenvolver as técnicas *peng* e *lu*, que podem ser aprendidas em pouquíssimo tempo, mas sim desenvolver a sensibilidade e a força interior do braço, o que demandará muitos meses de prática *diária*. Se executarmos os movimentos *peng-lu* contínua e corretamente pelo menos cem vezes em cada sessão, com a mente concentrada no braço para sentir os movimentos do oponente, fluindo com esse mesmo movimento sem opor nenhuma resistência, teremos uma idéia do que significa desenvolver a sensibilidade. E, se praticarmos algumas sessões diariamente, por no mínimo cem dias, descobriremos que o braço não se movimenta pela ação muscular, mas sim pelo fluxo de *chi* que corre através dele. Veremos também que esse *chi* não apenas produz energia interior mas também segue a orientação da mente.

Talvez você já tenha lido ou ouvido falar que, para uma pessoa praticar o Tai Chi Chuan ou qualquer outro estilo de kung-fu com sucesso, é preciso uma grande dose de paciência e disciplina. Praticar esse exercício aparentemente simples pelo menos cem vezes em cada sessão, com algumas sessões diárias, por pelo menos cem dias, já nos dá uma idéia de quanta paciência e disciplina é preciso ter. Mas certamente haverá uma recompensa. Mais que a paciência e a disciplina, que por si mesmas já são qualidades altamente desejáveis, desenvolveremos a sensibilidade e a força interior, e além disso estaremos vivendo a experiência que nos ensina que nas coisas simples existe muita profundidade.

Como desequilibrar o oponente

À medida que a meditação e a percepção se intensificarem com o exercício *peng-lu*, começaremos a perceber não apenas a intenção e a direção do movimento do braço do adversário, mas também o equilíbrio e a emoção dele. Quando sentirmos que o equilíbrio e o estado emocional do oponente estão vacilando, devido, por exemplo, a uma quebra momentânea de impulso, ou uma indicação de insegurança, poderemos aproveitar a oportunidade para derrubá-lo. Uma forma fundamental de conseguir isso é a técnica do *qi*, ou de pressão (*figura 8.1f*). Quando empurrar para a frente usando a técnica *peng* normal com o braço direito, coloque a palma esquerda na parte interna do pulso e passe da técnica *peng* para a técnica *qi*, ao mesmo tempo que empurra o corpo do oponente com o antebraço direito e a mão esquerda, fazendo que ele caia para trás (*figura 8.1g*). Mas lembre-se de que a força do empurrão não vem do seu antebraço direito nem da palma da mão esquerda, mas sim da perna que está atrás.

Não tente usar essa técnica antes de ter treinado durante pelo menos duas semanas o exercício *peng-lu* para desenvolver a sensibilidade e a força interior. Na verdade, seria melhor que houvesse dois meses de treinamento antes disso. Se você não tiver paciência ou não se impuser a disciplina necessária, aprenderá apenas a mecânica exterior da técnica *qi*, perdendo a oportunidade de desenvolver as capacidades interiores mais importantes.

No começo, quando um dos praticantes perceber a fraqueza do adversário e pressioná-lo ou empurrá-lo, o outro não deverá resistir. Assim os dois terão a experiência de empurrar e ser empurrado. Em seguida, retome o exercício *peng-lu*, até perceber a oportunidade para um novo empurrão. Se você não conseguir derrubar o oponente, continue a praticar o *peng-lu,* sem cessar.

Num estágio mais adiantado, assim que sentir que está sendo empurrado, abaixe a postura, ou seja, desvie o corpo para trás, curve a perna que está atrás e abaixe o corpo, neutralizando o ataque (*figuras 8.2a* e *b*). Depois, posicione o corpo mais para a frente na Postura do Arco e Flecha original, e continue o exercício *peng-lu* (*figura 8.2c*).

Se o adversário estiver muito longe para que você use a técnica *qi*, leve as duas pernas para a frente ao mesmo tempo que empurra. Isso pode ser feito de duas maneiras: Apóie-se firmemente na perna que está atrás e dê um grande passo à frente com a perna dianteira enquanto empurra (*figuras 8.3a* e *b*). Imediatamente traga a perna de trás para a frente, para voltar à Postura do Arco e Flecha. Esse método de mover-se para a frente é chamado de *passo arrastado.*

Ou então traga a perna de trás um pouco para a frente, mas ainda atrás da que está à frente (*figura 8.3c*), e, usando essa perna de trás como apoio, arremesse o corpo para a frente empregando a técnica *qi* (*figura 8.3d*). Esse método é chamado de *passo empurrado.*

Note que, em ambos os métodos, a força de pressão não vem do braço, e sim da perna de trás. Observe também que, embora os dois métodos sejam eficientes, há neles uma falha peculiar: se o oponente puder sentir e aproveitar o momento em que você está começando a dar o passo mas ainda não o completou, ele poderá derrubá-lo com facilidade. Esse instante de fraqueza,

Figura 8.1 – O exercício *peng-lu*

AS TÉCNICAS E A ARTE DE EMPURRAR AS MÃOS **119**

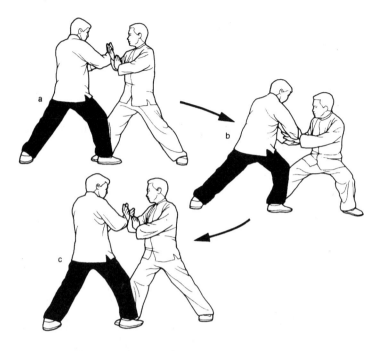

Figura 8.2 Como neutralizar o golpe do oponente

Figura 8.3 Passo arrastado e passo empurrado

conhecido como *momento de ouro do ataque*, é descrito como "quando a força velha está gasta, mas a força nova ainda não surgiu".

Um modo eficiente de neutralizar a técnica *qi* é usar a técnica *an*, ou técnica de empurrar. Se o oponente o empurrar para a frente sem mover os pés (*figura 8.4a*), siga o impulso, mas simultaneamente jogue o corpo para trás, também sem mover os pés, e abaixe a mão direita dele com a sua mão esquerda, e a mão esquerda dele com a sua mão direita, como se vê na *figura 8.4b*. No momento de ouro, quando a força da outra pessoa tiver se exaurido mas uma nova força ainda não tiver surgido, empurre para a frente com a técnica *an* (*figura 8.4c*).

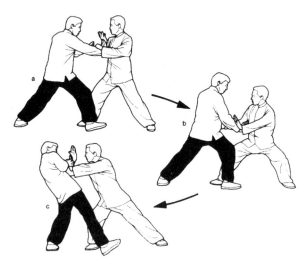

Figura 8.4 O exercício *qi-an*

Se o oponente projetar os pés para a frente, usando o passo arrastado ou o passo empurrado, puxe os pés para trás, para evitar que ele obtenha a vantagem pretendida. Isso pode ser usado com o *passo puxado* ou o *passo rodado*, como segue.

A *figura 8.5a* mostra que o oponente, ao avançar, adquiriu certa vantagem sobre você. Essa situação pode mudar se você levar para trás a perna posterior, puxar a perna da frente simultaneamente e, aproveitando o impulso, abaixar as mãos do adversário (*figura 8.5b*). Esse modo de recuar chama-se *passo puxado*. No momento de ouro, empurre para a frente com a técnica *an* (*figura 8.5c*).

De outra maneira, quando o oponente for para a frente, recue um pouco a perna da frente, mas de forma que ela ainda permaneça adiante da outra (*figura 8.5d*). Quando o oponente pressionar para a frente, recue com a perna de trás, neutralizando o empurrão (*figura 8.5e*). Esse método é conhecido

AS TÉCNICAS E A ARTE DE EMPURRAR AS MÃOS   *121*

Figura 8.5 Passo puxado e passo rodado

como *passo rodado*. Depois, usando a técnica *an*, empurre o oponente de volta (*figura 8.5f*).

Se um dos dois for derrubado, devem voltar para retomar o exercício. Se um golpe fracassar por ter sido mal executado, ou se tiver sido neutralizado com sucesso, poderão continuar o exercício sem interrupção.

Quando há muito espaço entre os adversários, você precisa ir para a frente enquanto empurra. Pode ser usado o passo arrastado ou o passo empurrado, ou, caso você esteja muito avançado, use um passo de meia-volta enquanto abaixa as mãos do oponente. Puxe a perna da frente um pouco para trás, mantendo-a ainda na frente da outra (*figura 8.5g*). Em seguida, leve a mesma perna para a frente ao mesmo tempo que empurra (*figura 8.5h*).

Como procurar o melhor ângulo e se aproximar

Pode não ser muito fácil empurrar uma pessoa que esteja solidamente posicionada, mesmo que ela não consiga neutralizar o seu golpe. Uma forma de resolver esse problema é procurar o melhor ângulo possível para empurrar; geralmente é preferível fazê-lo a partir de um dos lados, e não de frente. Imagine que você está voltado para o norte. Quando voltar o braço do oponente para ele, descrevendo uma figura oval ou de um oito, usando a técnica *peng*, leve a perna da frente (a perna direita, se você estiver corretamente na Postura do Arco e Flecha) em diagonal para o nordeste, avance a perna esquerda para a frente e vire para a esquerda, de modo que você fique numa Postura do Arco e Flecha esquerda, voltado para o ocidente (*figura 8.6a*). Empurre o lado esquerdo do oponente com as palmas das mãos, usando a técnica *an*.

Para neutralizar esse ataque, caso você esteja em posicionamento defensivo, mova a perna direita, se estiver na Postura do Arco e Flecha, no sentido

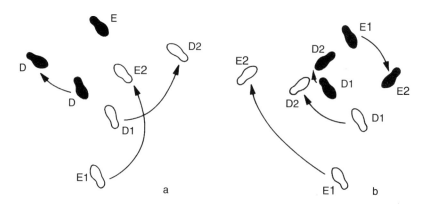

Figura 8.6 O ataque pelos flancos

noroeste e gire para a esquerda numa Postura do Arco e Flecha voltada para o oriente (*figura 8.6a*).

Em vez de deslocar-se para o lado esquerdo do oponente (ou seja, para a sua direita), é claro que você poderá ir para o lado direito. Quando o adversário estiver pressionando você (e não quando você o estiver empurrando, como acima), direcione o braço dele para a sua direita, mova a perna que está atrás (a esquerda) diagonalmente para a frente, no sentido noroeste (*figura 8.6b*), seguida pela perna da frente (a direita). Vire para a direita, fique na Postura do Arco e Flecha voltado para o oriente e empurre o lado direito do parceiro com as mãos. Para neutralizar sua vantagem, ele poderá movimentar a perna de trás (a esquerda) em diagonal para a frente, no sentido sudeste, e girar diretamente na Postura do Arco e Flecha à sua frente.

Outra maneira de obter uma vantagem é aparar o golpe do oponente, principalmente se ele o estiver empurrando com as duas mãos. A *figura 8.7a* mostra um dos oponentes empurrando o braço direito do outro com as duas mãos. Para neutralizar esse empurrão, abaixe o corpo para trás e, simultaneamente, coloque a mão esquerda sob o braço direito. Leve a esquerda para a frente enquanto puxa o braço direito para trás, na técnica conhecida como técnica de entremeio (*figura 8.7b*). Em seguida, desvie o corpo para a frente (ou, se necessário, avance um passo para a frente), e empurre o braço esquerdo do adversário de modo que ele se dobre no cotovelo com o antebraço pressionando o braço direito, dificultando dessa forma o uso das duas mãos (*figura 8.7c*). Mais adiante, quando estiver praticando as técnicas de aplicação em combate, você poderá cercar o oponente com uma mão enquanto o golpeia com a outra.

Mas é muito fácil neutralizar um cerco, desde que se saiba como. Tudo o que é preciso fazer é abaixar-se para trás (*figura 8.7d*) e repelir o braço do adversário (*figura 8.7e*). Depois disso, ambos podem dar prosseguimento ao exercício.

Uma boa oportunidade de empregar essa técnica é quando o parceiro procura ganhar vantagem por um ângulo melhor. Imagine que ambos estão corretamente na posição *peng*, ou de aparar, na Postura do Arco e Flecha adequada. Seu adversário procura mover-se para o seu lado esquerdo com o objetivo de empurrá-lo, usando os movimentos de pés ilustrados na *figura 8.6a*. Puxe a perna direita, que está na frente, para trás e para a direita, gire para a esquerda para encarar o adversário, abaixe-se para trás para neutralizar o empurrão, faça o entremeio com a mão esquerda e apare. O oponente poderá neutralizar esse movimento abaixando-se para trás e aparando o golpe com o braço esquerdo. Então, como ambos estão na posição *peng* esquerda, na Postura do Arco e Flecha, você poderá continuar a executar toda essa seqüência de exercícios pelo seu lado esquerdo.

Note que os exercícios descritos até aqui fazem uso das técnicas *peng, lu, qi* e *an*, os quatro movimentos primários das mãos, que juntos constituem o pa-

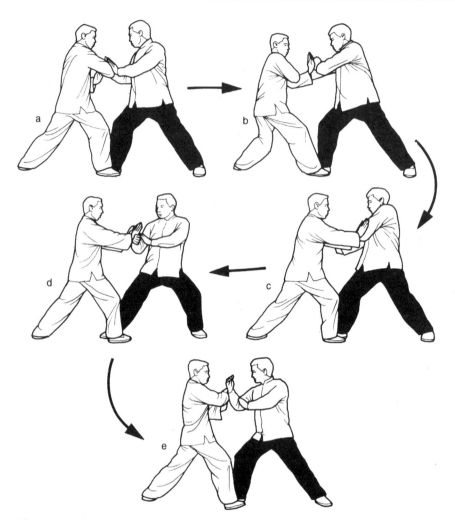

Figura 8.7 A técnica de aparar

drão conhecido como Agarrar o Pardal pela Cauda, considerado por muitos mestres como o padrão mais importante do Tai Chi Chuan. Além disso, todos os cinco movimentos básicos das pernas — mover-se para a frente, para trás, para a esquerda, para a direita e permanecer no centro — também são usados.

Talvez o treinamento de Empurrar as Mãos possa ser usufruído com mais satisfação se for encarado como um jogo. Desenhe um círculo com cerca de um metro de raio em volta dos dois oponentes, de modo que não haja espaço por onde se possa recuar. Façam o exercício de Empurrar as Mãos dentro do círculo. Cada vez que um dos dois oponentes conseguir empurrar o outro para fora do círculo, marcará um ponto. Aquele que conseguir alcançar a marca de três pontos primeiro será o vencedor. No começo, não deixem que os pés saiam da posição. Em seguida, combinem que apenas os pés do atacante poderão se mexer, de modo que o defensor possa sentir as aberturas e tirar proveito delas. Finalmente, estabeleçam que os dois poderão mover os pés. Mais tarde, poderão traçar, por fora, um círculo mais amplo, de um metro e meio a dois metros de raio, para que o defensor possa sair do círculo menor para o maior. Marquem um ponto cada vez que um dos dois forçar o outro a sair do círculo interno e três pontos cada vez que um fizer o outro sair do círculo externo. Quem conseguir fazer dez pontos primeiro será o vencedor. A *figura 8.8* mostra uma dessas áreas.

Figura 8.8 Os círculos interno e externo para Empurrar as Mãos

Técnicas avançadas de Empurrar as Mãos

Depois que tiverem praticado bastante como Empurrar as Mãos, usando os quatro movimentos primários de mãos, passem para os quatro movimentos secundários. Pode-se começar a partir do *peng-lu* oval normal ou continuar a partir do golpe de empurrar ou de aparar, que foi descrito anteriormente. Lembre-se de que o Empurrar as Mãos não segue uma rotina estabelecida de antemão. Como na luta livre, todos os movimentos de mãos e pés no Empurrar as Mãos são espontâneos, e são executados de acordo com a situação.

Quando o oponente o empurrar a partir de um *peng-lu* oval normal, você poderá responder com os quatro movimentos primários de mãos ou com os quatro movimentos secundários, como veremos a seguir. Pode-se também usar qualquer um dos cinco movimentos fundamentais de pernas para complementar os das mãos.

Começaremos com a parte mais avançada do treinamento com o *peng-lu* oval, com os braços direitos em contato e na Postura do Arco e Flecha adequada (*figura 8.9a*). Quando o oponente o empurrar com o braço direito, siga o impulso. Leve o braço para a direita, desvie o corpo para trás, na Postura Quatro-seis direita, e agarre-lhe o pulso com a mão direita e o cotovelo com a mão esquerda (*figura 8.9b*), usando a técnica *cai*, ou de pegar, na figura chamada de Tocar o Alaúde.

Para opor-se a esse golpe, o adversário pode movimentar a perna esquerda de trás para a frente e colocá-la atrás de você para funcionar como âncora

Figura 8.9 Movimento avançado de Empurrar as Mãos

(*figura 8.9c*), ao mesmo tempo que estende o braço esquerdo atravessado em seu peito, empurrando-o para trás, enquanto a mão direita evita que as suas mãos reajam, usando a técnica *lie*, como o padrão Vôo Diagonal (*figura 8.9d*).

No entanto, é possível neutralizar facilmente esse golpe com uma técnica aparentemente simples. Quando perceber que esse ataque de extensão está para acontecer, leve a perna que está atrás um pouco mais para trás (*figura 8.9e*), vire para a esquerda, puxe o pulso esquerdo do seu oponente com a mão esquerda e também a cintura dele com a mão direita, de maneira que ele caia sobre a sua perna direita (*figura 8.9f*). Essa é a técnica conhecida como *lu*, ou de rebater. Não deve causar estranheza o fato de essa técnica *lu* ser diferente daquela descrita anteriormente nos exercícios básicos de Empurrar as Mãos. Uma técnica pode ser implementada de muitas maneiras, com diferentes funções. Nós veremos mais adiante ainda uma outra aplicação dessa técnica.

O oponente poderá rechaçar esse ataque movimentando a perna que está atrás para a frente, evitando cair, virando para a esquerda na Postura do Arco e Flecha, e golpeando você com o cotovelo esquerdo (*figura 8.9g*). Essa é a técnica *zhou*, ou de cotovelada.

Você, por sua vez, deve dar um passo atrás, mantendo a pressão no braço esquerdo do oponente e torcendo-lhe o braço para trás (*figura 8.9h*). Essa é a técnica conhecida como *cai*, ou de segurar.

O adversário então pode mover a perna que está atrás para a frente e, fazendo-a de propulsora, colocar a perna da frente bem no meio das suas, e utilizar o ombro para golpear o seu plexo solar (*figura 8.9i*).

Você deve retirar uma das pernas e levantar o braço na posição *peng*, ou de aparar (*figura 8.9j*). O oponente também adotará a posição *peng* como proteção para o caso de você atacar a parte de cima do corpo. Vocês poderão prosseguir com o exercício de Empurrar as Mãos a partir dessa posição.

Empurrar as Mãos e eficiência no combate

Os exercícios básicos e avançados descritos neste capítulo dão uma idéia de como praticar a arte de Empurrar as Mãos. Deixe que os seus movimentos evoluam espontaneamente a partir de cada situação e fique atento aos seis princípios expostos no início do capítulo. Na técnica *lu* descrita acima, por exemplo, você deve poder puxar o adversário quase sem esforço e na hora certa, se sentir corretamente o *lie*, ou golpe de extensão. Se a sua percepção, seu cálculo de tempo e de espaço ou outros fatores estiverem errados, ao puxá-lo você não terá êxito, mesmo se usar de força bruta — e é claro que isso invalidaria todo o objetivo do treinamento de Empurrar as Mãos.

Portanto, a sua meta principal é detectar a fraqueza do oponente, o que inclui fazer movimentos imperfeitos para distraí-lo e, depois, aproveitar-se da situação. Você não deveria, como fazem muitos principiantes, tentar empurrar ou puxar seu oponente se não surgir uma abertura favorável para isso, pois acabaria resultando numa deselegante competição de força bruta.

Ressaltamos mais uma vez que a essência do treinamento é desenvolver habilidades, e não só aprender técnicas. Cada pessoa progride num determinado ritmo, mas, como regra geral, depois de dedicar algum tempo ao treinamento da força interior e à familiarização com uma série de Tai Chi, seria preciso praticar esses exercícios de Empurrar as Mãos pelo menos durante seis meses.

Figura 8.10 Como neutralizar um chute lateral com a técnica *lu*

Embora os exercícios de Empurrar as Mãos sejam um excelente preparo para o combate e também ofereçam muitos outros benefícios, por si mesmos são insuficientes para o combate. Como você se defenderia, num combate real, se o adversário subitamente desse um chute lateral ou um chute circular enquanto você estivesse ocupado em Empurrar as Mãos?

A *figura 8.10a* mostra dois oponentes na posição *peng-lu*. Na *figura 8.10b* um deles dá um chute lateral; aproveitando o impulso, o outro segura a perna que está golpeando com a técnica *lu*. Na *figura 8.10c* o defensor arremessa o oponente com a técnica *qi*. Na *figura 8.11a* um dos oponentes prende o braço do outro. Na *figura 8.11b* o outro puxa a perna da frente um pouco para trás e cruza a mão esquerda, neutralizando assim a aproximação, prosseguindo com um chute circular com a outra perna (*figura 8.11c*). O defensor abaixa a sua postura para trás para evitar o chute. Assim que o pé passar, o defensor vai para a frente com o passo arrastado e derruba o oponente com a técnica *lie*, ou de extensão, antes que ele tenha se recuperado do ataque (*figura 8.11d*). O praticante de Tai Chi Chuan pode vencer aquele que o ataca porque, além de ter as habilidades de combate derivadas do treinamento de Empurrar as Mãos, ele conhece e aplica eficazmente as técnicas de combate, que serão explicadas no próximo capítulo.

Figura 8.11 Como neutralizar um chute circular com o *lie*

9

Técnicas específicas para situações de combate

Aplicação dos padrões do Tai Chi Chuan para a defesa pessoal

Requisitos para a competência no combate

Vale a pena lembrar que o Tai Chi Chuan não é uma dança leve nem mesmo uma série de exercícios saudáveis; ele é, basicamente, uma arte marcial. E não é uma arte marcial qualquer. Diferentemente das demais, ele é gracioso e elegante, mesmo quando empregado como luta, e desaprova a agressão, que é uma característica marcante de muitos sistemas de luta. Devido à própria natureza do Tai Chi Chuan, a agressão realmente diminui a capacidade do praticante de lutar bem — como você deve ter descoberto ao praticar o Empurrar as Mãos, exercício no qual a calma e a elegância física são essenciais ao bom desempenho. Mas é ainda mais significativo o fato de que, nos seus níveis mais elevados, o Tai Chi Chuan expande a mente e cultiva a espiritualidade, duas características que discutiremos nos capítulos 12, 13 e 21.

Para usufruir os benefícios do Tai Chi Chuan como arte marcial eficaz, a pessoa deverá ser competente nos seguintes pontos:

- Posturas e movimentos básicos do Tai Chi Chuan, que podem ser desenvolvidos praticando uma série de Tai Chi, como por exemplo a Série Simplificada dos 24 Padrões do Tai Chi.
- Força interior, que pode ser desenvolvida praticando o chi kung estático e dinâmico, como a Postura do Tai Chi e Levantar a Água.
- Habilidades de combate, como, por exemplo, sentir os movimentos do oponente, fazer uma análise sensata, escolher o momento oportuno, ter ação reflexiva e movimentos fluidos, que podem ser desenvolvidos com a prática de Empurrar as Mãos.
- Técnicas de combate, como saber quais as ações apropriadas contra os movimentos agressivos, para obter a melhor vantagem técnica, o que pode

ser aprendido com a prática de técnicas individuais específicas e seqüências curtas de combate.

- Princípios de combate, que resumem considerações táticas e estratégicas em determinadas situações e podem ser encontrados nas obras dos antigos mestres.

Essa lista mostra que, se alguém aprender apenas as posturas do Tai Chi e mais nada, na melhor das hipóteses obterá 20% dos benefícios potenciais do Tai Chi Chuan na defesa pessoal, pois a postura é apenas um dos aspectos. E como a defesa pessoal é apenas um entre os muitos benefícios proporcionados pela prática do Tai Chi Chuan — os outros são a saúde e a boa forma física, a estabilidade emocional, a expansão da mente e a alegria espiritual —, mesmo que a pessoa passe toda a vida praticando a arte, obterá algo em torno de apenas 20% de 20% dos seus benefícios potenciais, ou seja, 4%.

É claro que essa análise não é precisa, mas mostra o que podemos estar perdendo se nos concentrarmos apenas na forma. Este livro pretende oferecer o conhecimento necessário para aumentar os benefícios decorrentes da prática, mas o trabalho real deve ser feito pelo praticante.

De Levantar a Água a Enxotar o Macaco

Embora muitas pessoas se impressionem com a beleza de uma demonstração de Tai Chi Chuan, todas as suas posturas e movimentos se baseiam em considerações marciais e não visam agradar aos espectadores. A seguir daremos uma explicação das funções marciais dos 24 padrões da Série Simplificada de Tai Chi que aprendemos no capítulo 7. O ponto básico é praticar as técnicas específicas, ou *san shou*, em chinês, ou seja, aprender a praticar aplicando um determinado padrão ou técnica numa situação específica de combate.

Para aplicar as técnicas eficientemente, é preciso ter postura estável, bom equilíbrio e força interior. A aplicação de algumas técnicas de Tai Chi Chuan pode ser difícil se não estiver amparada pela força interior.

Levantar a Água, também chamado de Padrão Inicial do Tai Chi, é uma técnica para desenvolver a força interior, mas também tem uma função de combate. Se alguém estiver segurando os seus pulsos (*figura 9.1a*), você poderá soltá-los usando esse padrão (*figura 9.1b*).

Vôo Diagonal pode ser um padrão muito versátil nas mãos de um mestre. Além de ser usado para derrubar o oponente, pode ser empregado de outras formas. Se o oponente estiver segurando seus pulsos, como na *figura 9.1c*, você conseguirá se soltar com um típico movimento circular de Tai Chi (*figura 9.1d*) e golpear o rosto do adversário com a mão (*figura 9.1e*).

Figura 9.1 Aplicações dos padrões do Tai Chi Chuan (1)

Se o oponente dá um chute repentino, pode-se responder com o Grou Branco Bate as Asas (*figura 9.1f*). Se alguém é atacado com um soco, pode absorver o ataque jogando o corpo para trás sem mexer as pernas, desviando o golpe para o lado (*figura 9.1g*), e depois revidar com a palma da outra mão (*figura 9.1h*). Esse é o padrão O Dragão Verde Cospe a Pérola.

Outra forma de neutralizar o arremesso de um soco, que é uma forma comum de ataque na maior parte dos estilos de artes marciais, é o padrão Tocar o Alaúde. Aproveitando o impulso do soco, jogue o corpo para trás e agarre o cotovelo e os pulsos do oponente com as mãos, como em uma das técnicas de Empurrar as Mãos descritas no capítulo anterior. Se, em vez de segurar o cotovelo, golpearmos com a base do antebraço enquanto agarramos o pulso com a outra mão e endireitamos o braço para o golpe (*figura 9.1i*), poderemos deslocar o cotovelo. Portanto, é preciso ter cuidado ao aplicar essa técnica de luta.

Enxotar o Macaco é uma defesa muito eficiente contra o feroz chute-furacão do boxe tailandês. Essa técnica surpreende a maior parte das pessoas. Se alguém o atacar com um furacão de direita ou chute circular, em vez de recuar, como muitos defensores fariam ao enfrentar um chute rápido e forte, mexa a perna diagonalmente na direção do oponente e coloque o antebraço esquerdo sob a coxa dele, de modo que não apenas anule o golpe mas também mantenha a perna no alto (*figura 9.1j*). Proteja-se das mãos do oponente com a sua mão direita. O chute não o atingirá, pois o ponto que golpeia, a canela, está atrás de você e você conseguiu interceptar o golpe no ponto mais fraco, a coxa. Leve a perna direita para a frente para enganchar a outra perna e empurrar o oponente para trás com a sua mão direita (*figura 9.1l*). Agache-se sobre o abdômen ou a coxa do oponente (se for um homem, tenha cuidado para não pressionar os genitais) e controle-o com a sua mão direita enquanto a esquerda ainda segura a perna atacante (*figura 9.1m*). Posicione-se de modo a se proteger de um possível contra-ataque.

A profundidade do padrão Agarrar o Pardal pela Cauda

Se você ficou impressionado com a aplicação de Enxotar o Macaco contra o chute-furacão, ficará ainda mais admirado com o que pode ser feito com o aparentemente inocente Agarrar o Pardal pela Cauda. Ele serve para repelir praticamente qualquer ataque, se soubermos como. Usando apenas essa figura como seu principal movimento, Yang Lu Chan, o primeiro patriarca do Tai Chi Chuan do estilo Yang, derrotou todos os mestres de artes marciais que enfrentou e ganhou o título de "Yang, o Eterno Vitorioso". Não é fácil descrever por escrito a versatilidade e a profundidade desse padrão de Tai Chi

Figura 9.2 Algumas aplicações de Agarrar o Pardal pela Cauda

TÉCNICAS ESPECÍFICAS PARA SITUAÇÕES DE COMBATE   *135*

aparentemente simples. Mas mostraremos a seguir alguns exemplos de como ele pode ser usado contra as quatro diferentes categorias de ataque.

Se o oponente se atira para a frente com um soco direto (*figura 9.2a*), recue para evitá-lo e apare-o com a técnica *peng* (*figura 9.2b*) quando esta estiver na sua extensão máxima. Antes que o oponente possa recuar, role para trás com a técnica *lu* no pescoço, fazendo-o cair para trás (*figura 9.2c*). Segure o adversário no chão com o joelho nas costelas e com a mão ainda no pescoço dele (*figura 9.2d*).

Se o parceiro der um forte chute lateral (*figura 9.2e*), afaste-se para o lado, para evitá-lo, e depois vá para a frente com a técnica *an*,, ou de empurrar, derrubando-o antes que ele possa retirar a perna (*figura 9.2f*).

A *figura 9.2g* mostra um oponente segurando os seus braços e tentando empurrá-lo com um arremesso de quadril na *figura 9.2h*. Puxe a perna esquerda para trás para ficar na Postura do Arco e Flecha e assim frustrar o golpe. Simultaneamente, gire o antebraço direito em torno e acima dos braços dele, de forma que fiquem presos entre o seu corpo e o seu braço direito. Use a mão esquerda para ajudar a mantê-los juntos (*figura 9.2i*). Se você empurrar para a frente com o corpo, o adversário terá que soltá-lo e cair para trás para evitar a dor nos punhos e nos dedos. Pressione ainda mais com a técnica *qi*. Segure o oponente para que ele não quebre a espinha na queda!

O que você faria se alguém torcesse ou dobrasse o seu braço direito atrás das costas, como na *figura 9.2j*? É possível sair dessa situação com uma simples técnica *lu*. Leve o corpo um pouco para a frente e, aproveitando o impulso de torcer ou dobrar, endireite o braço (*figura 9.2k*). Coloque a perna direita atrás da perna, ou das pernas, do oponente, sente-se na Postura de Cavalgar (*figura 9.2l*) e continue suavemente com a técnica *lu*, ou de rebater. O seu atacante cairá para trás (*figura 9.2m*).

Sempre que derrubar um parceiro ou oponente, tenha cuidado para que ele não quebre a espinha, o que poderia levá-lo à paralisia. Uma forma eficiente de diminuir o impacto de uma queda seria segurar firmemente o braço do oponente enquanto ele cai. É claro que a sua posição deve ser firme, para que você mesmo não caia em cima dele.

De Mãos de Nuvem a Agulha no Fundo do Mar

Ao usar Mãos de Nuvem como técnica de bloqueio, como na *figura 9.3a*, ilustramos o princípio de "usar uma força mínima contra a força máxima". A *figura 9.3b* mostra como uma enorme força de ataque deve ser recebida por uma força defensiva da mesma intensidade quando se encontram de frente. Essa situação jamais ocorre no Tai Chi Chuan, mas é incentivada por algumas

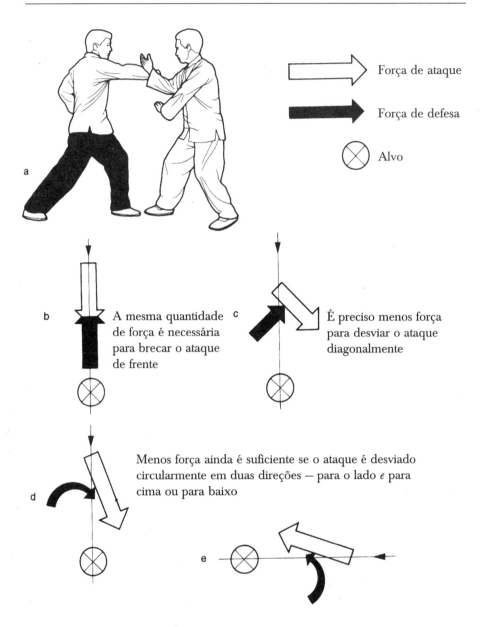

Figura 9.3 Como usar uma força mínima contra a força máxima

artes marciais e é comum nas lutas corporais. A *figura 9.3c* mostra como não é preciso muita força para desviar uma força contrária.

A eficácia de um bloco de desvio defensivo aumenta quando a sua direção não é reta, mas circular, e mais ainda quando o desvio circular segue a direção do impulso do ataque, como na *figura 9.3d*. Além disso, no Tai Chi Chuan o desvio é feito em mais de um plano: leva a força atacante para o lado numa curva, aproveitando o impulso para a frente, como na *figura 9.3d*, e também a leva diagonalmente para cima, como na *figura 9.3e*, que mostra o desvio visto de lado.

Mãos de Nuvem, com a respiração e a visualização apropriadas, também é um método muito útil para desenvolver a força interior.

Se o seu pulso for agarrado pela mão direita do oponente, você poderá fazer um pequeno círculo, no sentido anti-horário, com a sua mão direita e segurar a mão dele, ao mesmo tempo que lhe golpeia as costelas com a palma da mão esquerda, usando o Chicote Simples (*figura 9.4a*). Nesse padrão, deve-se ter o cuidado para que a mão direita do adversário não se solte e golpeie o seu rosto.

No Cavalo de Trote Alto, você agarra o cotovelo direito do outro, prende o antebraço direito dele entre o seu corpo e a parte de cima do seu braço e espeta os dedos na garganta dele (*figura 9.4b*). Se o oponente der um chute circular, um chute lateral ou um chute de impulso, dê um passo à frente, diagonalmente, e chute a coxa ou o abdômen do atacante com o Chute de Impulso com as Mãos Cruzadas (*figura 9.4c*).

Se o oponente o agarrar de frente, antes que ele consiga ter um domínio firme, bata nas têmporas ou nas orelhas dele com Um Par de Abelhas Zumbindo no Ouvido (*figura 9.4d*).

O Chicote Simples de Postura Baixa é um padrão muito eficiente para rebater qualquer tipo de chute. Quando alguém o chutar, quer seja um chute alto, médio, baixo ou circular, abaixe-se no Chicote Simples de Postura Baixa (*figura 9.4e*). O Galo Dourado Permanece Só é um ataque de joelho em combate corpo a corpo (*figura 9.4f*). Se o oponente golpear a sua cabeça, abaixe a postura e aplique A Menina de Jade Trabalha no Tear, interceptando o ataque acima do cotovelo e batendo com a palma da outra mão (*figura 9.4g*).

Agulha no Fundo do Mar é uma eficiente oposição ao chute de impulso (*figura 9.4h*). Também é muito boa para livrar o braço de um aperto. Antes que o oponente consiga apertá-lo mais, você pode se soltar dando um solavanco para baixo com o braço; se o aperto já estiver firme, você deve fazer um giro circular com a mão antes de jogar o braço para baixo. Em qualquer caso, previna-se contra um possível ataque no rosto, que estará exposto. Se for o caso, poderá responder com A Menina de Jade.

Figura 9.4 Aplicação dos padrões do Tai Chi Chuan (2)

Os oito padrões finais

Outra maneira de livrar-se de um aperto no pulso, principalmente se você estiver sendo puxado, é o golpe de cotovelo. Use a mão livre para segurar a mão que está agarrando seu outro pulso, evitando assim que o oponente a use para golpear o seu rosto. Vá para a frente aproveitando o impulso do puxão. Dobre o cotovelo para bater no rosto ou no peito do oponente (*figura 9.5a*). Se o seu braço estiver sendo agarrado com as duas mãos, uma no pulso e outra no cotovelo, jogue-se para a frente para dar um Golpe de Ombro (*figura 9.5b*).

TÉCNICAS ESPECÍFICAS PARA SITUAÇÕES DE COMBATE   *139*

Figura 9.5 Aplicação dos padrões do Tai Chi Chuan (3)

Esquivar-se e Estender o Braço é uma defesa eficiente contra os chutes altos. Quando o oponente o atacar, abaixe o corpo, faça o chute "flutuar" com uma das mãos e golpeie a coxa exposta com a outra (*figura 9.5c*). Esse é apenas um exemplo de como os chutes altos são perigosos e expõem o atacante.

Se alguém estiver prestes a atacá-lo por trás com a mão, vire-se, empurre a mão dele com a sua esquerda e gire o punho direito, com as articulações invertidas como pontos de ataque, contra o rosto do atacante (*figura 9.5d*), no padrão conhecido como Punho Giratório.

Se o adversário o atacar com um soco forte e direto de direita, vá um pouco para a esquerda, intercepte e empurre suavemente para o lado o braço do atacante com a palma da sua mão esquerda ou o seu braço esquerdo, e avance para golpear as costelas do oponente com seu punho direito verticalmente por baixo do braço dele (*figura 9.5e*). Se esse Mover-se — Interceptar — Socar for feito corretamente, o oponente será atingido sem saber de onde veio o golpe, justamente quando ele estiver pensando que o soco original foi bem-sucedido!

Selado Como se Fosse Fechado é uma figura muito útil para se aproximar do oponente (*figura 9.5f*). Se ele estiver segurando os seus pulsos, você poderá se livrar girando os braços para cima na posição de Mãos Cruzadas (*figura 9.5g*). O adversário terá de aliviar a pressão, pois essa técnica fará os braços que seguram baterem um contra o outro.

O último padrão da Série Simplificada de Tai Chi, a Postura do Princípio Infinito, não se presta à luta direta, mas serve para relaxar a mente e o corpo, acentuar o fluxo harmonioso do *chi* e alcançar um estado elevado de consciência. O fato de esse padrão não ser de combate não invalida minha afirmação anterior de que todos os padrões numa série de Tai Chi têm funções de combate. Ao treinar o relaxamento, fazer sentir a energia fluindo dentro do corpo e proporcionar a clareza mental, esse padrão oferece os ingredientes essenciais para a eficiência em combate.

Mas você provavelmente ainda não poderá lutar com competência, pois, num combate real, ou mesmo num exercício entre amigos, o seu oponente ou parceiro provavelmente não usará apenas um padrão de ataque. O treinamento com técnicas específicas, explicado neste capítulo, no qual aprendemos e *praticamos* a técnica adequada para vencer uma situação específica de combate, oferece os fundamentos para a luta eficiente. Mas as técnicas individuais, por si mesmas, não são adequadas para enfrentar uma série contínua de ataques. Mesmo que você consiga se opor a ataques individuais, talvez não seja capaz de fazê-lo se eles vierem em série. Um método eficaz de treinamento para a luta contínua é conhecido como *da shou*, ou seqüência de combate, e será descrito no próximo capítulo.

10

Seqüências e táticas de combate

Técnicas, táticas e habilidade para uma luta eficaz

Não deveríamos nos esquecer de que os movimentos do Tai Chi Chuan foram criados fundamentalmente para a luta.

As artes marciais como esporte

Existem inúmeras maneiras de um lutador atacar o oponente. Uma das mais comuns é dar um golpe com o ombro e girar o corpo para ganhar mais peso — uma técnica típica de quem não é versado em artes marciais. Uma pessoa treinada aperfeiçoaria esses movimentos naturais. Um boxeador, por exemplo, levantaria os antebraços para proteger a cabeça e transferiria o peso de uma perna para outra para ter mais agilidade.

Apesar disso, o boxeador também golpearia com o ombro e giraria o corpo para ganhar mais impulso, pois isso lhe daria a melhor vantagem técnica dentro dos limites das regras do boxe. Um praticante de luta livre, que segue uma série diferente de regras, combateria de outra forma. De modo semelhante, praticantes de judô, caratê ou taikondô lutam da maneira mais adequada às regras e regulamentos de sua arte. Por isso, um judoca não golpearia um oponente, um carateca não apertaria o pescoço do adversário, e um lutador de taikondô não agarraria a perna do outro, pois essas ações não são permitidas pelas regras dessas lutas. Isso também explica por que bloquear um soco, aliviar um aperto ou desvencilhar-se de um oponente não são técnicas ensinadas normalmente nas aulas de judô, caratê ou taikondô. Se lembrarmos que essas artes são consideradas esportes, nos quais as regras são aplicadas por razões de segurança, não causa surpresa o fato de elas serem inadequadas contra formas de ataque que não estejam de acordo com suas regras.

O kung-fu, incluindo o Tai Chi Chuan, jamais foi considerado um esporte, embora atualmente, devido à mudança das necessidades e condições, o governo chinês o esteja divulgando como tal. Há inúmeros benefícios em praticar essa arte como um esporte, entre eles a promoção da saúde e a expressão artística da cultura. Todavia, enfatizar o kung-fu como esporte ou forma de

142 O LIVRO COMPLETO DO TAI CHI CHUAN

demonstração, sem prestar atenção à sua função primária como arte marcial, é uma visão distorcida.

Um resultado dessa situação é que muitos instrutores e praticantes modernos de *wushu*, o termo corrente em chinês para designar as artes marciais, incluindo o Tai Chi Chuan, não sabem lutar, embora façam demonstrações magníficas. O ponto crucial é que o *wushu* pode servir muito bem às funções marciais, de saúde, de demonstração ou outras se o praticante souber como e estiver preparado para dedicar tempo e esforço para isso.

A profundidade e o alcance do Tai Chi Chuan

Não deveríamos nos esquecer de que os movimentos do Tai Chi Chuan foram criados fundamentalmente para a luta. O próprio termo significa "kung-fu do cosmo". Ao contrário de muitas outras artes marciais, não existem regras ou restrições para a luta no Tai Chi Chuan ou em outros estilos de kung-fu. Apesar disso, os praticantes de Tai Chi Chuan, como por exemplo os discípulos do shaolin, de modo geral não mutilariam o oponente com técnicas drásticas como enfiar os dedos nos olhos ou golpear os genitais com um pontapé, não por estarem restringidos pelas regras, mas sim porque o treinamento e a filosofia da arte geram um cuidado genuíno com toda a humanidade, incluindo os adversários. Portanto, a despeito da falta de regras de segurança, é bem menos perigoso praticar o Tai Chi Chuan como esporte marcial, e é menos danoso, mas não menos eficiente, usá-lo numa luta real.

O Tai Chi Chuan tem uma história própria de mais de quinhentos anos e, na época em que surgiu, a partir do kung-fu shaolin, este já contava mil anos de evolução. Em outras palavras, as técnicas e a habilidade de combate que aprendemos no Tai Chi Chuan vêm evoluindo e se refinando por quinze séculos, o que é muito tempo se comparado com uma história de menos de cem anos de algumas outras artes marciais. É por essa razão que as técnicas e habilidades de combate do Tai Chi Chuan são tão sutis.

Inicialmente as técnicas de luta eram muito rudes, talvez não muito diferentes daquelas que uma pessoa não treinada usaria hoje. À custa de longos períodos de tentativas e erros, lutadores experientes descobriram que, adaptando determinadas posturas e golpeando de certas maneiras, obtinham vantagens técnicas. Por exemplo, em vez de ficarem com os pés afastados e golpearem a partir do ombro, como no boxe, os mestres do kung-fu descobriram que teriam mais estabilidade na sua postura e maior poder no golpe se usassem a postura do Arco e Flecha e se arremessassem a partir da cintura.

Aos poucos, os mestres descobriram que, para lutar eficientemente, as táticas e a habilidade muitas vezes são mais importantes até do que as técnicas. Ao longo de muitos anos de estudo e prática, eles também criaram métodos para implementar as táticas relevantes e desenvolver a habilidade necessária. Essa evolução levou muito tempo, com o resultado de que, com o passar dos séculos, as técnicas ficaram tão complexas e os métodos usados para adquirir habilidade ou força tão sutis que só eram compreendidos pelos iniciados. Assim, não apenas os métodos avançados como o fluxo de energia e visualização, mas até mesmo o treinamento básico como posturas, transferência do peso do corpo e giro de cintura não eram mais entendidos por muitos discípulos das artes marciais modernas, que não têm a extensão e a profundidade de evolução do Tai Chi Chuan.

Um desenvolvimento significativo na história das artes marciais ocorreu em 527 d.C., quando o kung-fu shaolin foi institucionalizado no Mosteiro Shaolin, na China. Anteriormente, um guerreiro tinha de inventar seus próprios métodos de combate, ou, na melhor das hipóteses, aprender algumas técnicas com um instrutor. Quase não havia continuidade na transmissão dos métodos de luta de uma geração a outra. Mas, depois do seu estabelecimento, os métodos de combate eram ensinados sistematicamente no Mosteiro Shaolin como uma arte a ser passada através das gerações. O que um discípulo praticava não era de sua invenção, nem mesmo criação do seu mestre, mas um corpo de habilidades, técnicas e rico conhecimento filosófico acumulado ao longo dos tempos.

Pela primeira vez, a arte marcial não seria ensinada, como até então, devido a necessidades pessoais, mas como um sistema adequadamente organizado. Isso permitiu que a arte se desenvolvesse a tal ponto que não teria sido possível aprendê-la com base em consecução pessoal. Quando Zhang San Feng, o primeiro patriarca do Tai Chi Chuan, criou o sistema a partir do kung-fu shaolin, ele o acrescentou aos grandes benefícios de um desenvolvimento institucionalizado que datava de mil anos.

Além dessa enorme vantagem de um contínuo desenvolvimento, o Tai Chi Chuan não é limitado por regras, como o boxe, a luta livre, o judô, o caratê, o taikondô e outros esportes marciais. Os praticantes de Tai Chi Chuan não giram o corpo para a frente quando golpeiam, como os boxeadores. Em primeiro lugar porque eles se desequilibrariam, o que, por sua vez, facilitaria que o oponente os derrubasse, e em segundo lugar, porque eles não precisam do peso extra conseguido ao se girar o corpo, uma vez que eles podem causar maior dano usando a força interior. Por outro lado, os boxeadores não se preocupam muito com o equilíbrio, pois as regras do boxe não permitem que os praticantes se aproveitem do equilíbrio precário para derrubar o oponente, e o uso das luvas reduz o efeito da força interior, de modo que é vantajoso ganhar poder girando o corpo para a frente.

Igualmente, devido ao fato de que no combate real nenhuma regra é seguida, os praticantes do Tai Chi Chuan são treinados para tomar precauções adicionais ao atacar o adversário, ao passo que os praticantes da luta livre, do judô, do caratê, do taikondô e de alguns outros esportes marciais não se preocupam com isso, por causa da proteção oferecida pelas regras de segurança. Ademais, os métodos usados nesses outros esportes oferecem vantagens técnicas que o oponente poderia explorar.

Por exemplo, se você se abaixar para agarrar a perna do adversário, como faria um lutador de luta livre, sua cabeça ficaria exposta para ser atingida por um padrão como O Dragão Verde Cospe a Pérola (*figura 10.1a*), o que poderia ocasionar uma lesão grave. Se você segurasse a roupa do outro para tentar jogá-lo no chão, como no judô, o seu adversário poderia facilmente levantar o joelho e atingir os seus genitais com força, o que o prejudicaria pelo resto da vida, no padrão O Galo Dourado Permanece Só (*figura 10.1b*).

Se você atacasse abertamente com socos típicos do caratê, sem uma cobertura adequada, ficaria exposto a contra-ataques perigosos, tais como um empurrão na garganta com o padrão Cavalo de Trote Alto (*figura 10.1c*). Se você chutasse alto, como no taikondô, poderia ter os genitais atingidos no padrão Esquivar-se e Estender o Braço (*figura 10.1d*). O mais importante a ter em mente, toda vez que iniciar um ataque, não é se o oponente saberá como contra-atacar, mas sim o fato de que você não deve proporcionar tais vantagens técnicas a ele, em primeiro lugar.

Devido ao fato de não existirem regras no combate real, os praticantes de Tai Chi Chuan são treinados para se defender de qualquer forma de ataque.

Figura 10.1 Posturas que devem ser evitadas no Tai Chi Chuan

SEQÜÊNCIAS E TÁTICAS DE COMBATE *145*

Isso obviamente é uma clara vantagem sobre os esportes marciais nos quais os praticantes são treinados principalmente para se defender contra ataques que são permitidos pelas suas regras particulares. Muitos alunos de judô, por exemplo, não sabem como reagir aos chutes, e os de taikondô não sabem como evitar as quedas, pois esses ataques não são permitidos nas suas respectivas modalidades.

O porquê e o como das seqüências de combate

Aprender e praticar a aplicação dos padrões apropriados para contornar,determinadas situações de combate é um passo essencial na conquista de competência no combate, mas as técnicas específicas, por si sós, não são suficientes. Numa luta, um oponente de maneira geral não ataca para depois esperar que o outro reaja com a técnica específica adequada. Geralmente, a pessoa é submetida a uma série de ataques, muitas vezes antes que possa se recuperar do primeiro, se não estiver bem treinada.

De suas experiências práticas e da análise dos combates, os mestres descobriram que, por causa das vantagens técnicas adquiridas em determinadas situações de combate, alguns arranjos das seqüências de ataque e defesa são preferíveis a outros. Por exemplo, se um oponente lhe dá um soco e, assim que você o bloqueia, lhe dá outro, ligando os dois como se fossem um único padrão contínuo, as possibilidades de atingi-lo serão maiores do que com dois socos executados separadamente. Por outro lado, se estiver consciente dessa tática de ataques contínuos e não isolados, e estiver preparado para isso, você não apenas se defenderá melhor como também poderá ser bem-sucedido no contra-ataque.

Teoricamente, quando se inicia um ataque, há inúmeras formas de o oponente se defender, mas na prática todas as defesas geralmente se encaixam em alguns poucos padrões. Isso ocorre porque esses padrões oferecem certas vantagens técnicas para aquela situação de combate em particular. O adversário pode eventualmente responder com outros padrões além desses, mas seria uma insensatez. Por essa razão, os mestres elaboraram seqüências de ataque e defesa que são usadas normalmente. Esse treinamento é conhecido como *da shou*, ou seqüências de combate.

Além de permitir aos estudantes familiarizar-se com séries de padrões de ataque e defesa arranjados logicamente para adquirir vantagens em determinadas situações de combate, o treinamento dessas seqüências também desenvolve habilidades essenciais, como noção de espaço, tomada rápida de decisões e ajuste a situações cambiantes. Inicialmente as seqüências de combate são pré-arranjadas, mas, à medida que os alunos progridem, o controle desses padrões preestabelecidos é afrouxado pouco a pouco, até eles lutarem livremente.

146 O LIVRO COMPLETO DO TAI CHI CHUAN

Neste e no próximo capítulo, daremos nove seqüências de combate. O atacante, ou iniciador, é chamado de X, e o defensor, de Y, para maior conveniência. As técnicas usadas pelo iniciador em todas as nove seqüências foram tiradas do kung-fu shaolin e fazem parte de uma prática padronizada na minha Escola de Kung-fu Shaolin Wahnam. Os padrões shaolin foram deliberadamente escolhidos para o ataque, pois, uma vez que o kung-fu shaolin é a arte marcial mais abrangente e extensiva em todo o mundo atualmente,[1] se alguém consegue se defender contra as técnicas shaolin, saberá também se defender contra as técnicas típicas de qualquer outra arte marcial. As nove seqüências incorporaram todas as quatro categorias de ataque: bater, chutar, derrubar e agarrar. Todos os padrões usados pelo defensor são tirados da Série Simplificada dos 24 Padrões do Tai Chi (ver capítulo 7), exceto o padrão conhecido como Erguer as Mãos (ver capítulo 5), que é usado no início e no fim de cada seqüência.

Aprender uma série de Tai Chi por meio de um livro já é suficientemente desanimador; aprender seqüências de combate, embora não seja impossível, é ainda mais difícil. Portanto, você deveria procurar a assistência de um instrutor competente, caso deseje obter bons resultados.

No começo, pratique as seqüências vagarosamente, prestando atenção especial à forma correta de executá-las. Mais adiante, quando a sua postura já for correta, atente para a força (mas não força bruta). Quando conseguir realizar bem as seqüências, com a postura correta e a força apropriada, volte sua atenção para a velocidade, que deverá ter aumentado consideravelmente sem que você tenha percebido.

Pratique bem uma seqüência antes de passar para a seguinte. Lembre-se de que desenvolver as habilidades de combate, como a noção de espaço e tempo e o ajuste apropriado, é tão importante quanto aperfeiçoar as técnicas.

Recorra às ilustrações para aprender as posturas e os movimentos das seqüências. As explicações anexas não as descrevem em pormenor, apenas ressaltam os pontos mais importantes.

Primeira seqüência: Socos triplos — Como aparar o golpe

Os dois oponentes se enfrentam na posição X, num padrão shaolin conhecido como Lohan Pergunta Qual É o Caminho, e na posição Y, no padrão do Tai Chi Erguer as Mãos (*figura 10.2a*). Use esses dois padrões de posição no começo e no fim de todas as seqüências de combate.

X leva a perna dianteira, a esquerda, para a frente, usa a mão esquerda para abrir a defesa de Y, ou seja, empurra para o lado a mão defensiva, a esquerda, de Y, e o ataca três vezes, com um soco de direita, depois um de

SEQÜÊNCIAS E TÁTICAS DE COMBATE   147

Figura 10.2 Como aparar um soco triplo

esquerda e depois um de direita novamente, conhecidos no kung-fu shaolin como O Tigre Negro Rouba o Coração (*figura 10.2b*), O Tigre Feroz Corre Pelo Vale (*figura 10.2c*) e novamente O Tigre Negro Rouba o Coração (*figura 10.2d*). Y puxa a perna esquerda para trás para ficar na Postura do Arco e Flecha e responde com uma técnica *peng* direita, outra técnica *peng* esquerda e depois com o Dragão Verde Cospe a Pérola (*figuras 10.2b, c e d*). Para o padrão do Dragão Verde, Y move primeiramente a perna da frente para trás numa Postura da Perna Falsa momentânea, depois leva a mesma perna para a frente na Postura do Arco e Flecha esquerda (*figura 10.2e*).

X puxa a perna da frente de volta para trás na Postura da Perna Falsa esquerda, e responde com O Tigre Solitário Sai da Caverna (*figura 10.2f*). Y

148   O LIVRO COMPLETO DO TAI CHI CHUAN

puxa a perna da frente para a Postura Quatro-seis esquerda, e observa X no padrão de Erguer as Mãos. X transforma a garra esquerda do tigre, usada para bloquear o ataque anterior de Y, numa palma e fica no padrão Lohan Pergunta Qual É o Caminho.

Esse é um exemplo de continuidade uniforme de três ataques. Os fatores significativos para a aplicação bem-sucedida dessa forma de ataque são: a escolha do momento certo, fluidez e velocidade. Mesmo que alguém use as mesmas técnicas de ataque, se não contar com esses três fatores, fracassará. Se dominar esses três fatores, poderá aplicar outras técnicas e ser bem-sucedido, demonstrando que no combate, em geral, as habilidades, e não as técnicas, é que são decisivas.

Segunda seqüência: Ataques em três níveis — O Dragão Verde

A partir do padrão Lohan Pergunta Qual É o Caminho, X ataca a garganta de Y com um golpe do dedo direito, conhecido como A Serpente Branca Cospe o Veneno. Y responde com uma técnica *peng* (*figura 10.3a*). Assim que Y responder, X atacará com um soco baixo de esquerda, conhecido como O Pato Raro Nada em Meio aos Lótus, no abdômen de Y. Este recua para uma Postura da Perna Falsa e contra-ataca com O Grou Branco Bate as Asas (*figura 10.3b*).

X ataca novamente, desta vez no peito de Y, com O Tigre Negro Rouba o Coração. Y puxa a perna da frente para perto da perna de trás, na Postura do Gato, "absorve" o ataque de X, empurra o braço atacante de X para o lado e avança a perna da frente novamente, atingindo o peito de X com O Dragão Verde Cospe a Pérola (*figura 10.3c*).

X puxa a perna da frente para trás e se defende da pancada de palma de Y usando O Tigre Solitário Sai da Caverna (*figura 10.3d*). Y troca a Postura do Arco e Flecha para a Postura Quatro-seis, no padrão de Erguer as Mãos, enquanto X transforma a garra do tigre numa palma e observa Y com o padrão Lohan Pergunta Qual É o Caminho, de acordo com a *figura 10.2a*.

Essa seqüência oferece um exemplo de outra tática de combate: atacar o oponente em três níveis diferentes (em cima, embaixo e no meio). Além da escolha do momento certo, da fluidez e da velocidade — os três fatores decisivos da seqüência anterior — a distração também tem um papel crucial aqui. O conceito de *xushi*, ou "aparente—sólido" é importante nessa tática. Se, quando você atacar o oponente nesse nível, ele tentar se defender, esse ataque se tornará *xu* ou "aparente"; sua intenção real não é atacar, mas distrair a atenção, para que você tenha mais condições de ser bem-sucedido quando golpear com o *shi*, o ataque "sólido", embaixo. Mas, se ele não responder ao seu ataque em cima, o ataque passa a ser "sólido", e você bate realmente.

SEQÜÊNCIAS E TÁTICAS DE COMBATE *149*

Figura 10.3 Como aparar um ataque em três níveis

Terceira seqüência: Chute-furacão — Chicote Simples de Postura Baixa

A partir do padrão, X vai para a frente e ataca com O Tigre Negro Rouba o Coração. Em vez de usar a técnica *peng* para responder, como nas duas seqüências anteriores, Y dá um pequeno passo para trás com a perna da frente e usa O Dragão Verde Cospe a Pérola para desviar o soco para o lado (*figura 10.4a*); depois, movendo a mesma perna para a frente, golpeia X com a palma da mão (*figura 10.4b*).

X leva a perna esquerda para a Postura da Perna Falsa para evitar a pancada da palma da mão e, simultaneamente, "entremeia" a mão esquerda para cima para empurrar o braço esquerdo de Y para o lado (*figura 10.4c*). Ime-

Figura 10.4 Postura Baixa contra o chute-furacão

diatamente, X dá um chute com a perna direita em arco para atingir as costelas de Y com o padrão O Furacão Varre as Folhas Caídas (*figura 10.4d*). Y cai no padrão Chicote Simples de Postura Baixa para evitar o chute de varredura. Depois, quando o chute tiver passado, levanta-se para a frente e golpeia X com o Chicote Simples (*figura 10.4e*). X retira a perna direita, colocando-a na frente, leva a perna esquerda para trás e bloqueia com A Bela Mira-se no Espelho. Depois ambos retornam aos seus padrões para observar o próximo movimento do outro.

Essa seqüência nos dá um exemplo da tática "defesa com contra-ataque" no padrão. O Dragão Verde Cospe a Pérola. Em vez de bloquear primeiro o ataque e depois contra-atacar, na tática chamada "defender antes para contra-atacar depois", descrita nas duas seqüências anteriores, pode-se deixar a defesa e o ataque correrem juntos no mesmo padrão.

Quarta seqüência: Esconder as Flores — Tocar o Alaúde

X ataca novamente com O Tigre Negro Rouba o Coração (*figura 10.5a*). Esse é um padrão comum de ataque e aqui está representando todas as formas de ataque com o meio da mão. Se você conseguir se defender contra esse ataque representativo do nível do punho, poderá também se defender contra ataques semelhantes nos quais o·oponente use outras posturas da mão, como o punho vertical, o soco do leopardo, o soco do olho-da-fênix, o golpe da palma da mão ou a mão de espada.

Em vez de se defender, Y primeiro desvia a perna direita e depois a perna esquerda um pouco para trás, mas ficando ainda na mesma Postura Quatro-seis esquerda. Y golpeia o punho de X com a palma da mão direita e o cotovelo de X com a base do antebraço esquerdo, usando o padrão Tocar o Alaúde (*figura 10.5a*). Ao praticar essa técnica, deve-se ter cuidado para não quebrar ou deslocar o cotovelo do parceiro.

Para neutralizar esse golpe, X move a perna da frente, a esquerda, diagonalmente para a esquerda e simultaneamente joga o cotovelo para baixo e coloca a perna direita na Postura da Perna Falsa direita, no padrão chamado de Esconder as Flores na Manga (*figura 10.5b*). Imediatamente X golpeia com o punho direito, no padrão O Pato Raro Nada em Meio aos Lótus. A *figura 10.5c* mostra o que aconteceria se Y falhasse em reagir.

Na verdade, Y leva a perna direita um pouco para trás e, ao mesmo tempo, estende os dois braços, golpeando o pulso de X com a palma da mão esquerda, no padrão O Grou Branco Bate as Asas (*figura 10.5d*). Observe que esse golpe com a palma da mão de Y não pretende bloquear o ataque de X — não é preciso nenhum bloqueio defensivo, porque, ao recuar a perna direita, Y se afastou do ataque —, mas sim golpear o braço do atacante. Igualmente, o primeiro Tocar o Alaúde não tem como objetivo bloquear o ataque de X, porque Y já se afastou, mas sim golpear o cotovelo de X.

Essa seqüência dá um exemplo de tática chamada "sem defesa, contra-ataque direto", que é mais avançada do que a "defesa com contra-ataque", explicada na seqüência anterior.

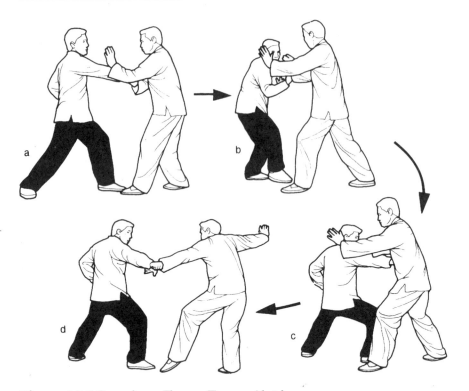

Figura 10.5 Esconder as Flores e Tocar o Alaúde

A expressão "sem defesa" não é muito adequada, pois, embora Y não bloqueie nem desvie os ataques de X, a hábil mudança de posição constitui de fato uma forma de defesa. Mas o desvio foi feito simultaneamente com o contra-ataque. Y não se desviou para depois atacar, o que seria um caso de "primeiro defender, depois contra-atacar"; em vez disso, Y desviou e contra-atacou ao mesmo tempo. Se essa tática for aplicada adequadamente, o oponente será atingido exatamente no momento em que atacar.

Obviamente, "sem defesa, contra-ataque direto" é superior a "defesa com contra-ataque", que por sua vez é preferível a "primeiro defender, depois contra-atacar". E é claro que se gasta mais tempo e esforço para desenvolver uma tática superior e as técnicas relevantes para implementá-la. Mas será que isso significa que, se você estiver disposto a despender tempo e esforço, "sem defesa, contra-ataque direto" será melhor do que as outras duas táticas, ou que será perda de tempo praticar "primeiro defender, depois contra-atacar" por ser uma tática inferior? A resposta às duas perguntas é um enfático "Não!"

É importante praticar exaustivamente as táticas e técnicas básicas antes de passar às mais avançadas. Se você não tiver uma base da tática mais elementar de "primeiro defender, depois contra-atacar", levará muito mais tempo para aprender as outras duas. E mesmo que você já seja habilidoso nas três táticas, haverá ocasiões — como, por exemplo, ao avaliar o poder do oponente ou evitar uma possível armadilha — nas quais será preferível uma tática mais elementar.

Por isso, no treinamento das seqüências de combate, aprendemos e praticamos não apenas seqüências de técnicas, mas também habilidades e táticas, as quais, principalmente nos níveis superiores, são mais importantes do que as técnicas. Portanto, deve-se dar mais atenção ao desenvolvimento da habilidade e à compreensão das táticas, e não apenas aprender posturas e mais posturas. O próximo capítulo dará a você mais oportunidades para desenvolver a habilidade e estudar as táticas.

11

Outras seqüências e táticas de combate

Algumas formas surpreendentes de vencer o oponente

Se você tiver dúvidas sobre se as táticas do Tai Chi Chuan, como usar a força do oponente contra ele mesmo, aproveitar o impulso do atacante para levá-lo à derrota e começar depois para chegar antes, funcionam mesmo na prática, você terá a oportunidade de sentir diretamente os efeitos se aprender a executar corretamente essas seqüências de combate.

Fatores que levam à vitória no combate

Uma concepção errônea entre muitos praticantes de artes marciais é a de que as técnicas de combate são o único ou o mais importante fator determinante do resultado de uma luta. Mas, se perguntarmos àqueles que têm muita experiência em combates eles dirão que, entre os inúmeros fatores envolvidos na vitória, as técnicas são provavelmente os menos importantes.

Há um ditado chinês que relaciona os fatores decisivos num combate em ordem decrescente de importância, como segue: "Primeiro: coragem; segundo: força; terceiro: kung-fu." Aqui o termo "kung-fu" é usado figurativamente, referindo-se às técnicas.

Mais importante do que as técnicas é aquilo que os mestres do kung-fu denominam de *gong* (pronuncia-se *kung*), que inclui, entre outras coisas, precisão, força e velocidade. O termo "kung-fu" (em chinês românico deveríamos escrever *gongfu*) na verdade se refere ao treinamento constante desse *gong*. A prática contínua de Empurrar as Mãos para desenvolver o equilíbrio e reflexos rápidos, a Postura do Tai Chi para cultivar a força interior, e Agarrar o Pardal pela Cauda para o fluxo de energia, são exemplos do treinamento de *gong* no Tai Chi Chuan.

Outros dois fatores significativos são a resistência necessária para chegar ao fim da luta e o estado relaxado da mente, não apenas para avaliar corretamente o oponente mas também para proporcionar a aplicação das habilidades e técnicas de combate com eficácia. Se a pessoa ficar nervosa ou entrar em pânico ao enfrentar um adversário, tudo o que ela tiver aprendido e praticado

OUTRAS SEQÜÊNCIAS E TÁTICAS DE COMBATE **155**

até então terá sido inútil. O Tai Chi Chuan, se praticado adequadamente, como os mestres sempre ensinaram, é particularmente eficaz para o desenvolvimento da resistência e do relaxamento mental.

A coragem a que nos referimos é alimentada pela confiança, obtida por meio do treinamento apropriado do *gong* e apoiada pela tranqüilidade e pela clareza mental. A força é o poder subjacente, que pode ser interior ou mecânica, sem a qual as técnicas de combate não são eficazes. Em termos mais refinados, "coragem", "força" e "kung-fu" referem-se às dimensões da mente, de energia e de postura no treinamento de qualquer arte marcial.

Quem tiver isso em mente obterá grandes benefícios do treinamento da seqüência de combate que se segue. Em termos práticos, há duas coisas a serem feitas: a primeira delas é treinar bastante os movimentos básicos e a força interior (como foi explicado nos capítulos 6, 7 e 8) antes de tentar treinar seriamente as seqüências de combate; a segunda é, ao praticar as seqüências de combate, além das técnicas visíveis, prestar atenção às habilidades invisíveis, como equilíbrio e elegância, reflexos espontâneos e fluidez de movimentos.

Se houver dúvidas quanto ao funcionamento na prática de táticas do Tai Chi Chuan, como a de usar a força do oponente contra ele mesmo, a de aproveitar o impulso do atacante para levá-lo à derrota e a de começar depois para chegar antes, haverá oportunidade de sentir os efeitos diretos dessas táticas se aprendermos a executar corretamente as seqüências de combate.

As cinco seqüências que daremos a seguir prosseguem a partir das quatro descritas no capítulo anterior. Assim, a primeira seqüência abaixo é chamada de "Quinta seqüência". Como anteriormente, o atacante, X, usa o kung-fu shaolin, e o defensor, Y, usa o Tai Chi Chuan.

Quinta seqüência: Derrubar uma Árvore — Rebater

A partir do padrão de postura mostrado na *figura 11.1a*, X ataca Y com O Tigre Negro Rouba o Coração, e Y responde com *peng* (*figura 11.1b*). Imediatamente X coloca sua perna direita atrás da perna direita de Y e senta-se firmemente na Postura de Cavalgar. A mão esquerda de X se protege da mão direita de Y, o antebraço direito de X pressiona a mão esquerda de Y contra o corpo deste, e a mão direita de X pressiona o ombro esquerdo de Y (*figura 11.1c*). A descrição desse padrão, chamado de Derrubar uma Árvore, pode ser longa, mas na realidade é possível executá-lo em uma fração de segundo. Nessa posição, se X empurrar para a frente e Y não reagir a tempo, este cairá para trás.

Mas Y, exemplificando o princípio do Tai Chi Chuan de atrair o oponente para um avanço sem proveito, usando um mínimo de força contra a força máxima, permite que X pressione para a frente. Quando X empurra, Y apro-

Figura 11.1 Como reagir a uma tentativa de derrubá-lo

veita o impulso e gira a cintura para a esquerda, dando um pequeno passo atrás com a perna esquerda. Ao mesmo tempo, Y agarra o braço direito de X com a mão esquerda e o cotovelo de X com a mão direita, e faz um *lu*, ou movimento de rebater. O efeito é muito interessante: exatamente no momento em que X espera derrubar Y, Y derruba X *(figura 11.1d)*!

A escolha do momento oportuno é crucial para o sucesso dessa técnica. Se ela for executada prematuramente, Y não conseguirá aproveitar a força de X; se for executada tardiamente, Y, e não X, é que cairá. Novamente, essa habilidade é desenvolvida com o Empurrar as Mãos. Na verdade, essa aplicação é comum no treinamento de Empurrar as Mãos.

OUTRAS SEQÜÊNCIAS E TÁTICAS DE COMBATE **157**

Observe também que Y não puxa nem empurra X: a força usada para derrubar X deriva da rotação da cintura de Y, bem como do impulso para a frente do empurrão de X. Imagine X empurrando a borda de uma roda horizontal. A roda vira, e X perde o equilíbrio e cai para a frente.

Pode-se evitar uma queda colocando a perna da frente na direção para a qual se está caindo. Mas, nesta situação, X não pode mexer a perna da frente, pois ela está sendo "bloqueada" pela perna da frente de Y. Esse é outro efeito interessante. Inicialmente, X colocou a perna da frente atrás da perna de Y, para "bloqueá-la", de modo que X pudesse empurrar Y para trás. Mas, com um movimento sutil da perna de trás mais a rotação da cintura, Y vira o jogo. Esse é outro exemplo de como o Tai Chi Chuan usa a força do oponente contra ele mesmo.

Mas X supera essa situação difícil girando a perna esquerda, que estava atrás, num grande arco para trás e para a direita; depois levanta a perna direita usando os artelhos para golpear as costelas de Y (*figura 11.1e*). Esse padrão é conhecido como O Pequeno Pássaro Mostra Chute Penetrante. Y dá um pequeno passo para trás e responde com O Dragão Verde Cospe a Pérola, desviando o chute de X com a mão esquerda e avançando para a frente para golpear o peito de X com a palma da mão direita.

X recua a perna direita e se abaixa para observar Y, deixando passar o golpe deste, usando o padrão chamado Rabo do Tigre no Arco e Flecha (*figura 11.1f*). Depois ambos voltam aos seus padrões para se avaliar mutuamente.

Sexta seqüência: Empurrar Montanhas — Chute de Impulso

Normalmente X começa com um soco de direita e Y responde com um *peng* de direita (*figura 11.2a*). É claro que numa luta real o atacante não começa necessariamente com um soco nem o seu adversário se desviando. Essa é apenas uma abertura típica para o treinamento dessa seqüência de combate. Caso o adversário, por exemplo, comece com um chute — essa não é uma forma inteligente de iniciar um ataque, pois expõe um ponto fraco logo no início, em vez de reservar o chute para uma ocasião mais adequada — pode-se abaixar para o Chicote Simples de Postura Baixa, para observar a situação, ou então, caso você já esteja mais adiantado, usar o *lu* e o *li* (rebater e pressionar para a frente) para derrubar o adversário logo no primeiro movimento.

A razão pela qual as seqüências de combate até aqui sempre começaram com a mesma abertura é que isso facilita o desenvolvimento da capacidade de tomar decisões refletidas durante a luta. Mais adiante, quando essas seqüências estiverem bem treinadas, tanto o atacante quanto o defensor poderão prosseguir de forma diferente a partir da mesma abertura. Mas no começo é aconselhável limitar as opções a duas ou três. Em outras palavras, a partir da mesma abertura o atacante ou o defensor poderão escolher o padrão seguinte entre dois ou três padrões diferentes. Aos poucos o número de opções será ampliado. Essa é uma maneira de progredir paulatinamente, de situações preestabelecidas até um combate livre.

Nesta seqüência, assim que Y responde, X empurra a mão de Y para o lado com a sua mão esquerda, avança a perna de trás para a frente e empurra Y com as duas mãos, no padrão conhecido como O Tigre Feroz Empurra a Montanha (*figura 11.2b*). O ataque inicial de X é um movimento de dissimulação que esconde o seu verdadeiro objetivo: o que ele pretende na verdade não é atingir Y, mas levá-lo a reagir de modo que X possa avançar rapidamente e empurrá-lo para trás.

Essa é uma boa oportunidade para Y dar um chute. Ele puxa a perna direita para trás para evitar o impulso do empurrão de X, usa as duas mãos para separar os braços de X e dá um Chute de Impulso de esquerda. Esse padrão é uma versão frontal do Chute de Impulso com as Mãos Cruzadas, que é executado de lado na Série Simplificada de Tai Chi. Se o tempo for avaliado corretamente, o chute atingirá X no exato momento em que ele ataca. Esse é um exemplo da noção de Tai Chi Chuan de "começar depois, para chegar antes" — inicia-se o ataque depois do oponente, mas ele se completa exatamente quando o do adversário está terminando.

Rapidamente X traz a perna direita de volta ao Passo do Unicórnio e, ao mesmo tempo, gira o punho direito na direção da canela de Y, num exótico padrão shaolin chamado O Dragão Sombrio Abana o Rabo (*figura 11.2c*). Y abaixa a perna que está dando o chute para evitar ser atingido, defende-se do punho giratório de X com a mão esquerda e golpeia a cabeça de X com a palma da mão direita, no padrão de Tai Chi chamado Cavalo de Trote Alto (*figura 11.2d*).

X dá uma volta à esquerda e "costura" a mão esquerda (ou seja, movimenta a mão como se estivesse puxando uma agulha e costurando para cima), no padrão chamado O Dragão Dourado Brinca com a Água (*figura 11.2e*). Y deve ter cuidado para que a mão de X, ao "costurar", não atinja o seu rosto; caso ele tente, uma reação eficaz será O Dragão Verde Cospe a Pérola, varrendo o ataque de "costura" com uma das mãos e golpeando o atacante com a outra.

Depois de "costurar", X leva a perna esquerda para a frente e ataca com um soco direto de direita, ao qual Y responde rebatendo (*figura 11.2f*). Dessa forma, a seqüência termina com um direto de direita sendo rebatido também pela direita, que é o modo como começam todas as outras seqüências que estudamos até aqui. Mais adiante, quando estivermos mais familiarizados com essas seqüências de combate, poderemos usar essa finalização como o início

Figura 11.2 Como reagir a um empurrão

de outra seqüência, sem interrupção. Essa é uma maneira de avançar de seqüências preestabelecidas para o combate livre. Isso também ocorre quando o mesmo padrão, por exemplo o Dragão Verde Cospe a Pérola, é encontrado em mais de uma seqüência; pode-se usar esse padrão para passar para outras séries.

Essa progressão de luta preestabelecida para a luta livre ou combate real deveria ser gradual e metódica. Se praticarem apropriadamente, os estudantes de artes marciais podem lutar bem usando as técnicas, táticas e habilidades que aprenderam; caso contrário, o mais provável é que lutem desordenadamente, como criancinhas.

Sétima seqüência: Puxar o Cavalo — Chute de Impulso

X ataca com um típico soco direto de direita, e Y responde, como sempre, com o *peng* (*figura 11.3a*). Imediatamente X avança e empurra Y, como na seqüência anterior (*figura 11.3b*). Mas agora Y usa um contragolpe diferente, mais delicado: ele se abaixa para neutralizar o impulso do empurrão, "costura" a mão para levar o braço de X para a direita e depois empurra as palmas das mãos para a frente, para se aproximar de X, usando o padrão Selado Como se Fosse Fechado (*figura 11.3c*).

X gira o corpo e a postura para a esquerda, agarra o pulso de Y com a mão esquerda, o cotovelo de Y com a direita e o puxa para a frente, usando o padrão conhecido como Puxar o Cavalo de Volta para o Estábulo (*figura 11.3d*). Para evitar cair para a frente, Y leva a perna direita diagonalmente para a frente e para a direita, cruza os braços na frente e os separa, soltando a pressão de X. Simultaneamente Y chuta o peito ou o abdômen de X com o calcanhar esquerdo (*figura 11.3e*).

X puxa a perna esquerda para trás e desvia o empurrão do chute de Y com um gracioso movimento de "costura" com a palma da mão direita, auxiliado pelo balanço apropriado do corpo, usando a figura shaolin conhecida como O Dragão Viajante Brinca com a Água (*figura 11.3f*). Seguindo o movimento de "costura", X vai para a frente com a perna esquerda e empurra o pescoço de Y com a palma da mão esquerda (*figura 11.3g*). Y puxa para trás a perna que está chutando e neutraliza a palma da mão de X com a técnica *peng*.

Essa seqüência, como também algumas outras, ilustra o princípio da submissão. Quando o oponente empurra, o praticante de Tai Chi Chuan, ao recuar, absorve o impulso que o está pressionando e depois empurra de volta para se aproximar dos braços do oponente. Quando o adversário puxa, em vez de resistir, o praticante de Tai Chi Chuan vai para a frente, acompanhando o impulso que o está puxando.

Oitava seqüência: Garras de Águia — Golpe de Ombro

Em vez de atacar com um soco direto de direita, como em outras seqüências, X fecha as mãos defensoras de Y com a sua direita, isto é, empurra a mão defensiva dianteira contra as costas da outra, de modo que Y não possa contra-atacar. Então X golpeia a garganta de Y com a palma da mão esquerda estendida, no padrão conhecido como A Serpente Peçonhenta Cospe o Veneno (*figura 11.4a*). Todavia, Y responde com a técnica *peng* usual, na Postura do Arco e Flecha.

OUTRAS SEQÜÊNCIAS E TÁTICAS DE COMBATE   *161*

Figura 11.3 Como reagir a um golpe de tração

Assim que Y reage, X faz um pequeno círculo no sentido anti-horário com a mão esquerda, de modo que, tendo estado "fora" do *peng* de Y, agora está "dentro". O diagrama contido na *figura 11.4a* mostra essa técnica simples mas

162 O LIVRO COMPLETO DO TAI CHI CHUAN

importante. Simultaneamente, X leva a perna da frente um passo adiante, ainda na Postura do Arco e Flecha mas mais perto de Y, e golpeia o peito deste com um soco vertical.

O ataque inicial de X, portanto, é um comando, levando Y a responder de modo que X possa dar seqüência imediata ao soco vertical, de preferência antes que Y possa se recuperar da primeira defesa. Mas, se este deixar de reagir ao comando, torna-se um ataque real.

Y move a perna da frente, a direita, para trás usando o Passo do Unicórnio de direita, intercepta e empurra o soco de X com a mão esquerda (*figura 11.4b*), leva a perna esquerda para a frente na Postura do Arco e Flecha e também ataca X com um soco vertical (*figura 11.4c*), usando o padrão Mover-se–Interceptar–Socar. X se abaixa na Postura de Cavalgar e agarra o pulso direito de Y com a sua mão direita e o cotovelo direito de Y com a mão esquerda, no padrão chamado A Águia Velha Agarra a Cobra (*figura 11.4d*).

Y relaxa o braço, leva a perna esquerda para a frente diagonalmente, para perto de X; depois, usando a perna esquerda como apoio, joga o corpo para a frente para atingir o peito de X com o ombro direito (*figura 11.4e*). X puxa rapidamente a perna esquerda para trás para evitar o golpe de ombro e contra-ataca com um soco do leopardo (ou seja, formando o punho com as segundas juntas da mão, em vez das terceiras, como num punho normal), usando o padrão O Leopardo Bravo Ataca o Fogo (*figura 11.4f*). Aqui tanto X quanto Y estão usando a tática avançada "sem defesa, contra-ataque direto".

Y leva a perna direita de volta num Passo do Unicórnio direito para fugir ao ataque de X, usa a mão direita para levantar o soco do leopardo direito de X, leva a perna esquerda para a frente na Postura do Arco e Flecha esquerda baixa, e golpeia X com a palma da mão esquerda, no padrão conhecido como Esquivar-se e Estender o Braço — tudo num único movimento, rápido e suave (*figura 11.4g*). Essa é a tática "defesa com contra-ataque".

X dá um pequeno passo diagonal para a direita com a perna direita e bloqueia o ataque de Y com a palma da mão esquerda, no padrão chamado Perguntar Qual o Caminho no Arco e Flecha (*figura 11.4h*). Certificando-se de que Y não está planejando algum truque, X vira para a esquerda na Postura do Arco e Flecha lateral esquerda e golpeia as costelas de Y com um soco direto, no padrão de O Tigre Feroz Ataca no Portão. Essa é a tática "primeiro defender, depois contra-atacar".

Y corre diagonalmente para a direita, vira para a esquerda e observa X com O Grou Branco Bate as Asas (*figura 11.4i*). Depois os combatentes voltam à sua posição.

Nesta seqüência, são usadas as três categorias de táticas de ataque. Pelo fato de X e Y serem praticantes adiantados, eles usam táticas "sem defesa, contra-ataque direto". Mas, quando se dão conta de que o outro também é um bom lutador, acham mais seguro usar as táticas mais elementares "defesa com contra-ataque" e "primeiro defender, depois contra-atacar".

OUTRAS SEQÜÊNCIAS E TÁTICAS DE COMBATE *163*

Figura 11.4 Como reagir a um golpe de agarrar

Um dos princípios básicos de todos os estilos chineses de kung-fu é que os praticantes devem primeiro assegurar-se de que estão livres de danos antes de pensar em atacar o oponente. Quando os mestres lutam, um único golpe pode

164 O LIVRO COMPLETO DO TAI CHI CHUAN

ferir gravemente ou mesmo matar. Assim, não se vê genuínos praticantes de kung-fu trocando muitos golpes, atacando furiosamente sem pensar em recuar ou usando chutes altos que podem expor os órgãos sexuais — exceto nas raríssimas ocasiões em que esses métodos possam ser necessários em situações especiais.

Nona seqüência: Domar o Tigre — Vôo Diagonal

Nesta seqüência de combate, X inicia o ataque agarrando a mão de Y, que está à frente na defesa, com o padrão Agarrar com Garras de Tigre (*figura 11.5a*). Y reage com Enxotar o Macaco (*figura 11.5b*). Um giro da mão esquerda de Y solta a pressão de X, e a palma da mão direita de Y golpeia a face de X.

X recua a perna esquerda para evitar o golpe de Y e agarra o pulso direito de Y com outro Garras de Tigre, avançando para uma Postura do Arco e Flecha direita, para se posicionar melhor (*figura 11.5c*). Y relaxa o braço direito e acompanha o impulso da mão direita de X para a frente, mudando a Postura Quatro-seis esquerda para o Passo do Unicórnio esquerdo. Em seguida, aproveitando o impulso de X, Y faz um movimento circular e levanta o braço direito, soltando a pressão de X e ao mesmo tempo empurrando o braço de X para fora e para cima. Continuando graciosamente o movimento, Y avança a perna esquerda na Postura do Arco e Flecha e golpeia as costelas ou o peito de X com a palma da mão direita, usando o padrão Esquivar-se e Estender o Braço (*figura 11.5d*). A descrição é longa, mas com certa prática os movimentos são completados numa fração de segundo. Esse padrão também ilustra o princípio do Tai Chi Chuan de "recuar antes de avançar", e a tática de "acompanhar o impulso do oponente".

X agarra o pulso esquerdo de Y com a mão esquerda e aperta o cotovelo esquerdo de Y para baixo com força (*figura 11.5e*). Esse padrão, que tem como objetivo quebrar o braço ou deslocar o pulso do adversário, é conhecido como Lohan Doma o Tigre.

A técnica para vencer esse ataque de Domar o Tigre é surpreendentemente simples, apesar do fato de muitos praticantes de artes marciais afirmarem que tanto o ataque quanto a sua defesa são impossíveis na prática. Num combate entre mestres de kung-fu, eles não são raros, pois são eficazes e relativamente fáceis de executar. Mas muitos estudantes não são capazes de usá-los, ou porque não os conhecem, ou porque não praticaram o suficiente para adquirir as habilidades necessárias para executá-los com eficácia (principalmente precisão, força e velocidade). Mas, caso se pratique o bastante — e do modo correto — podem-se usar facilmente *todas* as técnicas descritas nessas seqüências de combate.

OUTRAS SEQÜÊNCIAS E TÁTICAS DE COMBATE   *165*

Figura 11.5 Vôo Diagonal a partir de Domar o Tigre

Para vencer o ataque de Domar o Tigre, Y leva a perna direita um pouco para a esquerda, ao mesmo tempo que gira sutilmente todo o braço esquerdo num pequeno arco, no sentido horário, com o movimento partindo do ombro; isso neutraliza o ataque de X e também prepara a força em espiral do contra-ataque que se segue imediatamente (*figura 11.5f*).

Sem interromper o movimento, Y coloca a perna da frente entre as pernas de X, com o ombro perto do corpo de X; com um giro do corpo inteiro, que é uma continuação dos movimentos anteriores, Y move o braço esquerdo diagonalmente para a frente e para cima, derrubando X para trás (*figura 11.5g*). Esse padrão é conhecido como Vôo Diagonal; seu movimento começa na perna direita que está atrás, é controlado pela rotação da cintura, e sua força espiral se manifesta em todo o braço esquerdo.

Como no caso de muitos outros padrões, a descrição do movimento é longa, devido à quantidade de etapas envolvidas, que são cruciais para a execução eficaz dessa técnica. Se a pessoa estiver bem treinada nas técnicas básicas do Tai Chi Chuan, esses movimentos fluirão naturalmente e serão executados com elegância numa fração de segundo. Deve-se cultivar também a força interior, sem a qual é difícil dominar essa técnica.

Para evitar ser derrubado, X puxa a perna esquerda para trás e desfere um chute lateral direito conhecido como O Pássaro Feliz Sobe no Galho (*figura 11.5h*). Y se desvia desse golpe levando a perna direita um passo para a direita e virando para a esquerda, no padrão Chicote Simples de Postura Baixa. Em seguida ambos voltam aos seus padrões.

Embora essas seqüências de combate sejam básicas, no sentido de que formam os fundamentos das aplicações de combate do Tai Chi Chuan, elas contêm algumas técnicas muito avançadas. Ler as descrições talvez possa dar uma idéia da profundidade e do alcance do Tai Chi Chuan como arte marcial, mas isso por si só não o tornará eficiente no combate.

Como qualquer outra arte, o segredo do sucesso é a prática correta e constante. A pessoa deveria passar pelo menos seis meses praticando essas seqüências de combate para alcançar resultados razoáveis. Se você estiver preparado para dedicar seis anos a elas, está no caminho de tornar-se um mestre, se já não o for.

12

O enriquecimento da vida diária com o Tai Chi Chuan

*Como o Tai Chi Chuan beneficia a saúde,
o trabalho e o lazer*

Você terá uma sensação de tranqüilidade, de alegria e de paz interior, mas estará mentalmente alerta e vivo durante todo o tempo.

O conceito chinês de saúde

Por mais importantes que sejam os aspectos marciais do Tai Chi Chuan, se alguém o praticar apenas para se defender, não estará empregando bem o seu tempo — não apenas por ser pouco provável que entre numa luta, mas pelo fato de existirem outros meios, mais rápidos, de aprender defesa pessoal. Na minha opinião, praticar tomoi ou boxe siamês é provavelmente a maneira mais rápida de aprender a lutar, mas de qualquer forma prefiro o kung-fu shaolin, por causa de muitos outros benefícios excelentes que ele oferece.

Faço uma exceção para o kung-fu shaolin, pois, de certo modo, ele é superior ao Tai Chi Chuan.[1] Por exemplo, embora no nível mais alto as duas artes se concentrem no treinamento da mente, o método usado no kung-fu shaolin, conhecido como zen, é mais rico e mais profundo, pois o Tai Chi Chuan em geral enfatiza mais o *chi*, ou a energia. Por outro lado, muitas pessoas talvez não consigam suportar o treinamento rigoroso do kung-fu shaolin, enquanto o treinamento do Tai Chi Chuan é comparativamente mais relaxante e agradável.

Tanto o Tai Chi Chuan quanto o kung-fu shaolin enriquecem a nossa vida cotidiana, em geral de maneira que supera em muito as outras artes. Neste capítulo, estudaremos como e por que o Tai Chi Chuan beneficia a saúde, o trabalho e o lazer — três fatores decisivos na riqueza de nossa vida.

Saúde é mais do que apenas a ausência de doenças clínicas. Para ser verdadeiramente saudável, uma pessoa deve dormir e comer bem, ser emocionalmente estável e mentalmente são, ter energia e entusiasmo para trabalhar e divertir-se e, de modo geral, ser capaz de fazer sexo com prazer.

Alguém que habitualmente toma pílulas para dormir e comprimidos de vitaminas como suplemento alimentar, que fica zangado e nervoso com facilidade, que não consegue pensar claramente, que muitas vezes se sente cansado ou lânguido e não consegue ter uma vida sexual normal não pode ser considerado saudável.

A diferença na abordagem da saúde entre chineses e ocidentais foi bem descrita por James MacRitchie em seu interessante e informativo livro *Chi Kung: Cultivating Personal Energy*:

> Uma das peculiaridades sobre a saúde é que no Ocidente ninguém parece saber o que é, mas aqui estamos diante de uma preocupação que afeta a todos e que, pelas suas dimensões, tornou-se uma "indústria" – a indústria dos tratamentos de saúde. Pelo menos nos Estados Unidos (e provavelmente na maioria dos outros países), essa indústria só perde em tamanho para a indústria da defesa. Os gastos anuais com os cuidados com a saúde situam-se por volta de 750 bilhões de dólares por ano, ou seja, três quartos de um trilhão de dólares.
>
> A primeira coisa que se pode concluir desses números é que as pessoas deveriam ser incrivelmente saudáveis nos Estados Unidos. Elas não o são. Elas não são tão saudáveis quanto os chineses, e, comparativamente, estes não têm nada. Todavia, o mais espantoso e absurdo, considerando-se essas cifras, é que:

> *No Ocidente, não temos uma definição*
> *razoável do que seja saúde.*

> Não existe nenhum livro de medicina que defina o estado de saúde. Não existe um processo para monitorar quando e o quanto estamos saudáveis. Sabemos apenas quando não estamos saudáveis, porque então algo está errado. A definição corrente de saúde na medicina ocidental é não estar doente [...]
>
> Na China, todo esse conceito se inverte. As pessoas simplesmente o viram do outro lado. Quando alguém está doente, pergunta-se apenas: "Por que essa pessoa não está bem?"
>
> Deveríamos examinar mais de perto a definição chinesa de saúde: a saúde é compreendida em termos de SISTEMA DE ENERGIA, pois o sistema energético está num estágio um tanto diferente e mais elevado do que apenas carne, sangue e ossos. Esse sistema atua como um "sistema de controle" ou "mapa" do corpo. Ele constitui a estrutura básica. A seqüência hierárquica de controle e influência é a seguinte:

ENERGIA/CHI → SANGUE → CÉLULAS → TECIDOS →
ÓRGÃOS → FUNÇÕES → RELAÇÕES → O TODO

Assim, se o nível básico da sua energia/sistema de controle/mapa não estiver em ordem, você provavelmente está para ficar doente.[2]

As sucintas observações de MacRitchie mostram por que todos os fatores de saúde mencionados no início deste capítulo, como dormir bem, ser emocionalmente estável e ter entusiasmo para trabalhar e divertir-se, estão ligados. Isso explica por que o tratamento mecânico e reducionista das doenças é insatisfatório, por que a medicina ocidental convencional é incapaz de estabelecer a causa de moléstias como hipertensão, asma, reumatismo, úlcera, diabetes e câncer, e, numa nota positiva, essas doenças ditas incuráveis são debeladas por meios alternativos, como a prática do chi kung ou do Tai Chi Chuan.

A energia e a medicina chinesa

A base da medicina e de todos os cuidados com a saúde chineses é o *chi*, ou energia. Todas as práticas médicas chinesas, incluindo fitoterapia, acupuntura, massagem terapêutica, medicina externa, traumatologia e a terapia do chi kung, voltam-se para a correção da desarmonia energética. Se o fluxo de energia estiver desarmonioso, afetará o funcionamento normal e saudável de cada um dos sucessivos níveis hierárquicos mencionados por MacRitchie, e se manifestará como uma disfunção do corpo (e da mente). Por esse motivo, o tratamento deve ser holístico e dirigido à causa de origem. Se tratarmos uma doença do fígado objetivando apenas o órgão, por exemplo, seus tecidos ou células desordenados poderão provocar uma recaída da mesma doença ou então uma disfunção em outra parte do corpo. Na medicina chinesa não tratamos do fígado ou de seus tecidos e células; tratamos da pessoa inteira levando em consideração o seu *chi*.

Se um paciente com câncer consultar um médico chinês, este não o descreverá como canceroso, pois na medicina chinesa tradicional essa doença não existe! Existe uma palavra no chinês moderno para o câncer — *ai* — mas não é um termo da medicina chinesa tradicional; é um termo traduzido do inglês.

Então como um médico chinês descreveria a doença de um paciente com câncer? Ele descreveria a doença — qualquer doença — não do ponto de vista dos sintomas e da localização, mas da perspectiva da pessoa toda em relação à causa de origem no nível básico de energia. Ao determinar as causas, o médico não estará preocupado com o que causou a moléstia, como por exemplo qual o tipo de agente carcinogênico ou a quantidade de radiação, mas sim com o que levou o paciente a ficar doente, ou seja, por que ele não conseguiu ajustar-se aos carcinogênicos ou à radiação, quando outras pessoas o fazem com sucesso. Portanto o médico descreverá a disfunção como estagnação da energia do fígado devido a um bloqueio do meridiano do pulmão e ao *chi* insuficiente no baço, ou ao acúmulo de veneno quente no nível intermediário do peito devido a um bloqueio energético no meridiano do períneo. Vários pacientes que sofrem daquilo que os médicos convencionais chamam de mesmo tipo de câncer, são descritos diferentemente pelos médicos chineses, pois as razões pelas quais os pacientes não conseguiram superar o câncer naturalmente, em geral são diferentes.

Embora essas descrições não façam sentido para quem só vê a doença sob a luz do paradigma médico ocidental convencional, para o médico chinês elas são significativas e concisas, muitas vezes apontando as causas, a localização e o estágio de desenvolvimento da doença. E, o que é mais importante, essas descrições jamais são uma sentença de morte; na verdade, se as causas da doença, como o bloqueio de energia ou o calor venenoso descritos acima, forem eliminadas, o paciente se restabelecerá sem nem sequer saber que teve câncer!

Talvez alguém, acostumado a ouvir que o câncer em geral é fatal e incurável, se surpreenda ao saber que a doença pode ser atenuada. Ainda mais espantoso é que, de acordo com os especialistas ocidentais, todos nós sofremos de câncer alguns milhares de vezes na nossa vida, mas somos curados por nós mesmos sem nos darmos conta disso.

Então, por que algumas pessoas desenvolvem câncer, ou qualquer outra doença? Segundo o pensamento médico chinês, é porque algumas partes do corpo (incluindo a mente, uma vez que mente e corpo são sempre tratados como uma unidade pela medicina chinesa) deixam de funcionar como deveriam, e essa falha se deve a uma desarmonia do fluxo de energia. O *Nei Jing*, ou *Internal Classic of Medicine*, considerado o texto mais autorizado sobre medicina chinesa, afirma que, se a energia vital flui harmoniosamente pelos meridianos, a doença simplesmente não ocorre. Se esse conceito parece difícil de aceitar do ponto de vista ocidental sobre a saúde, vale a pena analisar o fato de que essa visão, mais do que qualquer outra, é responsável pela manutenção da saúde da maior população do mundo pelo período mais longo da história.

Por causa dessa visão, como mestre de chi kung, pude ajudar a aliviar muitos pacientes com câncer, bem como com outras doenças, como asma, diabetes, hipertensão, úlcera, insônia e disfunções sexuais.[3]

Traduzindo em termos médicos convencionais, o fluxo harmonioso do *chi* significa que os sistemas de retroalimentação, de defesa, imunológico, regenerativo, hormonal, transportador e todos os outros sistemas corporais estão funcionando naturalmente. Se micróbios prejudiciais penetrarem no corpo, o sistema de defesa proverá os anticorpos necessários para matá-los ou inibi-los e o sistema de transporte os eliminará do organismo. Se houver desgaste, ou se ocorrer deposição de resíduos tóxicos no corpo, como por exemplo ácidos que corroem o estômago ou formação de colesterol nos vasos

O ENRIQUECIMENTO DA VIDA DIÁRIA COM O TAI CHI CHUAN **171**

sangüíneos, o sistema regenerativo reparará o desgaste ou o sistema hormonal produzirá os hormônios ou substâncias químicas necessários para neutralizar os resíduos tóxicos. Se houver tensão emocional ou mental, o corpo comandará os devidos sistemas para dissipar as emoções negativas e descansar a mente.

Esses processos vitais estão ocorrendo em todos nós, a cada momento de nossa vida. Apenas quando os sistemas energéticos da pessoa falham, como por exemplo quando aquilo que os chineses denominam de energia de proteção e defesa deixa de atingir a "energia maléfica", ou os micróbios, é que se torna necessário tomar antibióticos. Só quando a energia dos órgãos deixa de funcionar apropriadamente é preciso retirar parte de um deles ou então tomar algum remédio para dilatar os vasos sangüíneos. Apenas quando alguns meridianos relacionados estão muito bloqueados é que as emoções negativas não podem ser dissipadas, ou quando a energia do coração é insuficiente para alimentar a mente é que devem ser administrados tranqüilizantes, antidepressivos ou psicoterapia.

Os efeitos do Tai Chi Chuan na saúde

Como a causa original das doenças é o bloqueio do fluxo de energia, o remédio lógico é eliminar o bloqueio. Dentre as numerosas práticas terapêuticas para isso, como fitoterapia, acupuntura, massagem, medicina externa e fisioterapia, o chi kung é a mais direta e eficaz para curar moléstias crônicas e aquelas cujas causas são de difícil definição, como hipertensão, reumatismo, depressão e câncer. Mas o que tudo isso tem que ver com o Tai Chi Chuan? Tem tudo a ver, pois o Tai Chi Chuan, quando praticado corretamente, é uma série completa de chi kung, embora seja mais significativo para promover a saúde do que para curar doenças.

Nesse aspecto, o Tai Chi Chuan é superior ao kung-fu shaolin. A não ser nos níveis mais elevados, que poucos alunos conseguem alcançar, em grande parte do treinamento de kung-fu shaolin, o chi kung e o desenvolvimento da mente são treinados separadamente da prática das séries, enquanto no treinamento de Tai Chi Chuan, o chi kung e o desenvolvimento da mente são incorporados na prática das séries desde o começo. Essa foi uma importante inovação de Zhang San Feng quando desenvolveu o Tai Chi Chuan a partir do kung-fu shaolin. Em vez de treinar kung-fu shaolin, chi kung e zen — as três artes que mais beneficiam a saúde, o trabalho e o lazer — ele as unificou em uma única arte. Mas é claro que, se o Tai Chi Chuan for praticado apenas como uma dança, só proporcionará os benefícios geralmente associados a uma dança, como flexibilidade, elegância e diversão. É pouco provável que se consiga uma saúde radiante, vitalidade e clareza mental, características do verdadeiro treinamento de Tai Chi Chuan.

172 O LIVRO COMPLETO DO TAI CHI CHUAN

Promover um fluxo energético harmonioso e alcançar um estado mental elevado, algo excelente para a eficiência no combate, bem como para que todos os sistemas corporais funcionem adequadamente, são os dois traços característicos do Tai Chi Chuan. Se alguém praticou a arte durante muitos anos mas nunca os vivenciou, decididamente deixou de usufruir alguns dos seus melhores benefícios.

Quais são os sinais que indicam que alguém tem um fluxo energético harmonioso e atingiu um estado mental elevado? Quando se chega a um alto nível de controle da energia, em geral pode-se sentir o fluxo energético e canalizar a energia para onde se desejar. Se ela for canalizada para as palmas das mãos, por exemplo, estas ficam muito fortes, mesmo que não tenham sido exercitadas anteriormente. Pode-se também resolver qualquer problema de saúde — resfriados, febre, dores no corpo, depressão, nervosismo e ansiedade não incomodarão mais. A pessoa passa a comer e dormir bem e a apreciar o trabalho tanto quanto a diversão.

Quando se alcança um estado mental elevado, sente-se tranqüilidade, alegria e paz interior, mas se mantém a mente viva e alerta todo o tempo. As dimensões emocional e mental se ampliam e se aprofundam, e as insignificâncias com que muitas pessoas se preocupam, como mexericos e inveja, passam a ser consideradas infantis. É surpreendente a intensidade e a clareza com que encaramos e resolvemos problemas que antes pareciam insuperáveis. Também os amigos perceberão a calma e a confiança que inspiramos.

Se você acha que tudo isso é bom demais para ser verdade, lembre-se de que essas são as qualidades que todos os verdadeiros mestres têm. Eles não nasceram com elas; eles as conquistaram praticando com dedicação grandes artes como kung-fu shaolin e o Tai Chi Chuan. Generosamente, eles registraram seus métodos para que todos possam segui-los e beneficiar-se deles, se se dispuserem a praticá-los conscienciosamente.

Mais energia para o trabalho e o lazer

A diferença entre trabalho e lazer é subjetiva. A visão geral de que o trabalho é algo em que nos empenhamos para ganhar o pão e o lazer é aquilo que fazemos para nos distrair nem sempre é válida. Muitos executivos vão para o trabalho porque gostam, e não apenas para ganhar a vida, enquanto alguns esportistas profissionais não apreciam aquilo que fazem. Quando alguém pratica o exercício Levantar a Água duzentas vezes, até as pernas ficarem doendo, o Tai Chi Chuan é encarado como esforço; mas depois, quando o treinamento traz uma sensação de tranqüilidade, com a energia interior fluindo por todo o corpo, e a pessoa sente aquilo que o mestre de Tai Chi Chuan Xu Zhi Yi descreve como "um profundo gosto de prazer", provavelmente será visto como um divertimento. Assim, estudaremos em conjunto os efeitos do Tai Chi Chuan sobre o trabalho e o lazer, pois os mesmos fatores se aplicam a ambos.

Não importa se a pessoa trabalha ou se diverte num escritório ou numa quadra de esportes, para si mesma ou para um patrão, com alegria ou com relutância, a energia sempre é necessária. Sem energia física, mental, ou ambas, não é possível trabalhar nem se divertir. Para a maioria das pessoas, a energia deriva do ar que respiram e da comida com que se alimentam. Embora muitas não se dêem conta, segundo as descobertas dos mestres do chi kung, o ar que respiram lhes fornece quatro vezes mais energia do que o alimento que comem. Ainda menos pessoas sabem que os mestres podem realmente atrair energia diretamente do cosmo! Mas quem pratica o Tai Chi Chuan regularmente, principalmente a Postura do Princípio Infinito e a respiração abdominal, pode desenvolver essa habilidade. Mesmo em pessoas comuns, a energia cósmica do ambiente está sendo constantemente trocada pela energia vital do corpo.

Todavia, poucas pessoas dão muita atenção a essas duas fontes essenciais de energia, apesar dos freqüentes brados contra a poluição do ar e a comida sem valor alimentício que se encontra no mercado. A visão chinesa de saúde, conforme sugerida pela citação de MacRitchie, não é perguntar por que o ar e a comida que ingerimos não atingem os padrões desejáveis, mas sim por que não podemos aproveitar da melhor forma possível o ar e a comida que temos à disposição. Assim, em vez de subir numa montanha de vez em quando para respirar ar fresco e tomar pílulas para suplementar a nossa dieta, o ponto de vista chinês consiste em aperfeiçoar os sistemas respiratório e digestivo de modo que, segundo o princípio do Tai Chi de usar um mínimo de esforço para obter a força máxima, possamos extrair o máximo do ar e do alimento com que temos de conviver cotidianamente.

O Tai Chi Chuan serve muito bem para isso; o comentário geral entre os praticantes é que sua respiração fica mais lenta e profunda e seu apetite aumenta. Respirar mais lenta e profundamente é o resultado lógico do controle da respiração durante a prática das séries ou das seqüências de combate do Tai Chi Chuan, bem como do treinamento do chi kung do Tai Chi. O apetite melhora porque o fluxo harmonioso de energia obtido com a prática do Tai Chi Chuan harmoniza no organismo o sistema digestivo e os demais.

Quem estiver tentando perder peso receberá uma recompensa ao praticar o Tai Chi Chuan: a melhoria do seu sistema digestivo transformará em energia, e não em massa, tudo aquilo que a pessoa comer — a menos que seja disso que o organismo precise naturalmente. Mais energia obtida dos sistemas respiratório e digestivo melhorados significa, é claro, melhor trabalho e lazer. Os desportistas internacionais terão oportunidade de usufruir a capacidade de respirar lenta e profundamente mesmo quando estiverem fazendo movimentos rápidos e vigorosos — e essa é uma característica necessária ao combate no

174 O LIVRO COMPLETO DO TAI CHI CHUAN

Tai Chi Chuan. Se eles conseguirem receber energia do cosmo, como os mestres, eles terão uma vantagem extra sobre seus oponentes, o que é imprescindível em competições internacionais.

Corpo saudável e mente descontraída

Outros dois fatores que afetam o trabalho e o lazer são o corpo físico e a mente. Pode parecer banal dizer que um corpo saudável e uma mente descontraída nos tornam mais eficientes no trabalho e na diversão, mas é espantoso como se dá pouca atenção a uma verdade tão simples quanto essa. Dezenas de milhares de dólares são gastos por companhias, organizações esportivas e governos com despesas médicas quando trabalhadores ou esportistas ficam doentes ou sofrem ferimentos. Quantias ainda maiores são despendidas em instalações para férias e recreação para ajudá-los a relaxar quando estão muito tensos — para não falar no custo do absenteísmo. Mas quantas pessoas gastam dinheiro para manter a saúde física, emocional e mental, como por exemplo pagar mestres para lhes ensinarem o genuíno Tai Chi Chuan? É animador saber que algumas companhias de seguro na Alemanha financiam o aprendizado de Tai Chi Chuan e chi kung para seus clientes, mas isso é uma exceção.

O Tai Chi Chuan é, sem dúvida, uma forma excelente de promover a saúde física, emocional e mental. Mesmo as pessoas que o aprendem apenas como uma forma de dança relatam benefícios consideráveis, como se evidencia pela popularidade desse aspecto. A seguir daremos uma idéia das inúmeras outras vantagens que o Tai Chi Chuan pode proporcionar. Os maiores benefícios não são encontrados na sua forma exterior, mas no seu significado interior, especialmente em seus aspectos energéticos e mentais. O mestre Hao Yue Yu, logo no começo do tratado *Tai Chi Chuan Set Practice and Combat Sequences* afirma: "O significado do Tai Chi Chuan não reside em sua forma, e sim no seu fluxo de energia, não no exterior, mas no interior." Essa afirmação se aplica à saúde bem como ao combate.

Todos estamos familiarizados com a imagem típica de um executivo que toma diversos comprimidos para manter sob controle a pressão arterial, o nível de colesterol, a tensão nervosa e outros problemas. Mas a maior parte das pessoas não'imagina que muitos desportistas, apesar de sua inquestionável boa forma física, na realidade não são saudáveis! Por exemplo, alguns ginastas famosos sofrem de sérios problemas de artrite, golfistas profissionais sentem dores nas costas, e jogadores de futebol internacionais apresentam ferimentos internos que em geral não são tratados. Mas ainda pior do que a doença física é a enorme tensão emocional que essas pessoas suportam — provavelmente ainda maior do que a dos executivos. Com freqüência, vemos atletas tremendo e roendo as unhas entre jogos ou competições, devido à tensão provocada pela incerteza de sua situação.

O Tai Chi Chuan é uma arte maravilhosa para ajudar executivos, esportistas e outras pessoas com atividades desgastantes a vencer os seus problemas. Mesmo que o gerente de uma companhia só se preocupe com lucros, e não com o bem-estar de seus empregados, ainda assim é compensador oferecer um verdadeiro treinamento de Tai Chi Chuan para eles, pois isso assegura a saúde física e mental de que todos precisamos. O fluxo harmonioso de energia que resulta da prática do Tai Chi Chuan ajuda a prevenir doenças e ferimentos e apressa a recuperação. É fato conhecido que os esportistas chineses se recuperam dos ferimentos muito mais rapidamente que outros atletas; o segredo é a terapia do chi kung, cujo efeito pode ser obtido praticando o Tai Chi Chuan. É possível imaginar quanto dinheiro poderia ser economizado por uma equipe se um jogador valioso puder se recuperar em três dias em vez de seis, no meio de um campeonato internacional.

No Ocidente, a manutenção da saúde é considerada separadamente da cura das doenças; enquanto na China, saúde e doença situam-se ao longo da mesma linha, pois, conceitualmente, em uma das extremidades o fluxo de energia está em harmonia, enquanto na outra está em desarmonia. Assim, o efeito do treinamento de Tai Chi Chuan no fluxo de energia evita que a pessoa adoeça, caso ela esteja saudável, e cura a doença, caso ela não esteja. O fluxo do *chi* é a principal característica do Tai Chi Chuan: ele está presente em todos os aspectos do treinamento. Se você já pratica há algum tempo e não sentiu o *chi* fluir, é hora de rever seu método de treinamento.

Além de manter a saúde e de curar doenças, o Tai Chi Chuan contribui para o desenvolvimento mental — o maravilhoso efeito da segunda característica do treinamento, ou seja, alcançar um estado mental elevado.

Não há dúvida de que o frescor e a clareza da mente produzem melhores resultados em todos aspectos da nossa vida. Observe a diferença entre clareza mental e conhecimento mental. Da mesma forma que a diferença entre habilidades e técnicas no combate do Tai Chi Chuan, uma diz respeito à qualidade e outro à quantidade. O Tai Chi Chuan ajuda a melhorar a qualidade da mente, de modo que possamos aplicar melhor os conhecimentos adquiridos, mentais ou práticos.

Cada movimento de Tai Chi Chuan é um treinamento para a mente: quando do fazemos um movimento, a mente está nesse movimento; quando se ajusta a respiração, a mente se dedica a dirigir o fluxo do *chi* para o local desejado. E em todas as ocasiões, principalmente durante uma disputa ou luta, a pessoa precisa estar perfeitamente relaxada. A capacidade de concentração, controle e relaxamento da mente, desenvolvida com o treinamento do Tai Chi Chuan, pode ser usada, com vantagens, na vida diária.

As técnicas de meditação praticadas no Tai Chi Chuan avançado também podem ser aplicadas no dia-a-dia. Um executivo, por exemplo, pode meditar e rever algum projeto de negócios num estado de consciência elevado. Um esportista medita e grava na mente subconsciente as técnicas necessárias à sua modalidade esportiva. Na verdade esse método era usado normalmente pelos mestres de Tai Chi Chuan e kung-fu, em geral sem noção de sua conotação psicológica, para aumentar a eficiência nos combates. Os mestres repassavam algumas seqüências de combate em estado de meditação fluente de modo que elas ficassem "gravadas no seu coração"; quando se envolviam em combates reais, as seqüências fluíam espontaneamente. Isso explica por que seus movimentos de luta eram tão rápidos e precisos e eles conseguiam tomar decisões de vida ou morte em uma fração de segundo.

Portanto, o Tai Chi Chuan aprimora o trabalho e o lazer influindo nos seus três fatores básicos, ou seja, energia, corpo e mente. Estes são tão fundamentais que, ironicamente, a maior parte das pessoas os ignora, concentrando-se em fatores extrínsecos como adquirir as técnicas mais modernas, conversas motivadoras e ameaças ou incentivos para conseguir um desempenho melhor. Não há dúvida de que esses fatores extrínsecos têm sua utilidade, mas se alguém não tiver energia suficiente, se estiver doente ou mentalmente tenso — situações comuns hoje em dia —, eles poderão ter um efeito adverso.

A energia vital, a boa saúde e a clareza mental são fatores importantes que afetam todos os aspectos da nossa vida cotidiana. É interessante comparar a diferença entre a visão ocidental e a chinesa de como alcançá-las. Para aumentar os níveis de energia, por exemplo, no Ocidente as pessoas empregam métodos como correr ou levantar pesos. Para os chineses, isso é confundir a função com a substância, ou o efeito com a causa. Procurar incrementar os níveis de energia desse modo é o mesmo que tentar aumentar a causa atuando sobre o efeito. No Tai Chi Chuan essa visão é invertida; fortalecemos a substância e, como resultado, a função melhora. Em outras palavras, ao aumentar o nível energético, a pessoa não apenas corre mais ou levanta mais peso como também melhora o seu desempenho em outras áreas que envolvem energia.

O Tai Chi Chuan aumenta o nível de energia aperfeiçoando os hábitos respiratórios para produzir uma melhor troca de resíduos tóxicos por ar puro, acumulando a energia nos campos energéticos do organismo, limpando os meridianos para promover a harmonia do fluxo de energia, relaxando e fortificando tecidos e órgãos do corpo para se ajustarem ao novo nível energético e alcançando um estado mental elevado para controlar melhor a energia. De todos os pontos de vista, o manejo da energia atingiu um patamar muito sofisticado e elevado no Tai Chi Chuan.

Esse aspecto avançado do fluxo energético no Tai Chi Chuan torna-o um excelente sistema para promover a saúde. Ao contrário dos métodos ocidentais típicos para cuidar da saúde, como exercícios físicos, controle alimentar e suplementos vitamínicos, que revelam a filosofia mecânica e reducionista da medicina ocidental convencional, o ponto de vista do Tai Chi Chuan é holístico, buscando não apenas a saúde física dos seus praticantes, mas também a saúde emocional e mental. A prática dessa arte, portanto, torna a vida gratificante e saudável.

Outro aspecto importante do Tai Chi Chuan em sua contribuição para o enriquecimento da vida é o treinamento da mente. É interessante notar que, embora o nosso sistema educacional dê muita atenção à acumulação de conhecimentos no cérebro, ele não oferece técnicas para o treinamento da mente. Para muitas pessoas é difícil a concentração, a visualização e até mesmo o relaxamento. No Tai Chi Chuan, se praticado adequadamente, o treinamento da mente assume um papel central. Uma das primeiras lições aprendidas pelos alunos é como relaxar, o que eles devem fazer plenamente se desejarem ter uma prática significativa. Estar consciente de seus movimentos e visualizar a energia fluindo para os lugares certos são duas habilidades básicas desenvolvidas pelos alunos cada vez que praticam o Tai Chi Chuan.

O aumento do nível de energia e a harmonia do fluxo dessa energia, a intensificação da saúde física, emocional e mental e a promoção de um estado de consciência elevado são os motivos pelos quais o Tai Chi Chuan enriquece a nossa vida e também oferecem critérios úteis para avaliar o quanto nos beneficiamos dessa arte maravilhosa.

13

O Tai Chi Chuan Wudang

Como alcançar a realidade cósmica por meio do Tai Chi Chuan

Quando despertarmos subitamente para a grande verdade cósmica de que não possuímos um corpo físico, mas somos na realidade um fluxo infinito de energia em união com a energia do cosmo, teremos atingido o propósito mais elevado do Tai Chi Chuan.

O Tai Chi Chuan e o desenvolvimento espiritual

Muitas pessoas sabem que a arte marcial Wudang, em seu nível mais elevado, leva à satisfação espiritual, independentemente da religião, mas poucas compreendem como e por que isso é possível. O Tai Chi Chuan Wudang apresentado aqui oferece um vislumbre dessa possibilidade.

Acredita-se que o Tai Chi Chuan Wudang tenha sido criado por Zhang San Feng no século XIII. A série ilustrada neste capítulo baseia-se em uma apresentada por dois mestres de Wudang, Pei Xi Rong e Li Chun Sheng. O primeiro descendia de uma ilustre linha de mestres de Wudang e muito contribuiu para a atual compreensão do kung-fu Wudang. Eis o que disseram os dois mestres:

Ao praticar a série, os movimentos deveriam ser estendidos (e não restringidos); e as formas, graciosas e ágeis, com a força fluindo continuamente, sem interrupção, como água corrente. Ao completar uma seqüência, deveria seguir-se outra, de modo que os movimentos fluíssem continuamente, complementando os aspectos rígidos e flexíveis. Usar o corpo para conduzir os braços, usar a força de vontade para canalizar o fluxo energético e fazer uso deste para movimentar o corpo. A prática deveria ser lenta, elegante e harmoniosa. Ao executar qualquer padrão, deveríamos usar movimentos circulares e a força interior em espiral. Os movimentos deveriam ser feitos conforme o fluxo infinito de energia vital nos meridianos, de maneira que a energia vital e o sangue se espalhassem sobre todos os órgãos e partes do corpo, para atingir o objetivo de força interior e poder exterior.[1]

O TAI CHI CHUAN WUDANG   *179*

Assim, ao praticar essa série de Tai Chi Chuan Wudang, não se deveria usar a força mecânica, nem realizar cada figura ou seqüência em *staccato*. Todo o conjunto flui como água, sem interrupção. Num estágio muito avançado, os movimentos corporais não são provocados pelos músculos, mas pelo fluxo de energia, que por sua vez é governado pela mente. Esse é o nível transcendental ou espiritual do Tai Chi Chuan. Num nível ainda mais alto, quando subitamente acordamos para a grande verdade cósmica de que não temos um corpo físico, mas somos um fluxo ilimitado de energia, em união com a energia do cosmo, teremos alcançado o objetivo mais elevado do Tai Chi Chuan. Todavia, o Tai Chi Chuan mais avançado só deveria ser praticado sob a supervisão de um mestre.

Os padrões do Tai Chi Chuan Wudang

Como no kung-fu shaolin, os padrões do Tai Chi Chuan Wudang foram batizados poeticamente com quatro caracteres. As diferenças culturais e lingüísticas entre o chinês e as línguas ocidentais em geral fazem com que se perca a poesia e se distorça o significado quando os nomes são traduzidos. Assim, caso algum deles pareça estranho, a falha está na minha tradução, e não nos nomes originais.

A série de Tai Chi Chuan Wudang consiste em 108 padrões e se divide em oito seções. Os alunos que conhecem apenas o estilo Yang de Tai Chi Chuan ficarão surpresos ao descobrir que os nomes e as formas dos padrões de Tai Chi Chuan Wudang são muito diferentes. Na verdade, eles estão mais próximos do kung-fu shaolin do que da imagem que a maioria das pessoas tem do Tai Chi Chuan. São os seguintes os nomes dos padrões Tai Chi Chuan Wudang:

Seção 1

1. Um *Chi* de Vazio
2. Dois Aspectos do Yin—yang
3. O Giro do Cosmo
4. O Começo da Transformação
5. Montar o Cavalo para Perguntar o Caminho
6. Bloqueio de Esquerda e de Direita
7. Os Quatro Movimentos Primários
8. Tiro de Canhão para o Céu
9. A Tartaruga Dourada Exibe as Costas
10. Dois Santos Transmitem o Tao
11. O Gorila Puxa a Corda
12. A Abelha Solitária Zumbindo no Ouvido
13. O Vento Através das Mangas
14. Tiro de Canhão para o Céu
15. O Leão Abre a Boca
16. O Dragão Verde Mostra as Garras
17. Volta à Origem

Seção 2

18. O Velho Dragão Abana o Rabo
19. O Cavalo Selvagem Arremete Contra o Estábulo
20. A Serpente Branca Puxa a Relva
21. Virar o Yin–yang
22. Afastar as Nuvens para Olhar o Sol
23. Os Dragões de Nuvens Mostram o Cotovelo
24. O Grande Chefe Amarra o Cotovelo
25. A Abelha Solitária Zumbindo no Ouvido
26. O Tigre Negro Agarra o Coração
27. Seguir o Vento e Abanar o Leque
28. Carregar o Tigre e Empurrar a Montanha
29. Volta à Origem

Seção 3

30. O Dragão Negro Retira a Água
31. O Cavalo Selvagem Arremete Contra o Estábulo
32. Liu Jin Mostra o Melão
33. O Grande Chefe Retira o Elmo
34. Virar o Yin–yang
35. Investigar a Caverna no Flanco da Montanha
36. O Gorila Lava o Rosto
37. O Corvo Abre as Asas
38. Din Jia Limpa o Caminho
39. O Vento Através das Mangas
40. A Tartaruga e a Serpente Lutam
41. O Pássaro Dourado Escova as Sobrancelhas

42. A Menina de Jade Trabalha no Tear
43. O Galo Dourado Abre as Asas
44. Volta à Origem

Seção 4

45. Girar o Pulso Numa Volta Simples
46. Cruzar as Mãos e Lavar os Pulsos
47. Er Lang Carrega a Montanha
48. Usar a Foice para Cortar a Grama
49. O Tigre Feroz Atira-se à Presa
50. Usar a Foice para Cortar a Grama
51. Trazer o Cavalo Fujão
52. O Dragão Sombrio Abana o Rabo
53. O Grande Pássaro Gira em Volta das Flores
54. Volta à Origem

Seção 5

55. Reduzir o Corpo e Mudar a Sombra
56. O Pato Voador Deixa o Grupo
57. A Andorinha Desliza Sobre a Água
58. Virar o Ribeirão e Inverter o Mar
59. O Vento Através das Mangas
60. O Dragão Sombrio Abana o Rabo
61. A Fênix Sombria Encara o Sol
62. O Cavalo Veloz Levanta os Cascos
63. O Cavalo Selvagem Arremete Contra o Estábulo

64. Inverter Puxando o Barco
65. Virar o Leme do Barco
66. O Urso Negro Abre a Boca
67. O Papa-figo Bica a Semente
68. O Urso Negro Mostra as Garras
69. Usar a Espada para Cortar a Cabeça do Peixe
70. Volta à Origem

Seção 6
71. O Dragão Sombrio Abana o Rabo
72. Um Enxame de Abelhas Sobe ao Topo
73. O Tigre Domado de Postura Baixa
74. A Serpente Branca Cospe o Veneno
75. Mil Toneladas Pesam Sobre o Chão
76. Segurar o Cavalo e Levantar a Lança
77. Sete Estrelas no Chão
78. O Urso Negro Balança os Ombros
79. O Urso Negro Vira a Pata
80. O Urso Negro Roda a Pata
81. O Galo Dourado Inclina as Asas
82. Carregar o Vazio e Concentrar-se na Unidade
83. A Abelha Solitária Zumbindo no Ouvido
84. O Leão Vira o Corpo
85. O Pinheiro é Tido em Alta Conta
86. Volta à Origem

Seção 7
87. O Cavalo Selvagem Arremete Contra o Estábulo
88. A Nuvem Horizontal no Pico Purpúreo
89. Virar para Trás e Girar o Punho
90. O Papagaio Voa pela Floresta
91. Trocar as Flores na Árvore
92. O Galo Dourado Inclina as Asas
93. O Leão Brinca com a Bola
94. O Dragão Sombrio Gira o Corpo
95. A Serpente Dourada Circunda o Salgueiro
96. Volta à Origem

Seção 8
97. Guardar Esquerda e Direita
98. O Leão Arremete Contra a Bola
99. Trançar as Palmas Três Vezes
100. A Andorinha Abre as Asas
101. O Dragão Amarelo Sai da Caverna
102. Girar as Palmas como um Furacão
103. O Corvo Voa pelo Vale
104. Tempestade no Penhasco do Sul
105. O Pilar Celeste Acolhe o Sol
106. Bater Palmas como um Furacão
107. Receber o Caminho Graciosamente
108. Retornar ao Cosmo no Wudang

182 O LIVRO COMPLETO DO TAI CHI CHUAN

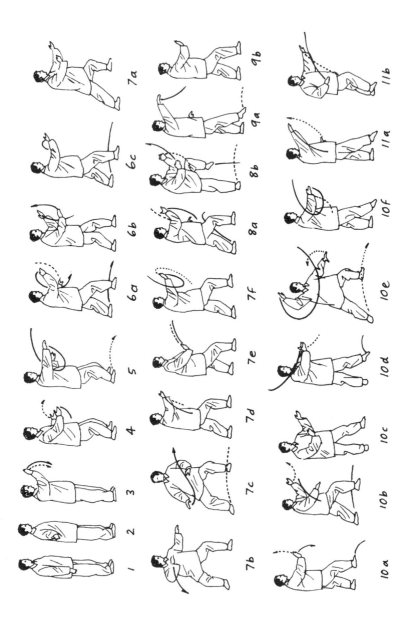

O TAI CHI CHUAN WUDANG 183

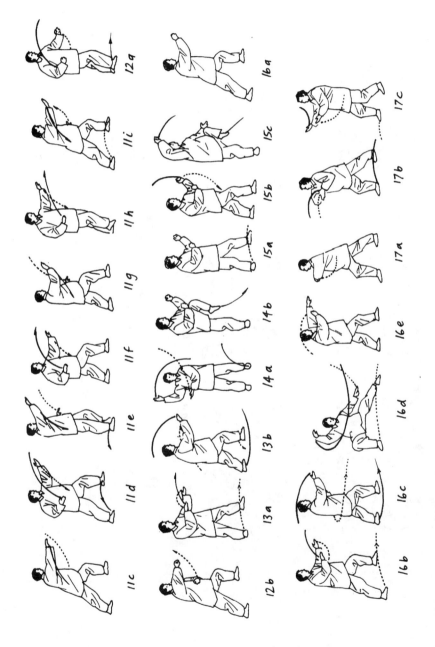

Figura 13.1 Tai Chi Chuan Wudang – Seção 1

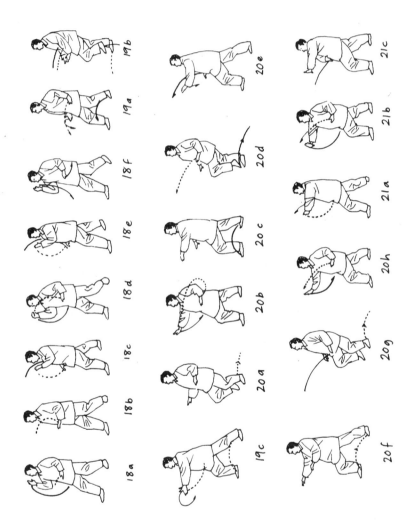

O TAI CHI CHUAN WUDANG 185

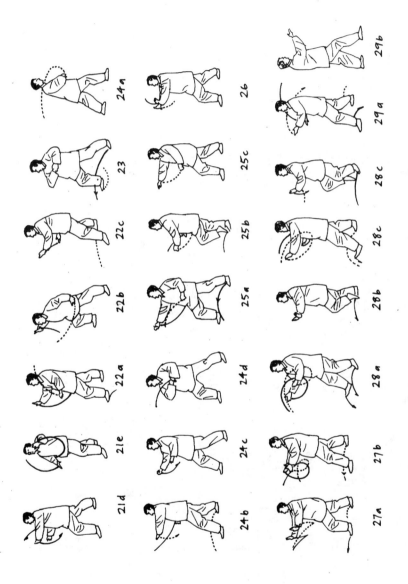

Figura 13.2 Tai Chi Chuan Wudang – Seção 2

186 O LIVRO COMPLETO DO TAI CHI CHUAN

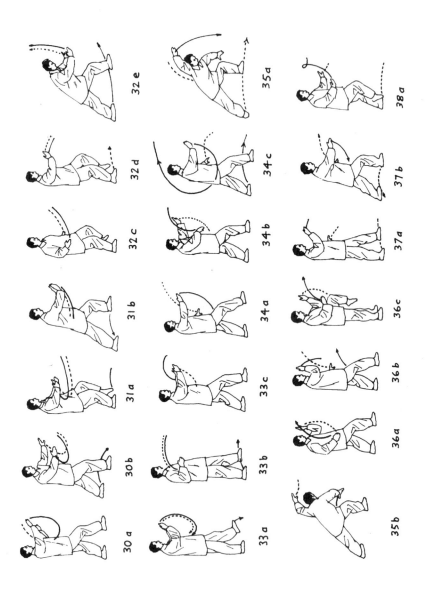

O TAI CHI CHUAN WUDANG   *187*

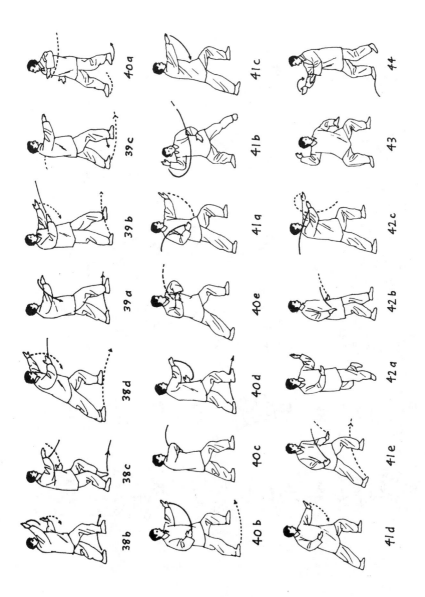

Figura 13.3 Tai Chi Chuan Wudang – Seção 3

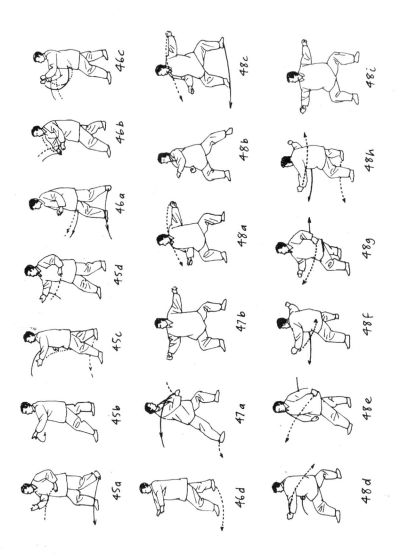

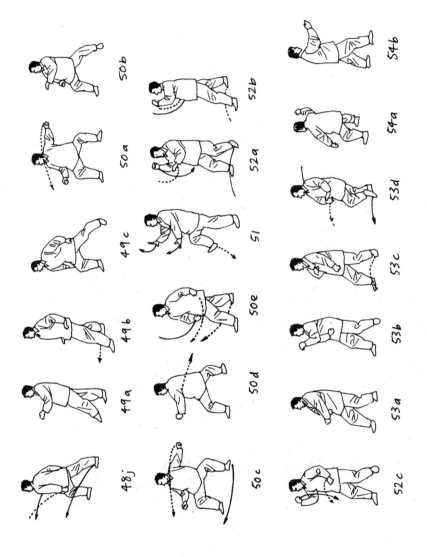

Figura 13.4 Tai Chi Chuan Wudang — Seção 4

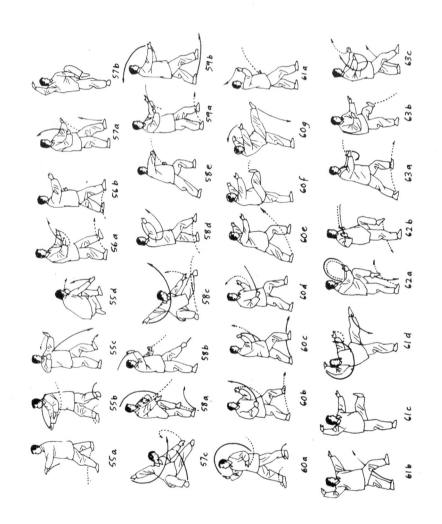

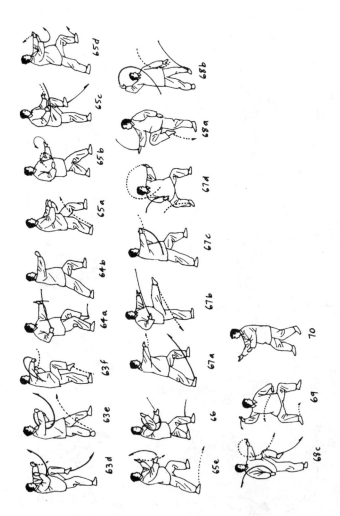

Figura 13.5 Tai Chi Chuan Wudang – Seção 5

192 O LIVRO COMPLETO DO TAI CHI CHUAN

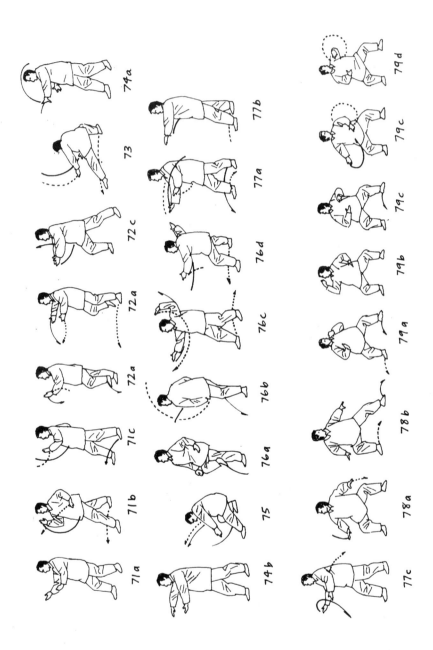

O TAI CHI CHUAN WUDANG   *193*

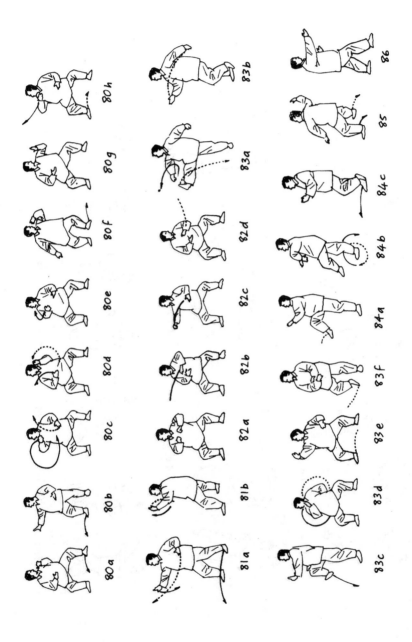

Figura 13.6 Tai Chi Chuan Wudang – Seção 6

194 O LIVRO COMPLETO DO TAI CHI CHUAN

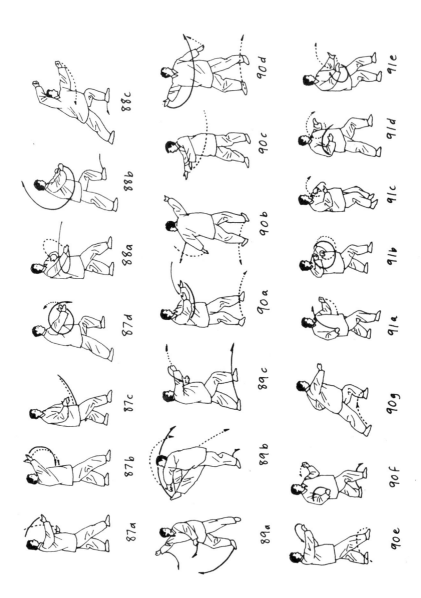

O TAI CHI CHUAN WUDANG   *195*

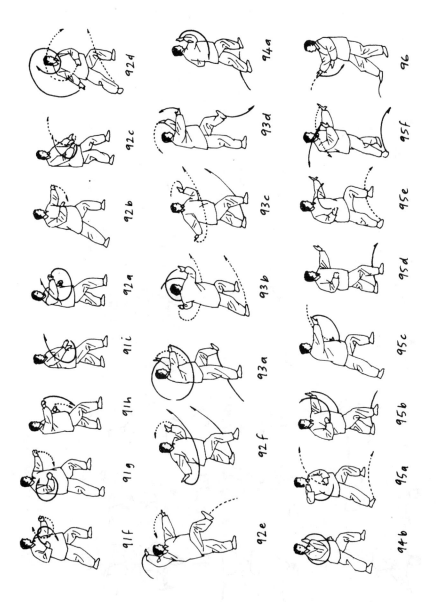

Figura 13.7 Tai Chi Chuan Wudang – Seção 7

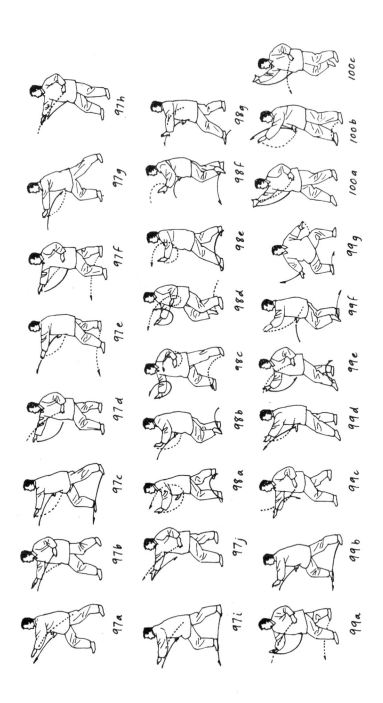

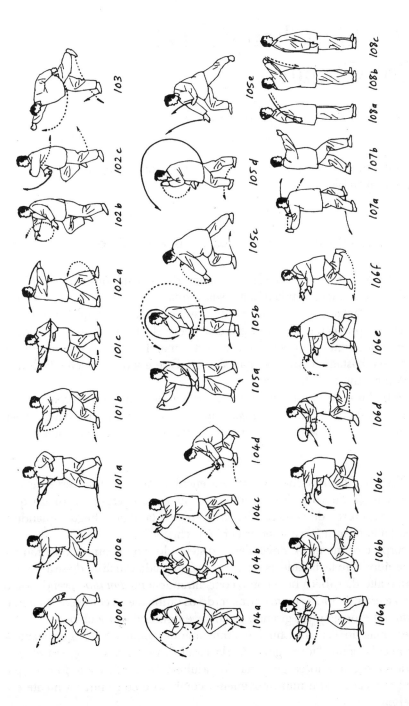

Figura 13.8 Tai Chi Chuan Wudang – Seção 8

14

O estilo Chen de Tai Chi Chuan

O Tai Chi Chuan do forte e rápido

De todos os estilos de Tai Chi Chuan, o Chen é o mais conhecido pelos seus aspectos marciais.

A transição da espiritualidade para a saúde

Quem estudar a transição do Tai Chi Chuan desde a sua origem no Shaolin, passando pelo kung-fu Wudang até a sua forma atual, o estilo Yang, que é o mais popular, achará muito interessante o estilo Chen. Ele também é importante para os praticantes de artes marciais, pois, dentre os diversos estilos, o Chen é o mais conhecido pelos seus aspectos marciais. Numa demonstração, ele se parece bastante com o kung-fu shaolin. Esse estilo foi desenvolvido por Chen Wang Ting (*c.* 1600–1680).

A série ilustrada neste capítulo baseia-se naquele que foi padronizado na China pelo comitê nacional de *wushu* e apresentado por Gu Liu Xiang e Shen Jia Zhen. Os dois mestres apontam oito características do estilo Chen de Tai Chi Chuan:

1. O Tai Chi Chuan treina a mente e a energia. Ao praticar a série, deve-se usar a força de vontade para dirigir o fluxo de energia, de modo que, "quando a força de vontade chegar, a energia também chegue; quando a energia chegar, a força interior também chegue".
2. O corpo e os membros devem estar distendidos ao máximo e poderão ser contraídos com facilidade. Isso pode ser conseguido canalizando-se a energia para o alto da cabeça bem como concentrando-a no *dan tian*, prendendo o peito e estendendo as costas, abaixando os ombros e os cotovelos, soltando a cintura e os quadris, girando as coxas e dobrando os joelhos.
3. A essência do Tai Chi Chuan é o movimento espiral, e a força resultante é conhecida como "força giratória do casulo", ou *chan si jing*, em chinês. Para conseguir a força giratória do casulo deve-se relaxar todo o corpo, envolver cada parte num movimento contínuo e concentrar a mente e a energia.

4. O conceito de "aparente" e "sólido" é muito importante no Tai Chi Chuan; se for posto em prática corretamente, pode-se conservar muita energia. Ao buscar a harmonia entre o "aparente" e o "sólido", o corpo deverá estar ereto e equilibrado e ter a parte de cima coordenada com a de baixo.

5. "Uma vez em movimento, tudo se move" é um importante princípio do Tai Chi Chuan. Significa que, assim que fazemos um movimento, todo o corpo, incluindo a mente e o fluxo de energia, está envolvido nele. O movimento corporal exterior e o fluxo interior do *chi* devem estar coordenados para que a força interior flua sem interrupção.

6. Os movimentos no Tai Chi Chuan são contínuos, sem interrupção, de modo a constituir um fluxo ilimitado de energia. Na prática da série não se deve parar no final de um padrão, mas fluir até o seguinte.

7. No estágio inicial é necessário ser o mais "flexível" possível. Isso consiste em relaxar a mente, soltar o corpo e não usar nenhuma força. Depois, com a concentração da mente, o fluxo de energia e o movimento espiralado a pessoa fica "firme" ou forte. A força não é mecânica, mas resultado do poder interior. Assim, pode-se estar "firme" ou "flexível", conforme a necessidade.

8. Deve-se iniciar o treinamento do Tai Chi Chuan vagarosamente. O desempenho lento é necessário para gerar o fluxo de energia interior bem como para observar e corrigir o equilíbrio e os movimentos corporais. Depois de ter conseguido um nível razoável de força interior e movimentos corretos, pode-se aumentar a velocidade. Todavia, nem todos o padrões devem ser feitos rapidamente; alguns devem ser praticados sempre lentamente, como aqueles usados para gerar o fluxo de energia interior e os que desviam o impulso do oponente.

Os padrões do estilo Chen de Tai Chi Chuan

A série original consiste em 83 padrões, mas há muitas repetições, que foram omitidas na série aqui apresentada, deixando apenas 54:

1. Postura do Princípio Infinito
2. O Imortal Soca o Pilão
3. Preguiçoso para Arregaçar as Mangas
4. Seis Selam, Quatro Fecham
5. Chicote Simples
6. O Imortal Soca o Pilão
7. O Grou Branco Bate as Asas
8. Avançar o Passo Através do Pântano
9. Avançar o Passo Obliquamente
10. Cobrir a Mão, Dar o Soco
11. O Grou Branco Bate as Asas
12. Soco Perto do Corpo
13. Apoiar-se com as Costas
14. O Dragão Verde Emerge da Água
15. Mãos que Empurram Duplamente
16. Palmas que Trocam Duas Vezes
17. Punho Abaixo do Cotovelo
18. Rotação Inversa do Bíceps
19. Recuo para Pressionar o Cotovelo
20. Circundar o Meio
21. Esquivar-se, e Depois pelas Costas
22. Seis Selam, Quatro Fecham
23. Chicote Simples
24. Mãos de Nuvem
25. Cavalo de Trote Alto
26. Chute de Estalo Direito
27. Chute de Estalo Esquerdo
28. Chute de Impulso
29. Golpear o Chão
30. Girar em Torno, Chute Duplo
31. Golpear o Tigre
32. Chute-furacão
33. Chute de Impulso
34. Proteger a Mão para Socar
35. Agarrar e Bater
36. Carregar a Cabeça e Empurrar a Montanha
37. Palmas que Trocam Três Vezes
38. Padrão Frontal
39. Padrão Traseiro

40. O Cavalo Selvagem Sacode a Crina
41. Pernas que Batem Duplamente
42. A Menina de Jade Trabalha no Tear
43. Balançar a Perna e Derrubar o Garfo
44. O Galo Dourado Permanece Só
45. Cruzar as Mãos e Girar o Lótus
46. Socar o Abdômen
47. O Macaco Branco Apresenta as Frutas
48. O Dragão da Terra
49. As Sete Estrelas
50. Recuar para Montar no Tigre
51. Girar Duas Vezes e Balançar o Lótus
52. Soco de Canhão
53. O Imortal Soca o Pilão
54. Postura do Princípio Infinito

202 O LIVRO COMPLETO DO TAI CHI CHUAN

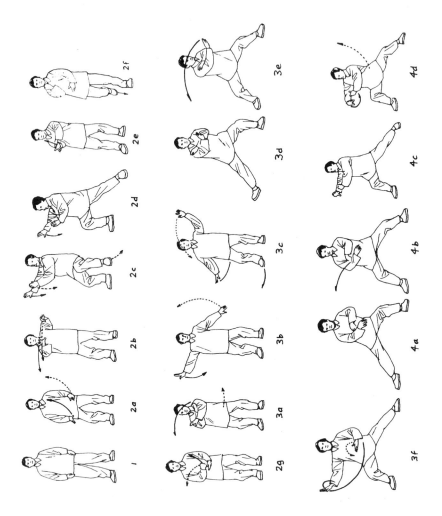

O ESTILO CHEN DE TAI CHI CHUAN   203

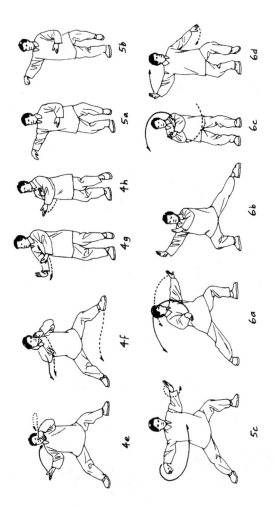

Figura 14.1 O estilo Chen de Tai Chi Chuan (1)

204 O LIVRO COMPLETO DO TAI CHI CHUAN

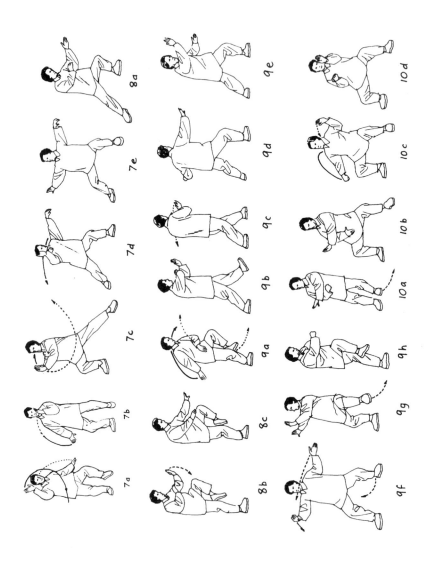

O ESTILO CHEN DE TAI CHI CHUAN   205

Figura 14.2 O estilo Chen de Tai Chi Chuan (2)

206 O LIVRO COMPLETO DO TAI CHI CHUAN

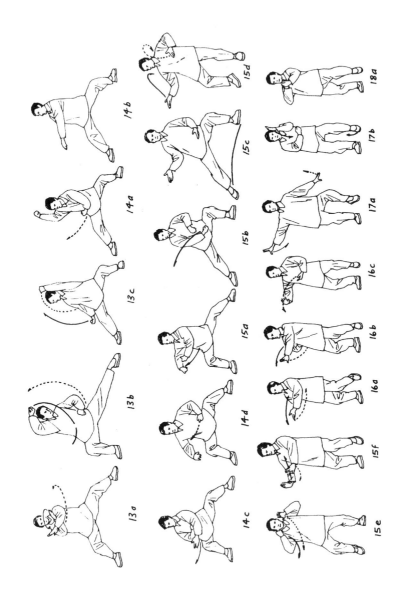

O ESTILO CHEN DE TAI CHI CHUAN   207

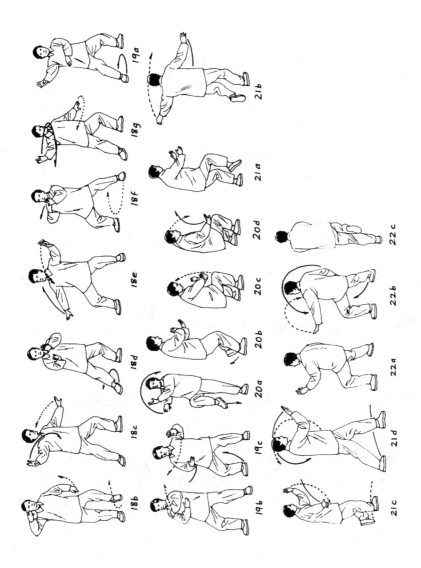

Figura 14.3 O estilo Chen de Tai Chi Chuan (3)

208   O LIVRO COMPLETO DO TAI CHI CHUAN

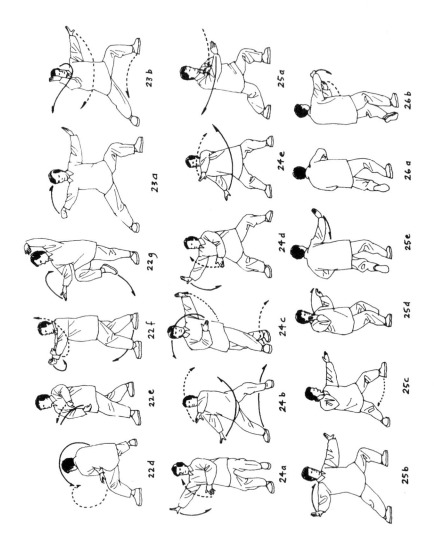

O ESTILO CHEN DE TAI CHI CHUAN 209

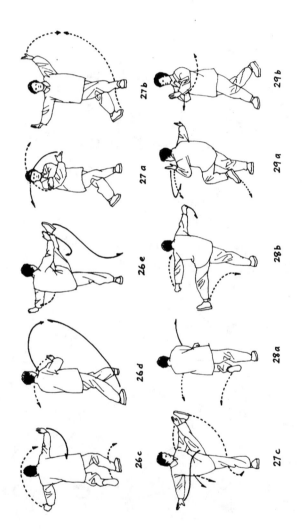

Figura 14.4 O estilo Chen de Tai Chi Chuan (4)

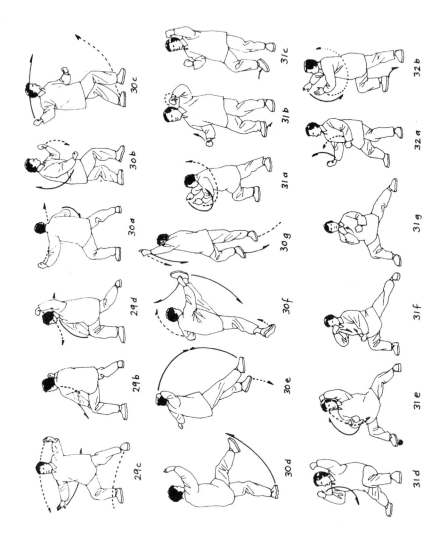

O ESTILO CHEN DE TAI CHI CHUAN 211

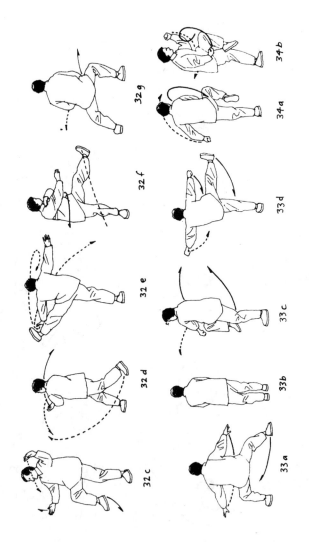

Figura 14.5 O estilo Chen de Tai Chi Chuan (5)

212 O LIVRO COMPLETO DO TAI CHI CHUAN

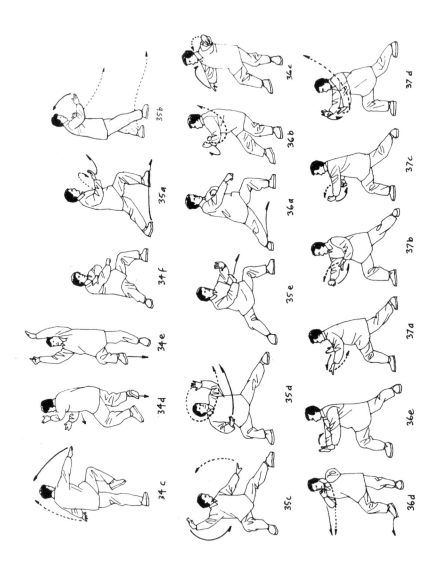

O ESTILO CHEN DE TAI CHI CHUAN   213

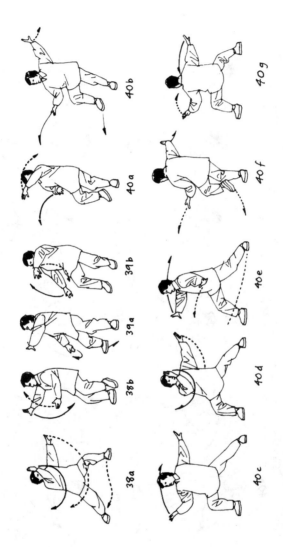

Figura 14.6 O estilo Chen de Tai Chi Chuan (6)

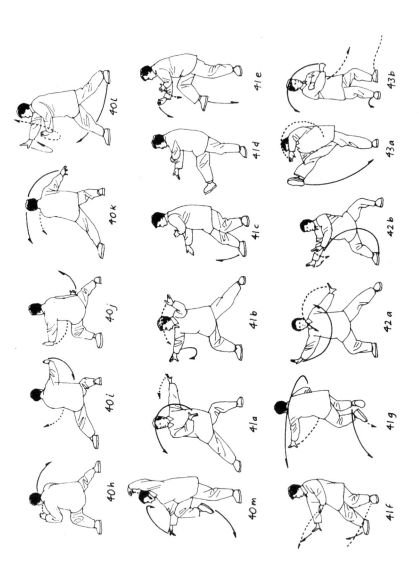

O ESTILO CHEN DE TAI CHI CHUAN 215

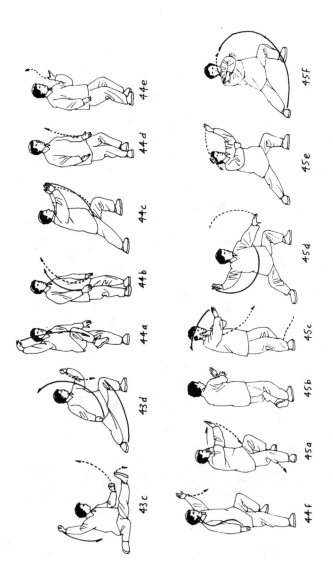

Figura 14.7 O estilo Chen de Tai Chi Chuan (7)

216 O LIVRO COMPLETO DO TAI CHI CHUAN

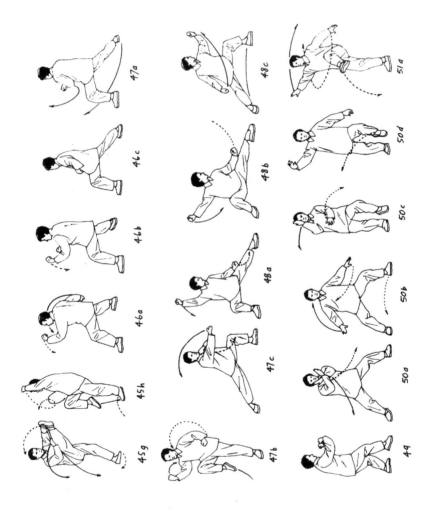

O ESTILO CHEN DE TAI CHI CHUAN 217

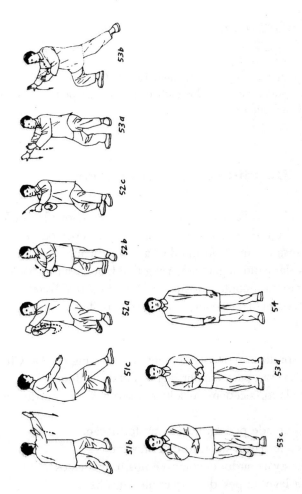

Figura 14.8 O estilo Chen de Tai Chi Chuan (8)

15

O estilo Yang de Tai Chi Chuan

Movimentos suaves e graciosos para a saúde

Poucas pessoas praticam consistentemente o Tai Chi Chuan de acordo com o conceito de yin—yang. Esse é um dos motivos pelos quais poucos se tornam mestres de Tai Chi Chuan.

O estilo mais difundido de Tai Chi Chuan

Entre os diversos estilos de Tai Chi Chuan, o Yang, desenvolvido por Yang Lu Chan (1799–1872), é o mais praticado, a ponto de várias pessoas terem a falsa impressão de que essa é a única forma de Tai Chi Chuan.

O mestre Yang da segunda geração, Yang Ban Hou, resumiu a essência da sua arte em nove poemas, conhecidos como *Nine Essential Secrets of Tai Chi Chuan*. Um deles, "Secret of Yin—yang", que traz conselhos valiosos, vem transcrito a seguir:

Poucas pessoas praticam consistentemente o yin—yang do Tai Chi.
Rígidos e flexíveis são para engolir, atirar, flutuar e afundar.
De frente ou de lado, recebem ou soltam, movem-se de acordo com a
    situação.
Movimento e quietude podem trazer transformação.
Para gerar ou controlar, a situação determinará.
Esquivando-se e avançando, encontra-se nos movimentos
Que podem ser leve ou pesado e aparente ou sólido.
O leve não está preso ao pesado.[1]

Todavia, além da rima e do ritmo que se perdem na tradução, o significado é obscuro para os leitores que não conhecem o chinês ou a terminologia do Tai Chi Chuan. Damos a seguir a explicação do poema.

Poucas pessoas praticam consistentemente o Tai Chi Chuan segundo o conceito yin—yang, e por isso poucos se tornam mestres nessa arte.

O conceito de yin—yang inclui fatores importantes como: rígido — flexível; engolir — atirar; flutuar — afundar; de frente — de lado; receber — soltar; movimento — quietude; geração — controle; esquivar-se — avançar; leve — pesado; e aparente — sólido.

Ser "rígido" ou "flexível" se aplica tanto às técnicas quanto à força. Quando se "engole", ou seja, quando se desvia o corpo para evitar a força atacante do oponente, ou quando se "atira", isto é, quando nos movemos rapidamente na direção do oponente, é preciso ser "rígido" ou "flexível", de acordo com a necessidade do momento. Da mesma forma, quando se "flutua" ou "afunda" um oponente, isto é, se desvia o ataque para cima ou para baixo, é preciso ser "rígido" ou "flexível", de acordo com a ocasião.

Quer se enfrente o oponente de frente ou de lado, e quer se receba o ataque acompanhando o impulso do adversário ou se inicie o próprio ataque no momento oportuno, tudo depende da variação de equilíbrio entre yin e yang. Nas situações de combate, sempre variáveis, é preciso aplicar o princípio do yin—yang tanto no movimento quanto na quietude. Por exemplo, num movimento rápido, simbolizado pelo yang, é necessário permanecer calmo, o que é yin; na quietude física ou mental, deve-se assegurar que a força interior esteja fluindo constantemente.

No combate, é preciso que tomemos a iniciativa e façamos uma série de movimentos para que o oponente reaja, ou que deixemos que ele tome a iniciativa e respondamos de acordo, procurando qualquer fraqueza para poder contra-atacar inesperadamente. Essa ação conjunta entre yin e yang para dar início à ação ou controlar a do oponente é ditada pelas necessidades ou oportunidades das situações de combate. Quando surge a oportunidade, quer estejamos fazendo ou controlando os movimentos, poderemos nos esquivar dos movimentos do adversário e atacá-lo de lado, ou então avançar diretamente.

Temos de estar conscientes também do yin—yang entre "leve" e "pesado" e de ser "aparente" e ser "sólido". Por exemplo, se o ataque for "leve", isto é, rápido, deve ser "pesado" também, ou seja, forte. Se um ataque rápido deixar de atingir o adversário, é preciso que ele seja "aparente", isto é, não é necessário apoiar na força um ataque fracassado; mas se o ataque for bem-sucedido, ele deve ser "sólido", isto é, apoiado na força. O "pesado" deve sempre estar acompanhado do "leve", para que a pessoa não fique presa ao seu próprio peso. Por exemplo, se as mãos forem fortes, elas devem ter destreza também; se as posturas forem estáveis, precisam ser igualmente ágeis.

Os padrões do estilo Yang de Tai Chi Chuan

A série apresentada aqui baseia-se naquela demonstrada pelo mestre da terceira geração Yang Deng Fu, que foi muito importante no estabelecimento da

220 O LIVRO COMPLETO DO TAI CHI CHUAN

forma atual do estilo Yang. Dos 108 padrões originais, ele reduziu a série para 85, eliminando alguns que se repetiam. A série abaixo consiste apenas de setenta padrões, pois algumas outras repetições foram deixadas de lado.

São os seguintes os padrões do estilo Yang de Tai Chi Chuan:

1. Padrão Inicial do Tai Chi
2. Agarrar o Pardal pela Cauda
3. Chicote Simples
4. Erguer as Mãos
5. O Grou Branco Bate as Asas
6. Girar o Joelho e Avançar o Passo (esquerdo)
7. Tocar o Alaúde
8. Girar o Joelho e Avançar o Passo (direito)
9. Tocar o Alaúde
10. Girar o Joelho e Avançar o Passo (esquerdo)
11. Mover-se — Interceptar — Socar
12. Selado Como se Fosse Fechado
13. Mão Cruzadas
14. Levar o Tigre de Volta à Montanha
15. Observar o Punho Abaixo do Cotovelo
16. Enxotar o Macaco
17. Vôo Diagonal
18. O Grou Branco Bate as Asas
19. Girar o Joelho e Avançar o Passo (esquerdo)
20. Agulha no Fundo do Mar
21. Leque Atrás das Costas
22. Soco Giratório
23. Mover-se — Interceptar — Socar
24. Mover-se — Interceptar — Socar
25. Agarrar o Pardal pela Cauda
26. Chicote Simples
27. Mãos de Nuvem
28. Chicote Simples
29. Cavalo de Trote Alto
30. Chute de Estalo Direito
31. Chute de Estalo Esquerdo
32. Girar e Dar o Chute
33. Girar o Joelho e Avançar o Passo (esquerdo e direito)
34. Acertar o Punho
35. Soco Giratório
36. Mover-se — Interceptar — Socar
37. Chute e Empurrão de Direita

38. Golpear o Tigre (esquerdo)
39. Golpear o Tigre (direito)
40. Girar e Dar o Chute
41. Um Par de Abelhas Zumbindo no Ouvido
42. Chute e Empurrão de Esquerda
43. Girar para a Direita e Dar o Chute
44. Mover-se — Interceptar — Socar
45. Selado Como se Fosse Fechado
46. Mãos Cruzadas
47. Levar o Tigre de Volta à Montanha
48. Chute Simples Diagonal
49. O Cavalo Selvagem Sacode a Crina
50. Agarrar o Pardal pela Cauda
51. Chicote Simples
52. A Menina de Jade Trabalha no Tear
53. Chicote Simples
54. Mãos de Nuvem
55. Chicote Simples de Postura Baixa
56. O Galo Dourado Permanece Só (direito)
57. O Galo Dourado Permanece Só (esquerdo)
58. Cavalo de Trote Alto
59. A Serpente Branca Cospe o Veneno
60. Girar e Dar o Chute
61. Golpear o Abdômen
62. Agarrar o Pardal pela Cauda
63. Chicote Simples
64. Sete Estrelas
65. Girar e Balançar o Lótus
66. Atirar no Tigre
67. Mover-se — Interceptar — Socar
68. Selado Como se Fosse Fechado
69. Mãos Cruzadas
70. Postura do Princípio Infinito

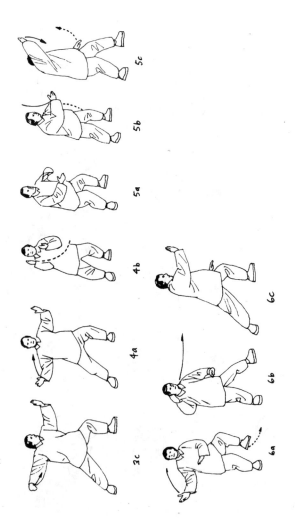

Figura 15.1 O estilo Yang de Tai Chi Chuan (1)

224 O LIVRO COMPLETO DO TAI CHI CHUAN

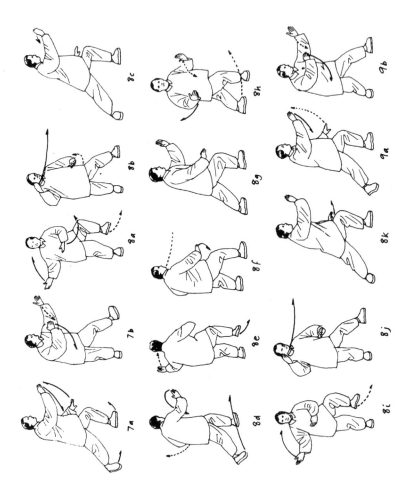

O ESTILO YANG DE TAI CHI CHUAN   225

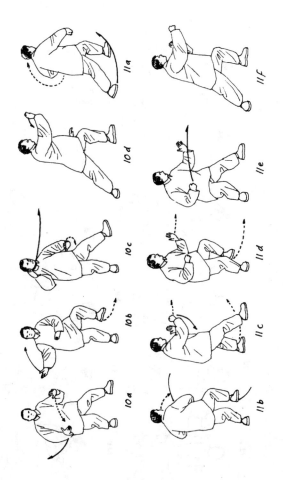

Figura 15.2 O estilo Yang de Tai Chi Chuan (2)

226 O LIVRO COMPLETO DO TAI CHI CHUAN

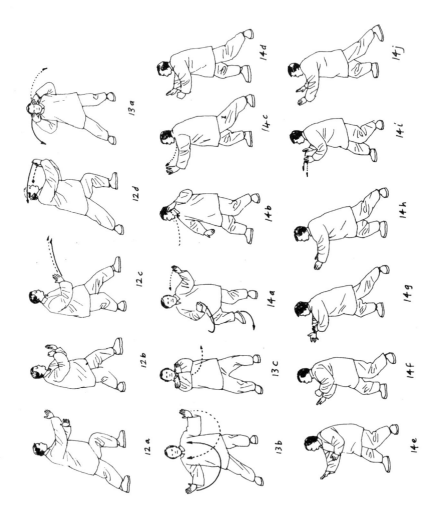

O ESTILO YANG DE TAI CHI CHUAN 227

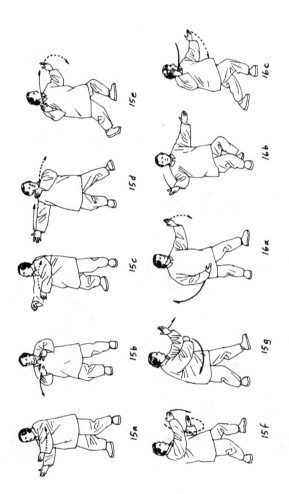

Figura 15.3 O estilo Yang de Tai Chi Chuan (3)

228 O LIVRO COMPLETO DO TAI CHI CHUAN

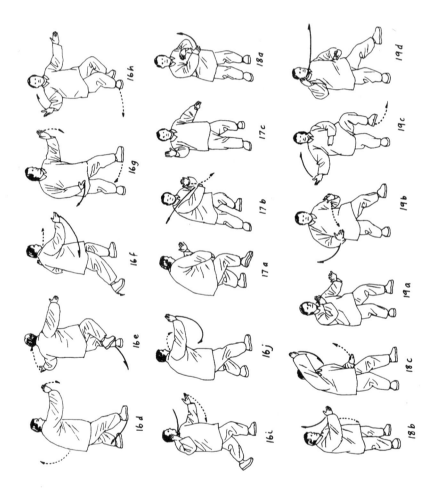

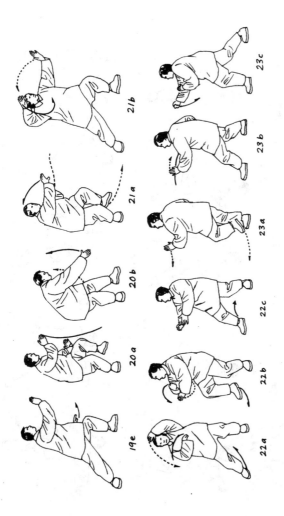

Figura 15.4 O estilo Yang de Tai Chi Chuan (4)

230 O LIVRO COMPLETO DO TAI CHI CHUAN

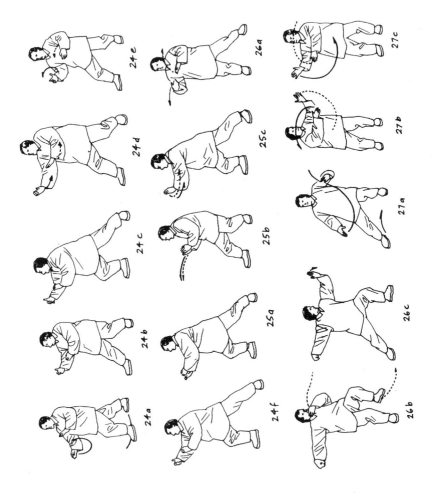

O ESTILO YANG DE TAI CHI CHUAN   231

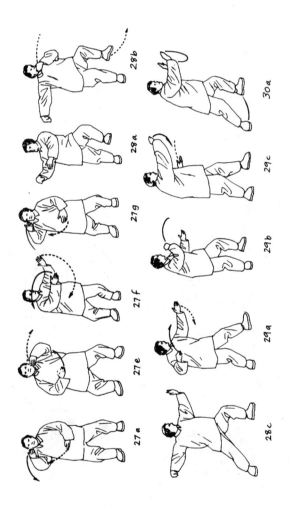

Figura 15.5 O estilo Yang de Tai Chi Chuan (5)

232 O LIVRO COMPLETO DO TAI CHI CHUAN

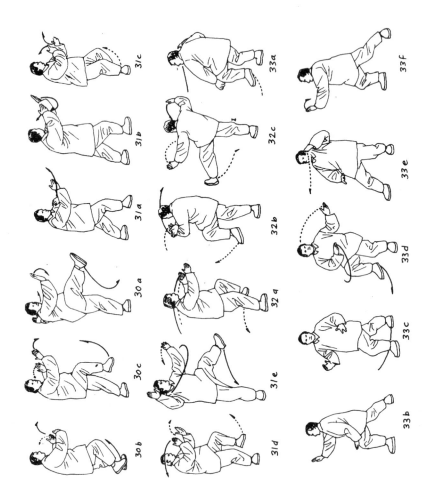

O ESTILO YANG DE TAI CHI CHUAN   233

Figura 15.6 O estilo Yang de Tai Chi Chuan (6)

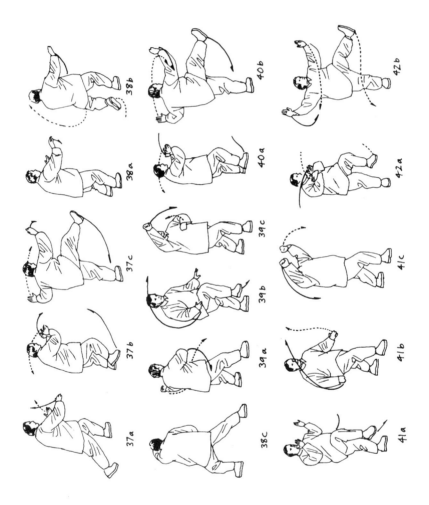

O ESTILO YANG DE TAI CHI CHUAN 235

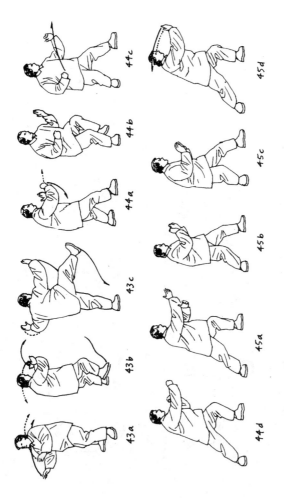

Figura 15.7 O estilo Yang de Tai Chi Chuan (7)

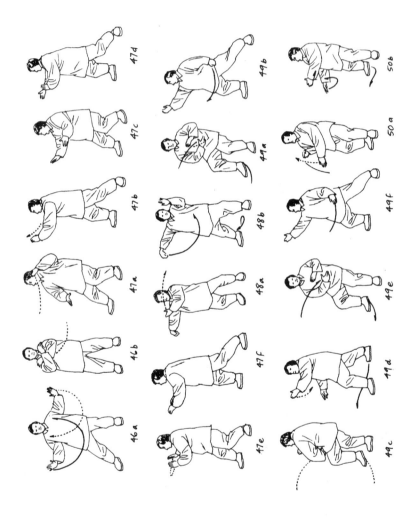

O ESTILO YANG DE TAI CHI CHUAN 237

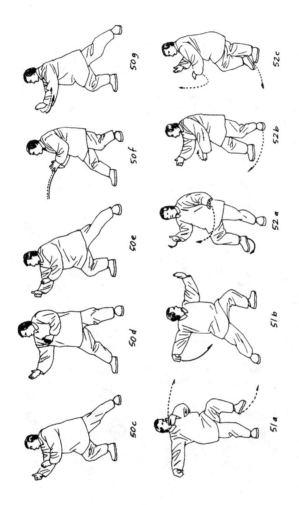

Figura 15.8 O estilo Yang de Tai Chi Chuan (8)

238 O LIVRO COMPLETO DO TAI CHI CHUAN

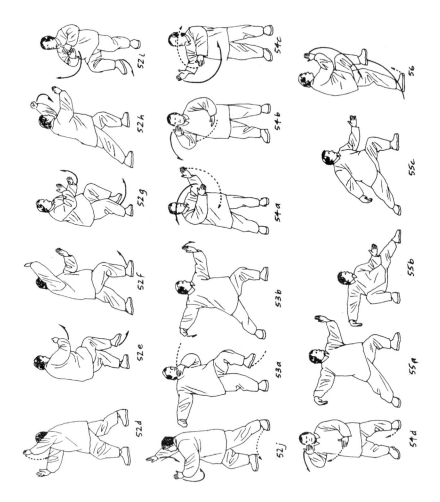

Figura 15.9 O estilo Yang de Tai Chi Chuan (9)

240 O LIVRO COMPLETO DO TAI CHI CHUAN

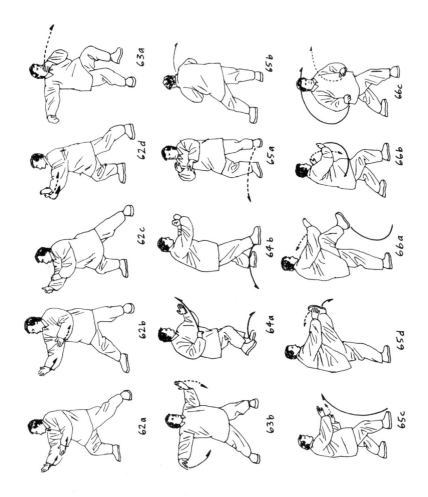

O ESTILO YANG DE TAI CHI CHUAN   241

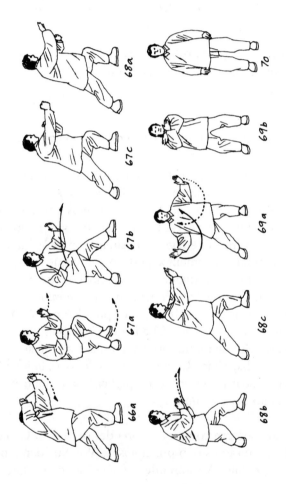

Figura 15.10 O estilo Yang de Tai Chi Chuan (10)

16

O estilo Wu de Wu Yu Xiang

Movimentos curtos e técnica corporal para o combate

A prática correta desses oito princípios de "técnica corporal", ou forma exterior, ajuda o praticante a aumentar a força interior de seu corpo.

Forma exterior para alcançar a força interior

À primeira vista, as ilustrações a seguir dão a impressão de que a maioria dos padrões do estilo Wu de Tai Chi Chuan é semelhante. Isso se deve ao fato de que, ao contrário do estilo Yang, no qual os movimentos circulares são amplos, os movimentos no estilo Wu de Tai Chi Chuan, embora também sejam circulares, são curtos. As ilustrações em geral mostram os padrões já completados, e, se não houver muito movimento, pode parecer que um padrão se assemelha a outro, embora possam diferir nos seus movimentos intermitentes.

Há dois tipos de estilo Wu de Tai Chi Chuan. Aquele explicado aqui foi desenvolvido por Wu Yu Xiang (1812–1880), que aprendeu o estilo Yang com Yang Lu Chan e posteriormente o estilo Chen com Chen Jing Ping.

O estilo Wu tem uma rica literatura sobre a filosofia e a prática do Tai Chi Chuan. Os conselhos de Hao Shao Ru, mestre do estilo Wu , intitulados "Sobre certa experiência pessoal no ensino e na prática", são muito úteis tanto para os instrutores quanto para os alunos.

1. As pessoas deveriam sempre começar a aprender o Tai Chi Chuan pelas técnicas corporais, segundo os oito princípios de Wu Yu Xiang, pois elas são as mais fundamentais. Ao aprender as técnicas corporais, deve-se também ligar o externo ao interno.
2. No Tai Chi Chuan não é possível adquirir imediatamente nem sequer os requisitos básicos. Por isso, é conveniente progredir em duas etapas.
3. O primeiro estágio consiste no treinamento da forma exterior, ou seja, em aprender os padrões e as séries, e é preciso prestar atenção à técnica corporal. Coordenando-se os membros superiores e inferiores com o tronco, chega-se a um ponto no qual o tronco e os membros acompanham a vontade.

O ESTILO WU DE WU YU XIANG **243**

4. O segundo estágio é treinar a forma interior, também chamada de força interior. Adquirir gradualmente a unidade entre força de vontade, fluxo de energia e forma física. Avançar do externo para o interno, do grosseiro para o refinado. Depois não há mais exterior nem interior, nem grosseiro nem refinado, ficando tudo envolto num vazio nebuloso. Apenas quando esse estado for alcançado é que poderá haver progresso contínuo rumo ao nível mais alto do Tai Chi Chuan.[1]

Como todos os grandes mestres, Hao Shao Ru afirma que a maior conquista do Tai Chi Chuan não é apenas a eficiência no combate, mas o retorno ao grande vazio.

A "técnica corporal" mencionada acima significa a forma exterior do Tai Chi Chuan. Os oito princípios da técnica corporal ensinada por Wu Yu Xiang e formalizada pelo seu eminente discípulo Li Yi Yu são:

- Encolher o peito
- Esticar as costas
- Arredondar as coxas
- Contrair as costelas
- Levantar a cabeça
- Contrair o ânus
- Despertar a energia
- Aguçar a mente.[2]

A ação combinada de encolher o peito e esticar as costas preenche a parte superior do corpo com a força interior. "Arredondar as coxas" significa que elas estão abertas mas com os joelhos curvados para dentro, como na Postura do Tai Chi, como se estivessem segurando uma bola entre elas. Isso faz com que o abdômen se encha de energia. Contrair as costelas é conseguido abaixando-se os ombros e mantendo os cotovelos junto ao corpo, permitindo assim que o centro do corpo fique carregado de energia interior. Levantar a cabeça faz com que a postura fique ereta. Contrair o ânus retém a força interior no abdômen. Despertar a energia e aguçar a mente são considerações internas para a forma externa.

A prática correta desses oito princípios de técnica corporal, ou forma exterior, ajudam a intensificar a força interior no organismo. Mas esses princípios não devem ser aplicados sem a supervisão de um mestre; seu uso incorreto poderá causar danos internos. Arredondar as coxas e contrair as costelas indicam o motivo pelo qual as posturas são comparativamente altas e estreitas e os movimentos de mão pequenos e junto ao corpo, o que resulta na postura característica desse estilo.

A técnica corporal ou forma exterior correta no estilo Wu de Tai Chi Chuan não visa vantagens físicas ou técnicas, como em outras artes marciais, mas sim conservar e aumentar a força interior. Os oito princípios acima ajudam a conseguir isso.

Os padrões do estilo Wu Yu Xiang de Tai Chi Chuan

A série aqui ilustrada baseia-se numa demonstração feita pelo mestre de quinto grau do estilo Wu, Jiao Song Mao. Na série original existem 85 padrões, mas alguns que são repetidos foram eliminados, restando os 75 na série apresentada abaixo.

1. Padrão Inicial do Tai Chi
2. Preguiçoso para Arregaçar as Mangas (esquerdo)
3. Preguiçoso para Arregaçar as Mangas (direito)
4. Chicote Simples
5. Erguer as Mãos
6. O Grou Branco Bate as Asas
7. Girar o Joelho e Avançar o Passo (esquerdo)
8. Tocar o Alaúde
9. Girar o Joelho e Avançar o Passo (esquerdo)
10. Girar o Joelho e Avançar o Passo (direito)
11. Mover-se — Interceptar — Socar
12. Seis Selam, Quatro Fecham
13. Levar o Tigre de Volta à Montanha
14. Tocar o Alaúde
15. Preguiçoso para Arregaçar as Mangas
16. Chicote Simples
17. Erguer as Mãos
18. A Palma da Mão Golpeia o Rosto
19. Observar o Punho Abaixo do Cotovelo
20. Enxotar o Macaco
21. Tocar o Alaúde
22. O Grou Branco Bate as Asas
23. Girar o Joelho e Avançar o Passo
24. Tocar o Alaúde
25. Empurrar para Baixo
26. O Dragão Verde Emerge da Água
27. Pelas Costas
28. Chicote Simples
29. Mãos de Nuvem
30. Cavalo de Trote Alto (esquerdo)
31. Cavalo de Trote Alto (direito)

32. Observar o Punho Abaixo do Cotovelo
33. A Menina de Jade Trabalha no Tear
34. Tocar o Alaúde
35. Erguer as Mãos
36. Preguiçoso para Arregaçar as Mangas
37. Chicote Simples
38. Mãos de Nuvem
39. Chicote Simples
40. Girar o Joelho e Avançar o Passo (direito)
41. Girar o Joelho e Avançar o Passo (esquerdo)
42. Chute de Estalo Direito
43. Chute de Estalo Esquerdo
44. Girar e Estalar o Chute
45. Acertar o Punho
46. Chute Duplo
47. Domar o Tigre
48. Erguer as Mãos
49. Chute de Estalo
50. Girar e Dar o Chute
51. Mover-se — Interceptar — Socar
52. Seis Selam, Quatro Fecham
53. Levar o Tigre de Volta à Montanha
54. Tocar o Alaúde
55. Preguiçoso para Arregaçar as Mangas
56. A Menina de Jade Trabalha no Tear
57. Chicote Simples
58. Postura Baixa
59. O Galo Dourado Permanece Só (direito)
60. O Galo Dourado Permanece Só (esquerdo)
61. Enxotar o Macaco
62. O Cavalo Selvagem Sacode a Crina
63. Tocar o Alaúde
64. Empurrar para Baixo
65. Pelas Costas
66. Tocar o Alaúde
67. O Dragão Verde Emerge da Água
68. As Mãos Cruzadas Dobram o Lótus
69. Socar o Abdômen
70. Preguiçoso para Arregaçar as Mangas
71. Sete Estrelas
72. Montar no Tigre
73. Girar e Balançar o Lótus
74. Atirar no Tigre
75. Canhões Duplos
76. Tocar o Alaúde
77. Erguer as Mãos
78. Postura do Princípio Infinito

246 O LIVRO COMPLETO DO TAI CHI CHUAN

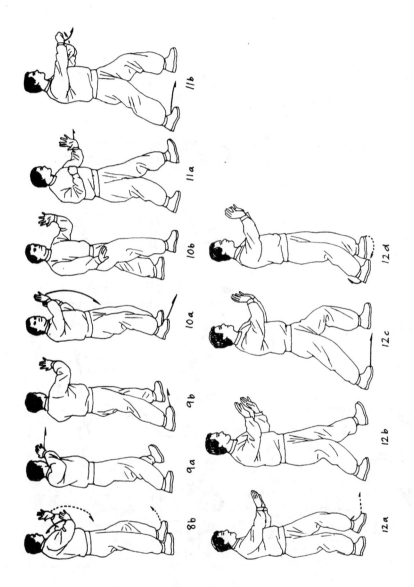

Figura 16.1 O estilo Wu Yu Xiang de Tai Chi Chuan (1)

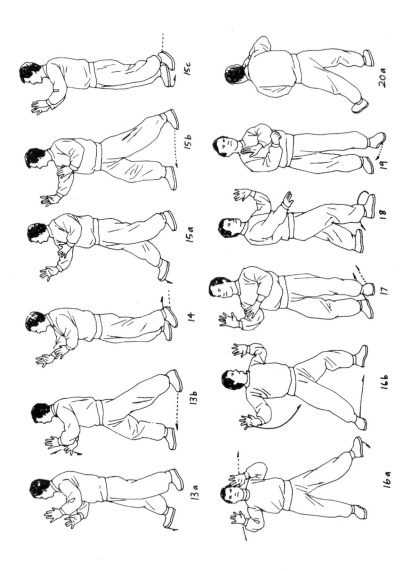

O ESTILO WU DE WU YU XIANG   249

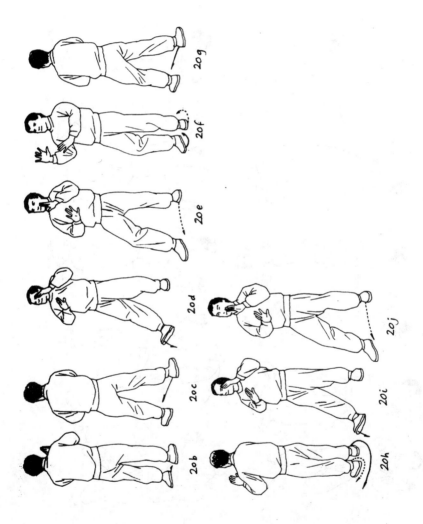

Figura 16.2 O estilo Wu Yu Xiang de Tai Chi Chuan (2)

250 O LIVRO COMPLETO DO TAI CHI CHUAN

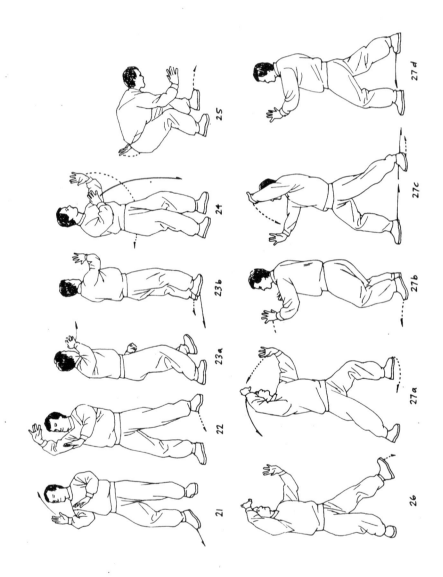

O ESTILO WU DE WU YU XIANG 251

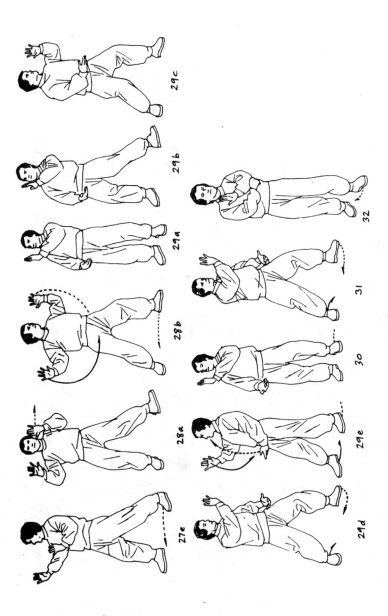

Figura 16.3 O estilo Wu Yu Xiang de Tai Chi Chuan (3)

252   O LIVRO COMPLETO DO TAI CHI CHUAN

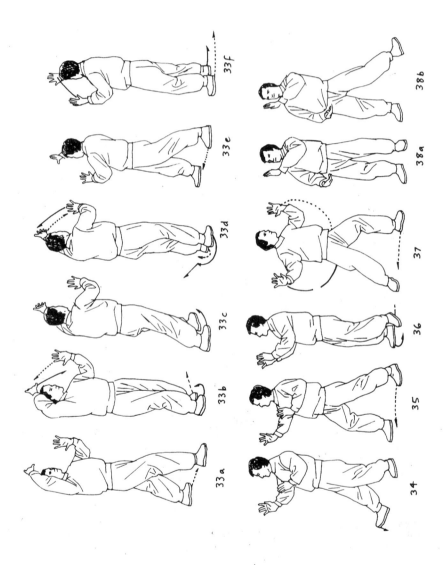

O ESTILO WU DE WU YU XIANG 253

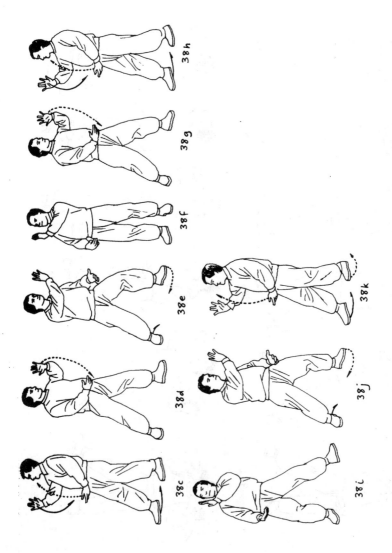

Figura 16.4 O estilo Wu Yu Xiang de Tai Chi Chuan (4)

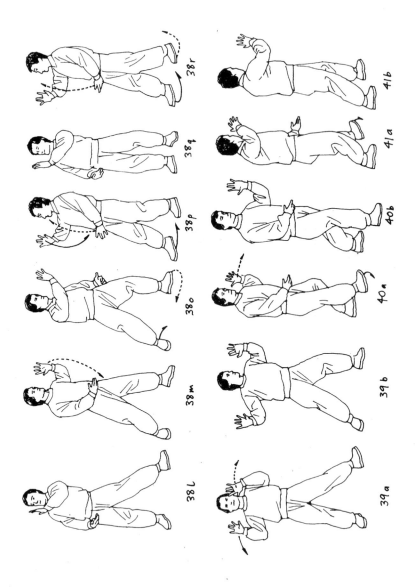

Figura 16.5 O estilo Wu Yu Xiang de Tai Chi Chuan (5)

256   O LIVRO COMPLETO DO TAI CHI CHUAN

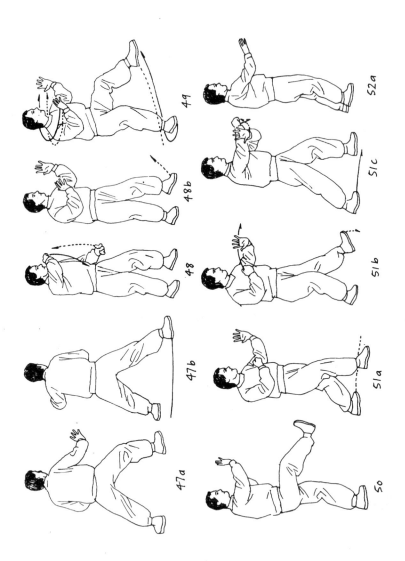

O ESTILO WU DE WU YU XIANG   257

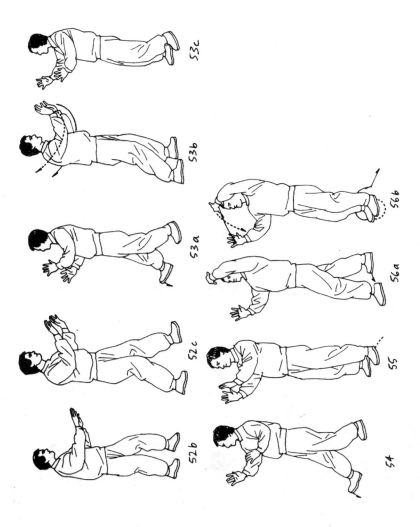

Figura 16.6 O estilo Wu Yu Xiang de Tai Chi Chuan (6)

258 O LIVRO COMPLETO DO TAI CHI CHUAN

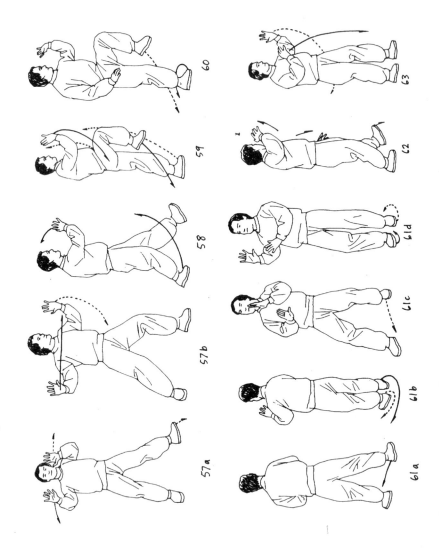

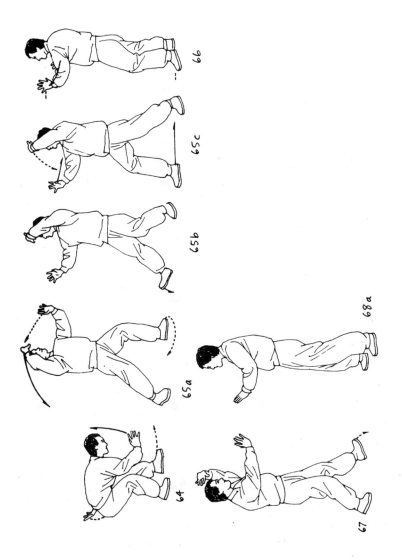

Figura 16.7 O estilo Wu Yu Xiang de Tai Chi Chuan (7)

260 O LIVRO COMPLETO DO TAI CHI CHUAN

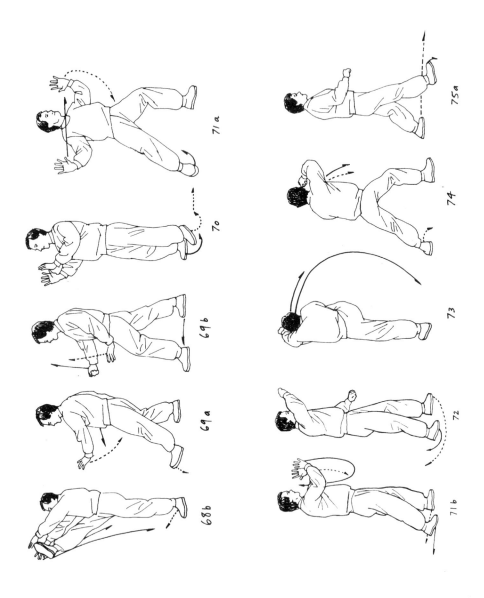

O ESTILO WU DE WU YU XIANG   261

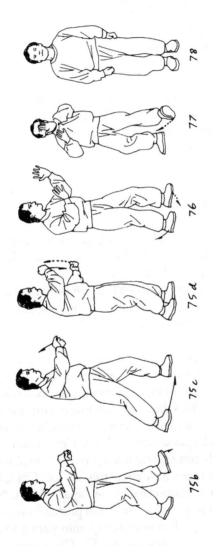

Figura 16.8 O estilo Wu Yu Xiang de Tai Chi Chuan (8)

17

O Tai Chi Chuan de Wu Chuan You

Como evitar ser ferido em combate

Se forem colocados em prática corretamente, estes princípios o tornarão capaz de alcançar uma situação de combate na qual, mesmo que seja derrotado, você não se machucará. Certamente isso é preferível do que outras artes nas quais é inevitável sair ferido, mesmo vencendo.

Para a saúde e para o combate

O segundo estilo Wu de Tai Chi Chuan, como foi dito no capítulo 3, foi desenvolvido por Wu Chuan You (1834–1902), um manchu que foi discípulo de Yang Ban Hou.

O mestre de terceiro grau Xu Zhi Yi divide os benefícios desse estilo Wu em dois grupos principais: saúde e combate. Ele relaciona seis típicos benefícios para a saúde, como seguem:[1]

1. "Uma vez em movimento, tudo o mais se move" é um importante princípio para o treinamento de Tai Chi Chuan. É por isso que, quando um aluno pratica o Tai Chi Chuan, todas as partes do seu corpo se exercitam.
2. Ao praticar o Tai Chi Chuan o discípulo elimina os pensamentos irrelevantes, concentra a mente e cria as condições ideais para o sistema nervoso funcionar adequadamente. O Tai Chi Chuan, além de oferecer todos os benefícios de um esporte físico, oferece também os da meditação.
3. Ao mergulhar nos movimentos circulares do Tai Chi Chuan, quando se consegue diferenciar a transformação de "aparência" e "solidez", quando se consegue regular a respiração, tem-se um profundo sentimento de prazer, benéfico tanto para a saúde emocional quanto para a saúde física.
4. Os movimentos lentos e graciosos do Tai Chi Chuan e o princípio de "quietude no movimento e movimento na quietude" ajudam a desenvolver a paciência, a tolerância e a tranqüilidade.
5. O Tai Chi Chuan é apropriado tanto para os velhos quanto para os jovens, para os fortes e para os fracos. A aplicação em combate com o Empurrar as Mãos não representa perigo, pois o Tai Chi Chuan usa a força do oponente.

6. Uma característica especial dessa arte é que ela pode ser praticada por pacientes em recuperação, de acordo com suas necessidades específicas. Os movimentos físicos representam exercício para todo o corpo, a respiração profunda regulariza as funções do coração e da circulação do sangue, e a mente concentrada e relaxada, por agir diretamente no sistema nervoso, estimula as funções de cura e de regeneração que derrotam a doença e promovem a saúde.

Em relação ao combate, Xu Zhi Yi aponta quatro vantagens:

1. O Tai Chi Chuan usa o "flexível" para sobrepujar o "rígido". O praticante emprega técnicas de "correr" para "conduzir" os movimentos do oponente para o fracasso, depois aplica técnicas de "aderir" para aproveitar o impulso natural para si mesmo e levar o adversário a um impulso adverso. Isso só é possível se for evitada a fraqueza do "peso duplo", ou seja, quando se sabe usar apenas o que é "rígido", mas não o que é "flexível".
2. No combate, o praticante de Tai Chi Chuan usa a quietude para esperar o movimento, isto é, deixa que o outro faça o primeiro movimento, "levando" o ataque inicial ao fracasso e colocando o oponente em posição desfavorável para depois contra-atacar na hora certa, manifestando o princípio de "sair depois para chegar antes". Assim, evitam-se as estratégias de avançar sobre o adversário ou de atacar apressadamente. O praticante dessa arte deve ter em mente os seguintes pontos: atacar apenas quando estiver em vantagem e, caso o ataque falhe, quando o adversário não estiver em posição de contra-atacar.
3. O objetivo de se "usar quatro *tahils* para vencer mil *katies*" pode ser alcançado principalmente de duas formas: somar a sua força ao impulso do oponente, ou retirar dele a própria força. Por isso é que no Tai Chi Chuan jamais é usada força contra força; a técnica consiste em manobrar o outro para uma posição desfavorável e então atacar, seguindo o princípio "o pequeno subjuga o grande".
4. Usar a retirada como forma de avanço. Embora no Tai Chi Chuan haja inúmeras formas de empregar a força com sucesso, elas podem ser resumidas em duas palavras: "correr" e "resistir". "Correr" significa reduzir a força do oponente para se proteger; "resistir" é controlar os movimentos dele depois de reduzi-los. Essas duas táticas são na verdade dois aspectos da mesma técnica e se complementam.

Esses princípios mostram claramente que trocar socos a esmo, sem pensar na própria segurança, não faz parte do Tai Chi Chuan. Se postos em prática adequadamente, eles permitirão que o discípulo atinja uma situação de combate em que, mesmo que seja derrotado, ele não saia ferido. É claro que isso é

264 O LIVRO COMPLETO DO TAI CHI CHUAN

preferível do que algumas artes nas quais ser ferido é inevitável, mesmo quando se vence.

Os padrões do estilo Wu Chuan You de Tai Chi Chuan

A série abaixo baseia-se no desempenho do filho de Wu Chuan You, Wu Jian Quan. Originalmente constava de 83 padrões; na série aqui ilustrada foram eliminados alguns padrões repetidos, restando apenas 53.

1. Postura do Princípio Infinito
2. Padrão Inicial do Tai Chi
3. Agarrar o Pardal pela Cauda
4. Chicote Simples
5. Erguer as Mãos
6. O Grou Branco Bate as Asas
7. Girar o Joelho e Avançar o Passo (esquerdo e direito)
8. Tocar o Alaúde
9. Mover-se — Interceptar — Socar
10. Selado Como se Fosse Fechado
11. Cruzar as Mãos
12. Levar o Tigre de Volta à Montanha
13. Chicote Simples Diagonal
14. Observar o Punho Abaixo do Cotovelo
15. Enxotar o Macaco
16. Vôo Diagonal
17. Erguer as Mãos
18. Agulha no Fundo do Mar
19. Leque pelas Costas
20. Punho Giratório
21. Mover-se — Interceptar — Socar
22. Chicote Simples
23. Mãos de Nuvem
24. Chicote Simples
25. Cavalo de Trote Alto
26. Chutes de Estalo Esquerdo e Direito
27. Girar e Dar o Chute
28. Acertar o Punho
29. Avançar e Acariciar o Cavalo
30. Chute de Estalo
31. Golpear o Tigre
32. Chute Duplo

33. Um Par de Abelhas Zumbindo no Ouvido
34. Girar o Corpo e Chute Duplo
35. O Cavalo Selvagem Sacode a Crina
36. A Menina de Jade Trabalha no Tear
37. Chicote Simples
38. Postura Baixa
39. O Galo Dourado Permanece Só
40. Chicote Simples
41. A Palma da Mão Golpeia o Rosto
42. Girar com as Mãos Cruzadas o Lótus
43. Soco no Abdômen
44. Postura Baixa
45. Sete Estrelas
46. Montar o Tigre
47. A Palma da Mão Golpeia o Rosto
48. Girar Duas Vezes e Balançar o Lótus
49. Atirar no Tigre
50. A Palma da Mão Golpeia o Rosto
51. Soco Giratório
52. Avançar e Acariciar o Cavalo
53. Unidade do Tai Chi

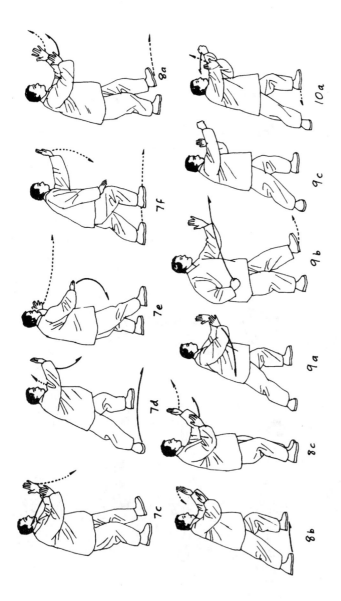

Figura 17.1 O estilo de Tai Chi Chuan de Wu Chuan You (1)

268 O LIVRO COMPLETO DO TAI CHI CHUAN

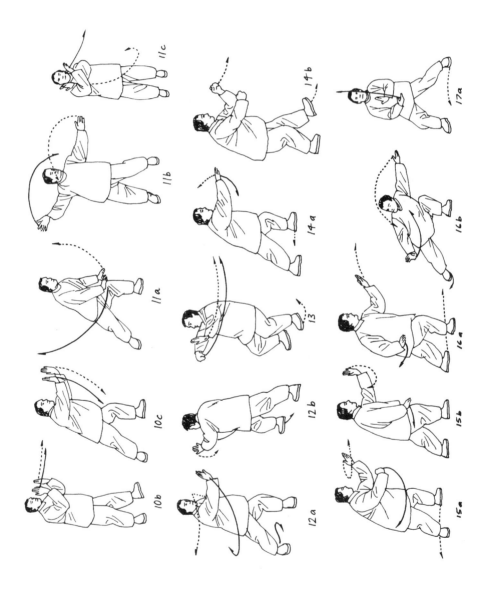

O TAI CHI CHUAN DE WU CHUAN YOU 269

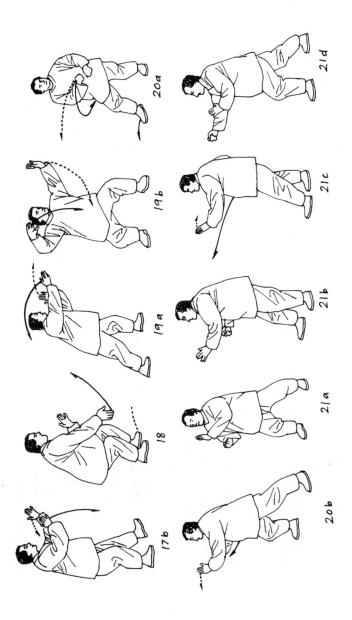

Figura 17.2 O estilo de Tai Chi Chuan de Wu Chuan You (2)

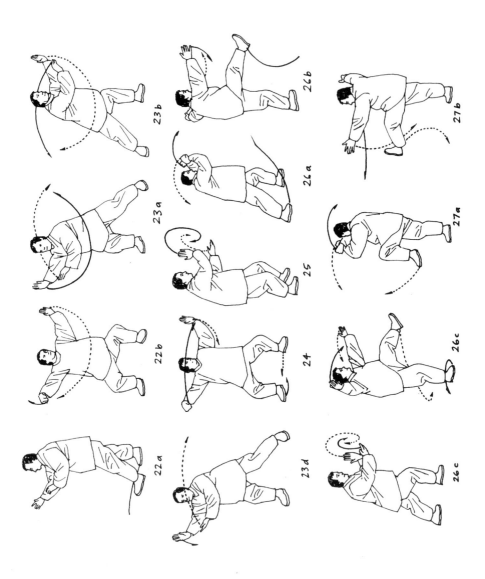

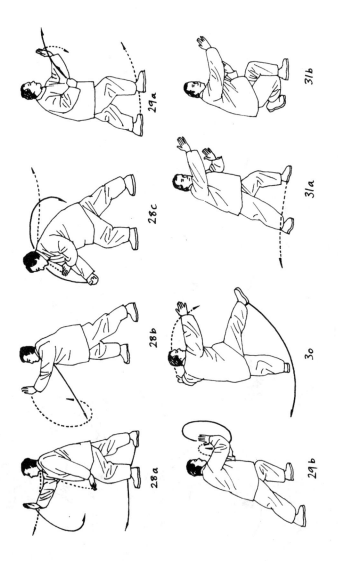

Figura 17.3 O estilo de Tai Chi Chuan de Wu Chuan You (3)

272 O LIVRO COMPLETO DO TAI CHI CHUAN

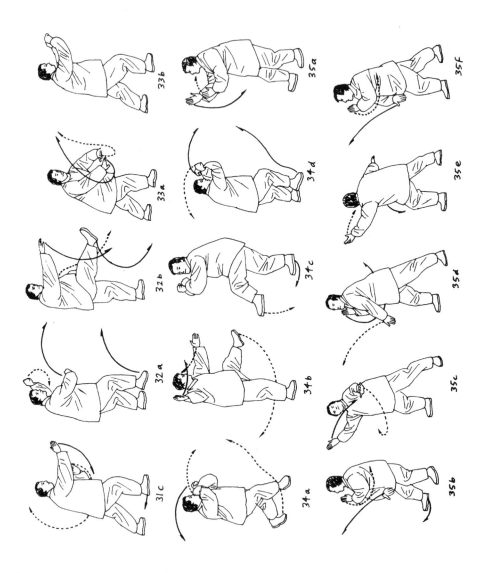

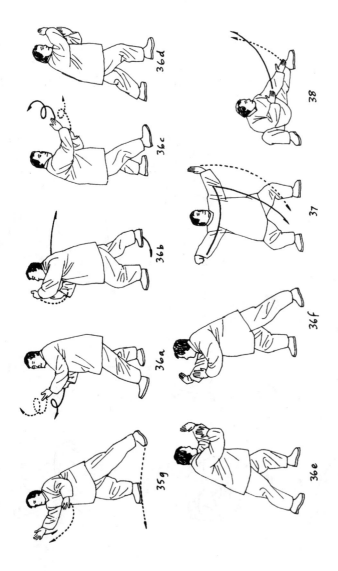

Figura 17.4 O estilo de Tai Chi Chuan de Wu Chuan You (4)

274 O LIVRO COMPLETO DO TAI CHI CHUAN

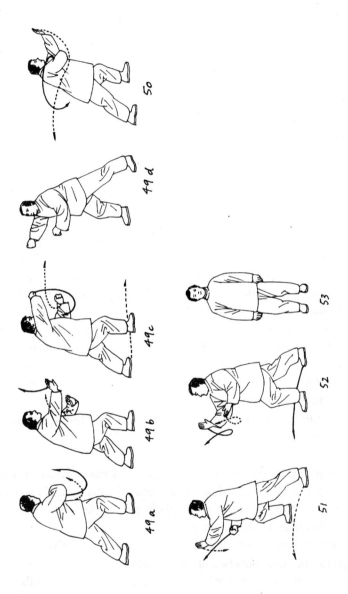

Figura 17.5 O estilo de Tai Chi Chuan de Wu Chuan You (5)

18

O estilo Sun de Tai Chi Chuan

Padrões altos e movimentos ágeis

Uma característica especial do Tai Chi Chuan é "usar a força de vontade e não a força bruta".

Alguns conselhos sobre a prática do Tai Chi Chuan

O estilo Sun de Tai Chi Chuan foi desenvolvido por Sun Lu Tang (1861–1932), o único mestre especialista em todos os três estilos internos de kung-fu. Quando aprendeu Tai Chi Chuan com Hao Wei Zhen, aos cinqüenta anos, ele já era um famoso mestre de kung-fu Hsing Yi e kung-fu Pakua. O seu exemplo de humildade, ao procurar adquirir conhecimentos novos quando já era um especialista, é uma inspiração para todos nós. Além disso, ele absorveu o melhor dos estilos Chen, Yang e Wu para desenvolver o seu próprio estilo, que algumas vezes é chamado de Tai Chi Chuan de Padrões Altos Abertos—Fechados e Movimentos Ágeis. Sua filha Sun Jian Yun relatou que em seus últimos anos de vida ele só praticava o Tai Chi Chuan.

Sun Jian Yun, que aprendeu Tai Chi Chuan com o pai desde a infância, dá os seguintes conselhos:

1. A cabeça deve ficar ereta, mas sem usar a força. O espírito deve ser íntegro.
2. A boca deve ficar fechada com delicadeza, com a língua tocando a parte superior do palato. Respire com tranqüilidade pelo nariz. (Nota: eu, pessoalmente, prefiro deixar a boca um pouco aberta.)
3. Os ombros devem ficar soltos e caídos. Preste bastante atenção para que eles não fiquem erguidos, pois isso faz o *chi* flutuar.
4. Os cotovelos devem estar pressionados para baixo. Quando os ombros e os cotovelos estão caídos, o *chi* pode descer para o *dan tian*. Com os cotovelos pressionados para baixo, os braços podem se dobrar, armazenando a energia que será liberada.
5. Os dedos devem ficar abertos e soltos, com o pulso flexível.

6. O peito deve ficar encolhido, e não estendido, pois isso faria o *chi* flutuar, resultando em peso na parte de cima.
7. A cintura tem que ser flexível, pois é ela que comanda todos os movimentos do corpo.
8. As pernas devem estar flexionadas; precisa haver diferenciação entre "aparente" e "sólido", para que não se perca a agilidade.
9. "*Chi* mergulhado no *dan tian*" significa respirar profundamente. A respiração profunda é muito importante no Tai Chi Chuan, mas não deve ser forçada.
10. Meditar significa buscar o movimento na quietude; Tai Chi Chuan significa buscar a quietude no movimento. Durante a prática, o coração deve estar calmo, e a mente, concentrada; só assim os movimentos físicos serão serenos e ágeis.
11. Uma característica especial do Tai Chi Chuan é "usar a força da vontade, e não a força bruta". O objetivo disso é alcançar uma força viva, extremamente suave mas também bastante dura, um peso muito grande mas acompanhado de grande agilidade. Quando se obtém a força da vontade, consegue-se alcançar também a força física. Se for usada a força mecânica, o Tai Chi Chuan ficará lerdo e desajeitado, nada parecido com uma arte marcial.

Os padrões do estilo Sun de Tai Chi Chuan

O estilo Sun de Tai Chi Chuan caracteriza-se por pequenos movimentos circulares e posturas altas. Ele se aproxima do estilo de Wu Yu Xiang, o que é de esperar, pois o mestre de Sun Lu Tang também praticava o estilo Wu.

O padrão denominado "Abrir e Fechar" é muito importante nesse estilo. Ele é usado para desenvolver o *chi* e é realizado da seguinte forma: primeiro concentre o *chi* no *dan tian*; com as palmas das mãos voltadas uma para a outra, junte as mãos vagarosamente; quando elas estiverem quase juntas, você perceberá uma esfera de energia entre elas; comprima suavemente essa energia; em seguida, gradualmente, deixe que ela se expanda, à medida que afasta as mãos vagarosamente, para soltar a compressão. Pode-se brincar um pouco com essa esfera de energia e em seguida, durante a prática dos padrões subseqüentes, imaginar a energia dessa esfera fluindo para os braços.

Existem 97 padrões na série original do estilo Sun, mas na série apresentada abaixo, baseada em demonstrações da mestra de segundo grau Sun Jiam Yun, foram eliminados alguns repetidos, restando apenas 72.

1. Padrão Inicial do Tai Chi
2. Yin—yang do Cosmo

3. Erguer as Mãos
4. O Grou Branco Bate as Asas
5. Abrir e Fechar
6. Girar o Joelho e Avançar o Passo
7. Tocar o Alaúde
8. Mover-se — Interceptar — Socar
9. Selado Como se Fosse Fechado
10. Abrir e Fechar
11. Preguiçoso para Arregaçar as Mangas
12. Abrir e Fechar
13. Chicote Simples
14. Tocar o Alaúde
15. Enxotar o Macaco
16. Tocar o Alaúde
17. O Grou Branco Bate as Asas
18. Abrir e Fechar
19. Girar o Joelho e Avançar o Passo
20. Agulha no Fundo do Mar
21. Leque pelas Costas
22. Preguiçoso para Arregaçar as Mangas
23. Abrir e Fechar
24. Chicote Simples
25. Mãos de Nuvem
26. Cavalo de Trote Alto
27. Chute de Impulso Direito
28. Chute de Impulso Esquerdo
29. Girar e Dar o Chute
30. Avançar e Acertar o Punho
31. Giro e Chute Duplo
32. Domar o Tigre
33. Chute de Impulso Esquerdo
34. Chute de Impulso Direito
35. Mover-se — Interceptar — Socar
36. Selado Como se Fosse Fechado
37. Abrir e Fechar
38. Girar o Joelho e Avançar o Passo
39. Preguiçoso para Arregaçar as Mangas
40. O Cavalo Selvagem Sacode a Crina
41. Preguiçoso para Arregaçar as Mangas
42. Abrir e Fechar
43. Chicote Simples
44. Pelas Costas

45. A Menina de Jade Trabalha no Tear
46. Preguiçoso para Arregaçar as Mangas
47. Abrir e Fechar
48. Chicote Simples
49. Postura Baixa
50. O Galo Dourado Permanece Só
51. Enxotar o Macaco
52. Tocar o Alaúde
53. O Grou Branco Bate as Asas
54. Abrir e Fechar
55. Girar o Joelho e Avançar o Passo
56. Agulha no Fundo do Mar
57. Pelas Costas
58. Preguiçoso para Arregaçar as Mangas
59. Abrir e Fechar
60. Chicote Simples
61. Mãos de Nuvem
62. Cavalo de Trote Alto
63. Balançar o Lótus com as Mãos Cruzadas
64. Preguiçoso para Arregaçar as Mangas
65. Abrir e Fechar
66. Chicote Simples de Postura Baixa
67. Montar o Tigre
68. Girar e Balançar o Lótus
69. Atirar no Tigre
70. Avançar com Socos Duplos
71. Sete Estrelas
72. Postura do Princípio Infinito

280 O LIVRO COMPLETO DO TAI CHI CHUAN

O ESTILO SUN DE TAI CHI CHUAN *281*

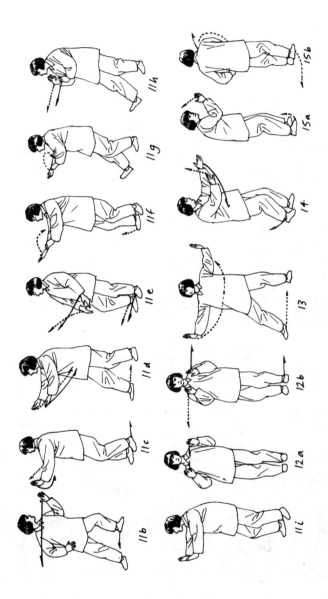

Figura 18.1 O estilo Sun de Tai Chi Chuan (1)

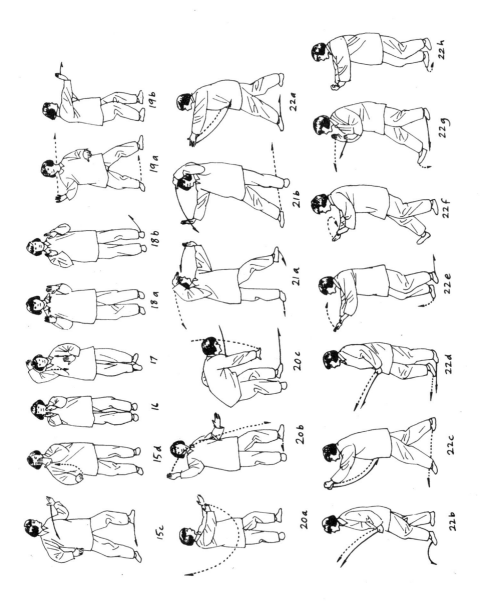

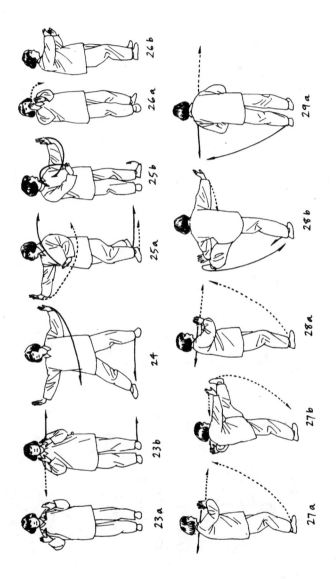

Figura 18.2 O estilo Sun de Tai Chi Chuan (2)

284   O LIVRO COMPLETO DO TAI CHI CHUAN

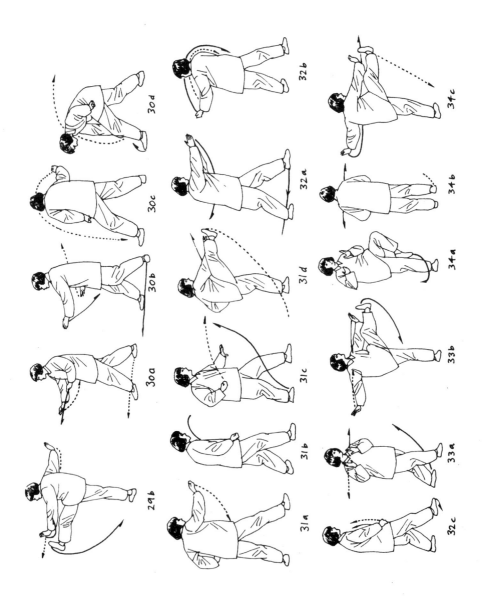

Figura 18.3 O estilo Sun de Tai Chi Chuan (3)

286 O LIVRO COMPLETO DO TAI CHI CHUAN

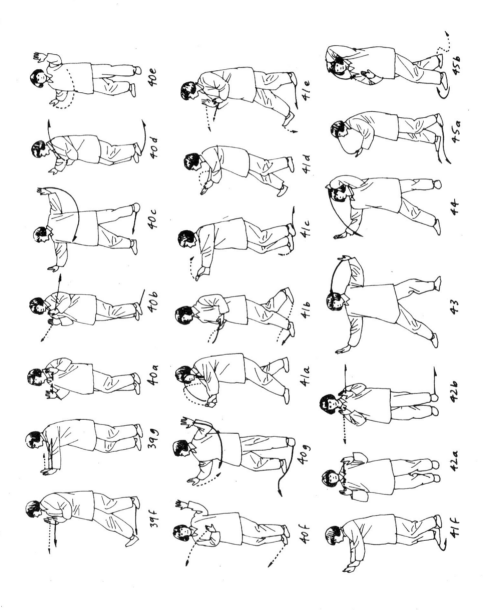

O ESTILO SUN DE TAI CHI CHUAN   287

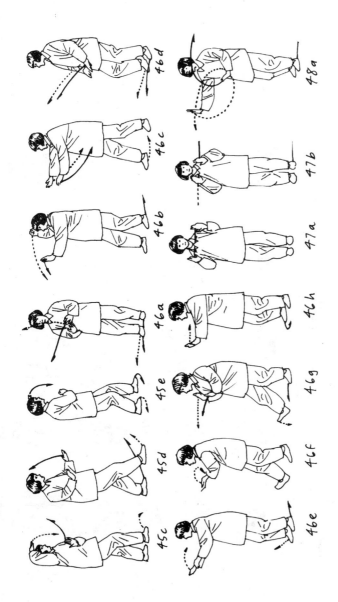

Figura 18.4 O estilo Sun de Tai Chi Chuan (4)

288   O LIVRO COMPLETO DO TAI CHI CHUAN

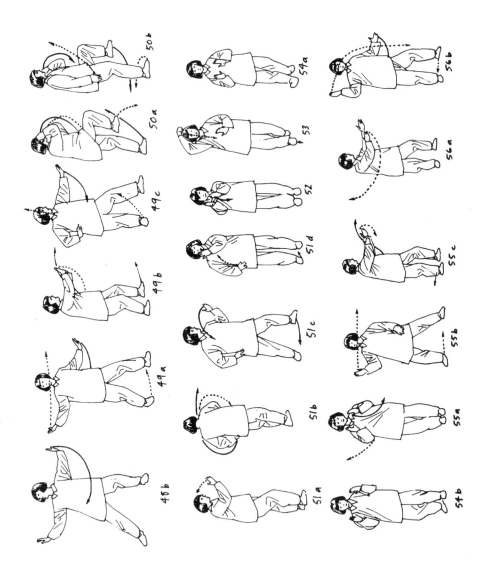

O ESTILO SUN DE TAI CHI CHUAN 289

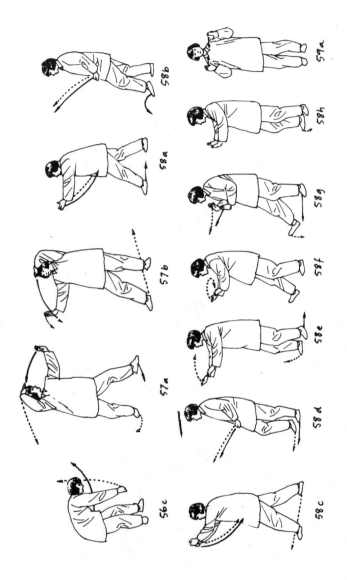

Figura 18.5 O estilo Sun de Tai Chi Chuan (5)

290 O LIVRO COMPLETO DO TAI CHI CHUAN

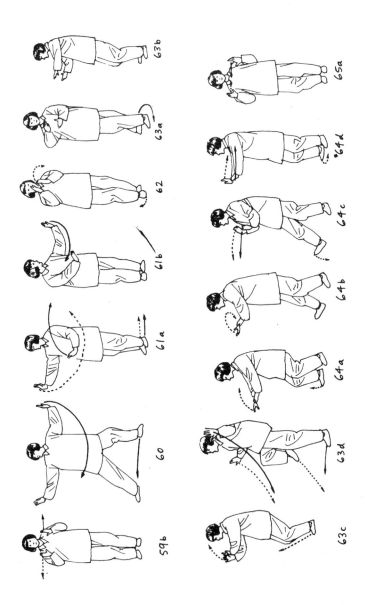

O ESTILO SUN DE TAI CHI CHUAN 291

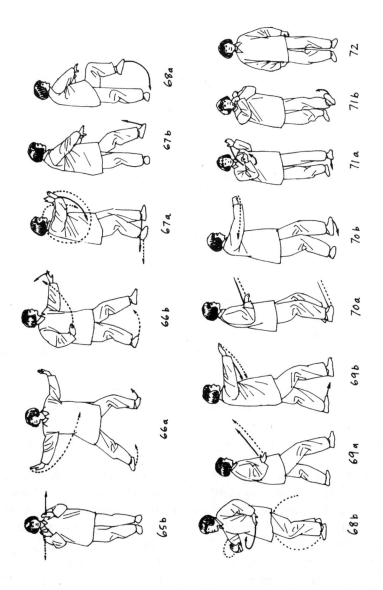

Figura 18.6 O estilo Sun de Tai Chi Chuan (6)

19

As armas no Tai Chi Chuan

Como transmitir energia para as mãos estendidas

O objetivo do treinamento com armas no Tai Chi Chuan, além de usar as armas para o combate como no passado, é oferecer aos discípulos um método para transmitir o fluxo de energia para a ponta da arma.

Por que as armas não são amplamente usadas no Tai Chi Chuan

Ao contrário do kung-fu shaolin, no qual são empregados muitos tipos de armas, incluindo algumas bem exóticas, e de cujo treinamento as armas são parte integrante, no Tai Chi Chuan são usados relativamente poucos desses artefatos. Podemos pensar em quatro motivos principais para isso: o kung-fu shaolin é bem mais antigo e foi estabelecido numa época em que a norma era lutar com armas em vez de se combater desarmado. Como a pessoa poderia usar armas livremente para lutar, era natural que se enfatizasse o treinamento com elas nas artes marciais. Essa tradição foi sendo transmitida às novas gerações, embora na maioria dos países hoje não seja permitido o porte de armas em público. Já o Tai Chi Chuan não tem essa tradição, pelo fato de ter se tornado popular durante a dinastia Qing, na qual o uso de armas em público já havia sido proibido há quatrocentos anos. O treinamento armado fazia parte do Tai Chi Chuan, mas jamais assumiu a importância que tinha no kung-fu shaolin.

Em segundo lugar, sem contar a época em que o Tai Chi Chuan foi praticado pelos sacerdotes taoístas no monte Wudang para o desenvolvimento espiritual e pela família Chen de Chen Jia Gou para a defesa pessoal, essa arte sempre foi exercida mais para finalidades de saúde do que para o combate ou a espiritualidade. Quando Yang Lu Chan facilitou o seu acesso ao público, ensinou oficiais de alta patente e membros da família real manchu, que não precisavam nem se dispunham ao pesado treinamento de combate do Tai Chi Chuan. Fora desse seleto círculo, os discípulos que foram ensinados por outros mestres eram principalmente eruditos e mercadores ricos. Ao contrário dos revolucionários e guerreiros patriotas, que em geral preferiam o kung-fu shaolin, aqueles, muitas vezes, consideravam as armas bárbaras.

A terceira razão diz respeito às diferentes visões dos dois sistemas. Atualmente as armas ainda são usadas regularmente no kung-fu shaolin, apesar do fato de que poucos estudantes realmente as usam para lutar, pois o treinamento com armas é uma progressão do treinamento desarmado, com as armas servindo como peso. Se o discípulo realiza bem uma série com armas, poderá ter um desempenho ainda melhor desarmado, sem o peso. A abordagem do Tai Chi Chuan para aumentar a força e a habilidade é diferente; uma vez que ele enfatiza o controle da mente e o fluxo energético para aumentar a força, o fato de carregar um peso serve como obstáculo e não como ajuda.

A quarta razão está ligada à terceira. Os estudantes kung-fu shaolin podem começar o treinamento com armas depois de terem adquirido um determinado nível nas posturas básicas e nos movimentos do kung-fu. Os benefícios do treinamento com armas em termos de aumento da força e da resistência podem ser sentidos em tempo relativamente curto. No verdadeiro Tai Chi Chuan, o treinamento com armas geralmente começa apenas quando o discípulo já atingiu um nível avançado. O objetivo desse treinamento, além de usar armas para o combate como no passado, é oferecer um método pelo qual é possível transmitir o fluxo de energia para a ponta da arma. Essa habilidade permite aos mestres de Wudang, por exemplo, usar um bastão comum como se fosse uma espada.

Mas caso o aluno não esteja suficientemente adiantado para transmitir o fluxo energético para suas próprias mãos, não adianta tentar fazer isso com uma arma. Atualmente, poucos praticantes de Tai Chi Chuan conseguem sentir o que é a força interior, e menos ainda transmiti-la para um objeto. Por esse motivo é que tão poucos estão capacitados para o treinamento eficaz com armas. Ademais, o tempo necessário para esse treinamento é longo, e o esforço é bastante severo. Usar as mãos habilmente é bem difícil para alguns discípulos, que só treinam quando o professor está por perto; seria impossível para eles usarem uma arma como se fosse uma extensão da mão.

Algumas funções do treinamento com as armas

Não obstante, o treinamento com armas tem alguma utilidade no Tai Chi Chuan, em diferentes níveis. A dança da espada do Tai Chi Chuan, em seu nível inferior, é de fácil realização e agradável de observar, especialmente quando desempenhada com graça e elegância. Certamente é mais fácil apresentar uma dança da espada do Tai Chi Chuan, ou mesmo qualquer outro tipo de dança dessa arte, do que a maior parte das outras, incluindo as danças modernas e a clássica dança dramática indiana por exemplo — os dançarinos de Tai Chi Chuan não precisam ter tanta resistência nem têm de fazer exercícios preliminares, como alongar o pescoço e as pernas.

No nível intermediário, no qual o Tai Chi Chuan é tratado como arte marcial, o treinamento com armas tem diversas funções, como por exemplo ilustrar melhor os princípios básicos, em relação à prática de uma série desarmado.

A espada do Wudang ilustra isso muito bem. Enquanto o kung-fu shaolin é famoso pelo seu bastão, que se tornou o símbolo não oficial das armas shaolin, o Tai Chi Chuan Wudang é mais conhecido pela sua espada. Filosoficamente, o bastão manifesta aquilo que o shaolin representa: é simples mas versátil, rígido mas compassivo. Dificilmente se encontra uma arma mais simples que um bastão, mas as técnicas para outros tipos de armas, como espada, alabarda, clava, machado de batalha, cimitarra, espada ou adaga, estão incorporadas na treinamento com o bastão! O bastão, como o discípulo shaolin, serve para todas as ocasiões. Embora ele seja duro, sua aplicação em combate é um atestado de compaixão, por não ter pontas afiadas ou pontiagudas que possam ferir ou matar o oponente. Por outro lado, para usar bem uma espada chinesa em qualquer estilo de kung-fu, incluindo o shaolin e o Tai Chi Chuan, a pessoa deve ser gentil, graciosa e harmoniosa — qualidades que deram fama ao Tai Chi Chuan. Se a pessoa usar uma espada delicada para bloquear ou bater, como se fosse um bastão, certamente a quebraria.

Ninguém bloqueia uma arma pesada com uma espada fina, do mesmo modo que no Tai Chi Chuan sem armas uma pessoa não reage de frente a um ataque vigoroso. Uma forma eficaz de reagir a um ataque desses é acompanhar o seu impulso e "levá-lo" a falhar, continuando o movimento para atacar antes que o oponente possa se recuperar. Outra forma é "engolir" o ataque e "devolvê-lo" em seguida para o adversário. Os dois métodos seguem princípios típicos do Tai Chi Chuan, conforme a *figura 19.1*.

Na *figura 19.1a*, o atacante golpeia o adversário com o bastão, que também poderia ser uma alabarda, clava ou outra arma pesada. O defensor vai para a esquerda e, usando apenas um movimento de pulso, gira a espada em volta do bastão atacante quando este descer (*figura 19.1b*). Continuando o movimento circular, sem interrupção, o defensor golpeia o punho direito do atacante com a espada (*figura 19.1c*).

Na *figura 19.1d*, o atacante joga o bastão contra a cintura do adversário. Quando o bastão se aproxima, o defensor dá um pequeno passo para trás e cai para uma postura baixa (*figura 19.1e*). Assim que o bastão tiver passado, e sem interromper o movimento, ele se atira para a frente e acerta a espada nas costelas do atacante. Como alternativa, para evitar ferimentos graves, ele poderá golpear o antebraço do adversário (*figura 19.1f*).

É claro que o discípulo que conseguir aplicar corretamente os princípios da esgrima, que ensina o praticante a fluir com o ataque em vez de se atirar contra o oponente e a esquivar-se de um ataque vigoroso em vez de enfrentá-lo diretamente, o que exige muita agilidade, graça e fluidez, apreciará e porá em prática os mesmos princípios no Tai Chi Chuan desarmado.

AS ARMAS NO TAI CHI CHUAN   295

Figura 19.1 Espada fina contra bastão rígido

Num nível muito avançado, o mestre de Wudang faz o *chi* fluir para a arma, usando-a como se fosse parte integrante do seu corpo. A estrutura e as técnicas da esgrima fazem da espada a arma ideal para essa função. Quando o mestre conquista essa habilidade, a espada flui ilimitadamente segundo as ordens da mente, sem nenhum esforço físico ou perda de resistência. Aplicado ao combate, isso significa que os movimentos da espada são tão velozes quanto deseja a mente do mestre. Ele pode continuar a fazer isso enquanto a energia durar — o que significa quase infinitamente, pois, nesse nível, a energia vital e mental é constantemente renovada pela energia cósmica.

Aplicado ao desenvolvimento espiritual, esse nível de capacidade significa que o mestre e a espada fundiram-se numa unidade de energia fluida e que essa unidade, por sua vez, está unida ao cosmo infinito. Em termos taoístas, o mestre atingiu o tríplice objetivo de transformar essência em energia, transformar energia em espírito e retornar o espírito ao Espírito. Em termos de Tai Chi Chuan Wudang, o primeiro estágio — que já é um estágio muitíssimo avançado, a ponto de ser difícil de imaginar para alguém não-iniciado — significa transformar o corpo material e a espada, também material, num fluxo unificado de energia. Na segunda etapa, esse fluxo unificado de energia transforma-se em consciência pura. No estágio mais elevado, a consciência pura transforma-se em — e é — Consciência Universal. Esse é o objetivo final de todas as religiões e disciplinas místicas, qualquer que seja o nome que seus adeptos lhes dêem, qualquer que seja a forma como descrevam o processo e qualquer que seja o método que utilizem para a obtenção desse elevado estado espiritual.

A espada, a cimitarra e o bastão

Analisemos outras técnicas de Tai Chi Chuan com armas de um ponto de vista mais terreno. A *figura 19.2* ilustra três padrões típicos de espada: O Dragão Amarelo Sai da Caverna (*figura 19.2a*), Yasha Testa o Mar (*figura 19.2b*) e A Andorinha Volta ao Ninho (*figura 19.2c*).

Todos esses padrões são belos e graciosos, não apenas em sua forma estática, mas principalmente em sua aplicação, expressando o ritmo "suave" e fluente do Tai Chi Chuan. A "Canção da Espada do Tai Chi" resume a essência dessa arma:

A arte da espada não é ensinada com facilidade.
Como os dragões e o arco-íris, ela é muito misteriosa.
Se você usa a espada para cortar e rachar,
San Feng rirá até evaporar-se como o orvalho.

Entre as armas chinesas, o facão ou cimitarra contrasta com a espada. Enquanto a espada chinesa tem dois gumes e é delicada, a cimitarra tem apenas um gume e é pesada. Como indica o poema, a espada não deve ser usada como se fosse uma cimitarra.

Como as técnicas para o uso da cimitarra se aproximam mais do kung-fu, que é vigoroso e "exterior", do que do Tai Chi Chuan, que é suave e "interior", essa arma não é muito popular. Apesar disso, quando usada no Tai Chi

AS ARMAS NO TAI CHI CHUAN   297

Figura 19.2 Padrões de espada do Tai Chi

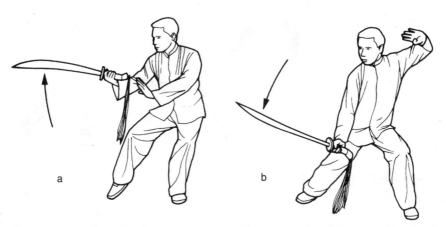

Figura 19.3 Padrões de cimitarra do Tai Chi

Chuan, suas características sutis e ágeis são enfatizadas. A *figura 19.3* mostra dois padrões de cimitarra do Tai Chi: O Macaco Branco Apresenta a Fruta (*figura 19.3a*) e O Imperador Han Mata a Serpente (*figura 19.3b*).

O bastão de Tai Chi originou-se da espada de Tai Chi, infelizmente pouco usada atualmente. As técnicas do bastão não são praticadas normalmente numa série completa, como a espada e a cimitarra, mas individualmente, na forma

Figura 19.4 Usos do bastão de Tai Chi

de técnicas específicas. A *figura 19.4* ilustra algumas técnicas típicas do bastão de Tai Chi, evidentemente derivadas das técnicas do bastão do shaolin, ensinadas pelo grande general Cheng Zong Dou, da dinastia Ming, as quais, por sua vez, foram adaptadas de suas técnicas com a espada.

Quando o oponente ataca a parte superior do corpo do praticante, este desvia o ataque (*figura 19.4a*) e golpeia a cabeça do outro (*figura 19.4b*). Na *figura 19.4c*, o adversário ataca o praticante na parte central do corpo. Este leva a perna da frente para a esquerda e desvia o ataque, imediatamente girando o corpo lateralmente, numa Postura Quatro-seis lateral, e golpeando o corpo do oponente (*figura 19.4d*). Na *figura 19.4e*, o oponente ataca a parte de baixo do corpo do praticante. Este varre o ataque e depois contra-ataca (*figura 19.4f*).

Lamentando o fato de não existirem séries com bastão no Tai Chi Chuan, três mestres da quarta geração do estilo Wu Yu Xiang, Han Qin Xian, Li Sheng Duan e Hao Zhong Tian, elaboraram uma série para bastão a partir das técnicas de espada do Tai Chi,[1] similares às técnicas de bastão do shaolin. A *figura 19.5* mostra três padrões dessa série: Separar a Relva para Encontrar a Serpente (*figura 19.5a*), Cinco Flores (*figura 19.5b*) e Montanha Tai sobre a Cabeça (*figura 19.5c*).

Figura 19.5 Padrões de bastão do Tai Chi

20

A filosofia do Tai Chi Chuan

O eterno clássico de Wang Zong Yue

Ele ressalta sobretudo os princípios do "movimento" e da "quietude" no Empurrar as Mãos e dá bons conselhos aos discípulos sobre como dominar essa habilidade básica.

O Tratado do Tai Chi Chuan

Se perguntarmos aos mestres de Tai Chi Chuan qual a obra que melhor representa essa arte, muitos citariam *O Tratado do Tai Chi Chuan*, de Wang Zong Yue, que viveu de 1733 a 1795. Todos os estilos de Tai Chi Chuan consideram esse texto a autoridade máxima no assunto. Quase todos os livros chineses que tratam da filosofia do Tai Chi Chuan o citam. Ele traz a essência dessa arte em apenas 350 palavras escritas em chinês clássico.

Daremos, a seguir, uma tradução, mas, devido à concisão do chinês clássico e à profundidade de seus conceitos, ele não é de fácil compreensão. Por esse motivo, faço alguns comentários que talvez possam ajudar.

O texto original é em prosa chinesa contínua; na minha tradução, dividi-o em passagens numeradas para facilitar o estudo e as referências.

1. O cosmo nasce do vazio; é a fonte do movimento e da quietude; e a mãe do yin e do yang. Por causa do movimento, há separação; por causa da quietude, há integração.

2. Não há excesso que não tenha equivalente; quando existe contração, existe distensão. Quando o oponente é vigoroso, eu me torno gentil: esse é o princípio do movimento. Quando estou numa posição favorável e o adversário numa posição adversa, esse é o princípio da quietude.

3. Se os movimentos forem rápidos, deve-se responder com a velocidade apropriada; se os movimentos forem graciosos, também devemos ser graciosos. Embora existam inúmeras variações, só existe um princípio fundamental.

4. Com prática e dedicação desenvolvemos a arte de compreender a força; a partir da compreensão da força desenvolvemos habilidades maravilhosas.

A menos que dediquemos muito tempo e esforço praticando, não conseguiremos aplicar naturalmente essa arte maravilhosa.

5. Mantenha a cabeça ereta e afaste todos os pensamentos irrelevantes. Concentre a energia vital no campo energético do abdômen. Não se curve e não se incline. Subitamente aparecemos, e subitamente desaparecemos.

6. Se a esquerda estiver pesada, esvazie a esquerda; se a direita estiver pesada, evite a direita. Erguendo-me, fico alto; abaixando a minha postura, torno-me profundo. Avançando, fico alongado; recuando, torno-me rápido.

7. Nem uma pena pode ser acrescentada, nem uma mosca pode pousar. O oponente não me compreende, mas eu o compreendo. O grande guerreiro é vitorioso para sempre; essa é a razão.

8. Há muitas outras artes que são diferentes; elas são, principalmente, o forte contra o fraco, o rápido contra o lento, usam a força contra quem é menos forte. Todas elas são naturais; não derivam de uma arte profunda.

9. Usar quatro *tahils* contra mil *katies* não depende apenas de força. Um homem velho enfrentando muitos jovens demonstra que a velocidade pode ser inútil.

10. Postar-se com equilíbrio, ser ágil como uma roda. Abaixar-se obliquamente é ser deselegante; o peso duplo é inconveniente.

11. Os que praticaram durante muitos anos mas não sabem como neutralizar a força do oponente continuam a ser derrotados, pois não souberam vencer a fraqueza do peso duplo.

12. Para superar essa fraqueza, temos de conhecer o princípio do pesado e do leve. Quietude é movimento, movimento é quietude. O yin nunca se separa do yang, e o yang nunca se separa do yin. A arte de compreender a força só é possível quando yin e yang estão em harmonia. Ficamos cada vez mais habilidosos no treinamento à medida que dominamos a arte de compreender a força.

13. É preciso entender as técnicas de contato das armas para que possamos avançar de acordo com o nosso desejo. Originalmente podemos querer nos entregar, mas em geral cometemos o erro de nos render perto ou atingir longe. Portanto, a perda de uma fração de centímetro vale tanto quanto mil quilômetros. Isso não deve ficar sem explicação; essa é a razão deste tratado.

Há dois problemas em relação a esses escritos. Primeiramente, no chinês clássico existe uma convenção de que se deve revelar o mínimo; a informação que os leitores esperam encontrar, em geral não é expressada, mesmo que seja crucial para a compreensão da passagem. Na citação acima, por exemplo, o autor declara apenas que "O cosmo nasce do vazio", sem maiores explicações, pois os leitores aos quais essa passagem se dirigia não teriam nenhuma dificuldade para compreender o significado implícito. Mas é claro que esse não é o caso dos leitores modernos, que muito provavelmente não têm a informação básica necessária.

Em segundo lugar, esse texto foi escrito para iniciados, em geral alunos do autor, que poderiam entender perfeitamente os termos concisos do mestre. A obra não foi feita para o consumo público. Portanto, para o mestre era suficiente afirmar que "Não há excesso que não tenha equivalente; quando existe contração, existe distensão"; os leitores visados sabiam o que isso significava, pois já haviam aprendido anteriormente. A declaração do mestre era para lembrar-lhes a importância desse princípio. Mesmo uma afirmação explícita como "Quando o oponente é vigoroso, eu me torno gentil: esse é o princípio do movimento" pode apresentar dificuldades, a menos que os leitores tenham sido treinados na aplicação da força "rígida" e "flexível". A explicação abaixo talvez ajude a superar esses problemas.

A explicação do Tratado

1. "O cosmo nasce do vazio" é uma forma chinesa de descrever a realidade máxima. O vazio pode ser tanto nada como tudo; ele é indiferenciado. Quando surgem os primeiros sinais de diferenciação (no nosso conceito humano), chamamos o vazio de cosmo. O Cosmo, portanto, é a fonte de todo movimento e de toda quietude (se não existisse o movimento ou a quietude, ainda seria vazio; por causa do primeiro movimento ou da primeira quietude, o vazio é chamado de cosmo).

   A quietude e o movimento representam dois aspectos arquetípicos da realidade, chamadas de yin e yang. Yin e yang também se aplicam aos aspectos opostos mas complementares de todos os outros fenômenos do universo. Portanto, o cosmo é a mãe do yin—yang.

   Esse princípio do yin—yang, que se manifesta na quietude e no movimento, é o princípio operativo fundamental da constante transformação do universo de partículas subatômicas infinitesimais até as estrelas infinitas. Por causa do movimento, o *chi* ou energia, a matéria de que é feito todo o universo, se dispersa e se torna nebulosa; por causa da quietude, o *chi* se aglutina para formar partículas.

2. Não existe nada pequeno demais ou grande demais que não possa ser impregnado pelo *chi*. Quando o *chi* é comprimido, ele se expande; quando ele se expande, comprime o *chi* em outros lugares. Portanto, não há excesso que não tenha equivalente; onde existe contração existe distensão, e vice-versa.

   O Tai Chi Chuan tem esse nome devido a essa filosofia do cosmo e do yin—yang e sua natureza eternamente cambiante, que se aplica a esse estilo de arte marcial bem como a todo o universo. No Tai Chi Chuan, esse princípio do yin-yang é encontrado em todos os aspectos e dimensões. Alguns exemplos incluem suas dimensões marciais e de saúde, seus movimentos estáticos e dinâmicos tanto no treinamento da força quanto nas aplicações de combate, seu fluxo interior de energia e técnicas externas e a conveniente classificação de suas habilidades e padrões em "flexível" e "rígido".

No combate, por exemplo, ao enfrentar um oponente forte, faço uso desse princípio do yin–yang tornando-me gentil, o que não significa necessariamente a ausência de força. Essa força é chamada de "flexível", em contraste com a força mecânica do oponente, que é "rígida". Se um oponente forte dá um soco vigoroso na minha direção, eu não o bloqueio nem o enfrento diretamente. Sem mexer os pés, posso desviar o corpo para trás, abaixando a postura e assim afastando o corpo do caminho do golpe, ao mesmo tempo que o guio para um lado com a minha mão, acompanhando o impulso. Esse é o princípio do "movimento" ou de render-se.

Quando o soco erra o alvo e perde a força, coloco a minha mão em contato com o braço ou com a mão do oponente e, seguindo o seu impulso, manobro de forma a ficar numa posição favorável. Esse é o princípio da "quietude" ou resistência.

3. Essa técnica de "resistência" deve ser executada de acordo com a harmonia yin–yang: se o meu adversário se retira rapidamente, eu avanço com uma velocidade compatível; se ele pressiona para a frente, eu acompanho o impulso elegantemente; se o meu oponente tenta empurrar a minha mão para um lado, eu o acompanho. Há inúmeras variações de reações, mas o princípio fundamental é o mesmo.

4. Para aplicar os princípios do "movimento" e da "quietude", temos de praticar regularmente. Com a prática constante, desenvolvemos a arte de compreender a força, que é uma expressão do Tai Chi Chuan para a resposta espontânea, ou seja, reagir espontaneamente à força ou aos movimentos do adversário, de acordo com a harmonia yin–yang. À medida que treinamos, desenvolvemos, a partir dessa capacidade de responder espontaneamente, habilidades maravilhosas nas técnicas de render-se ou "resistir". Essas habilidades não são inatas: elas só poderão se tornar uma segunda natureza se dedicarmos muito tempo e esforço ao treinamento.

5. No treinamento e no combate real, temos de manter a cabeça ereta e afastar todos os pensamentos irrelevantes. Devemos concentrar a energia vital no campo energético do abdômen; assim nos equilibramos e poderemos usar essa mesma energia quando for necessário. Não devemos nunca nos curvar para a frente nem inclinar a postura para um lado. A postura deve ser tal que o oponente não saiba se pretendemos ficar parados ou se nos moveremos em seguida.

6. Quando o adversário ataca pela esquerda, a pessoa deve mudar o peso da esquerda para a direita e mexer o corpo da mesma forma, para que o ataque falhe. Caso o ataque venha da direita, deve-se inverter o processo. Se o oponente adotar uma postura baixa e tentar levantar ou desequilibrar o outro, este deve levantar-se para ficar mais alto do que ele e assim acompanhar o impulso e frustrar o ataque. Se o adversário adotar uma postura alta e tentar pressionar o outro para baixo, este deve abaixar a sua postura ainda mais e assim neutralizar o ataque.

   Se o oponente avançar para atacar, temos de recuar para tentá-lo a avançar até que ele não consiga ir mais para a frente; então, quando o impulso para a frente tiver se dissipado, daremos o golpe. Se o oponente tentar recuar antes do nosso ataque, devemos ser mais rápidos e golpeá-lo imediatamente.

7. Todos os movimentos devem ser muito bem coordenados; temos de estar bastante alertas, e a percepção deve ser tão aguda que nem uma pena possa ser colocada sobre o nosso corpo, nem uma mosca pousar sobre nós sem que o saibamos.

   Em qualquer combate, é importante ter uma compreensão exata do oponente e da situação da luta. Grandes guerreiros vencem porque conhecem seus adversários, mas estes não os conhecem. No Tai Chi Chuan, uma das formas de conhecer o oponente é ficar perto dele e mover-se em harmonia yin—yang. Quando ele avança impetuosamente, nós cedemos; se ele recua, nós avançamos. Nossos movimentos se iniciam depois dos dele, mas chegam antes. Isso significa que pressentimos todos os movimentos e reagimos de acordo com eles. Quando surge uma oportunidade, atacamos com tanta rapidez que a nossa investida chega antes que o oponente possa evitá-la ou bloqueá-la. Se ele não se move, nós não nos movemos; quando ele se movimenta, nos movimentamos mais depressa.

8. Muitas outras artes marciais são diferentes do Tai Chi Chuan. Em geral, são artes nas quais a vitória no combate é o resultado de sobrepujar fortemente os fracos, vencer rapidamente os lentos e conquistar com a força aqueles que são menos fortes. Isso acontece naturalmente, ou seja, a vitória depende de habilidades naturais, como o forte sobrepujar o fraco, e não de qualidades derivadas do aprendizado de uma arte profunda.

9. O Tai Chi Chuan é diferente: o uso de um mínimo de força suave e elegante para vencer um oponente maior e mais forte indica a profundidade dessa arte; ele não depende da mera força. A capacidade de um velho enfrentar com êxito diversos jovens mais rápidos que ele demonstra que a velocidade em si não é um fator decisivo no combate. Esses dois exemplos mostram que no Tai Chi Chuan outros fatores pesam mais do que a força mecânica e a velocidade.

10. Quais são esses fatores? São: o bom equilíbrio e a resposta espontânea. A postura deve ser equilibrada, e temos que ser flexíveis como uma roda

girando. Por exemplo, se o oponente me empurrar pelo lado direito, eu não devo resistir, mas sim girar no sentido horário como uma roda. Esse é o princípio de render-se. Para conseguir fazer isso, o equilíbrio deve ser perfeito. Se a postura estiver desequilibrada, por exemplo quando o centro de gravidade estiver além da base dos pés, os movimentos serão desajeitados. E quando se usa o próprio peso contra o peso do oponente, ou força contra força, os movimentos são desastrados.

11. Há pessoas que praticaram a arte durante muitos anos mas ainda não sabem como neutralizar o poder do oponente. Elas provavelmente serão derrotadas, pois não conseguiram superar a fraqueza do "peso duplo", isto é, usar força contra força.

12. Para superar essa fraqueza, é preciso conhecer o princípio do "rígido" e do "flexível". Por exemplo, se o adversário for "rígido" avançando e atacando vigorosamente, temos que ser "flexíveis", ou seja, render-nos. Se o oponente for "flexível", como ao se retirar depois de um ataque frustrado, temos que ser "rígidos" e atacar antes que ele possa se recuperar do movimento anterior. Esses princípios de render-se e "resistir" estão em harmonia; eles jamais devem ser separados. Quando "resistimos" também nos rendemos; quando nos rendemos, também "resistimos".

Essa é uma manifestação do princípio do yin—yang. No Tai Chi Chuan, o aspecto yin jamais está separado do yang, e vice-versa. Por exemplo, se desejarmos obter o máximo de benefícios no aspecto de saúde (yin) do Tai Chi Chuan, não podemos negligenciar a parte marcial (yang), pois muitos desses benefícios, como agilidade física, estabilidade emocional e clareza mental, derivam do treinamento marcial. Por outro lado, se queremos ser bem-sucedidos na questão marcial, não podemos negligenciar o aspecto da saúde, como por exemplo excedendo-nos no treinamento, ferindo-nos num condicionamento muito duro ou nos machucando por causa da luta.

A arte da resposta espontânea, essencial para a eficiência no combate, só é possível quando o yin e o yang estão em harmonia. Imagine, por exemplo, que um adversário avance para atacar, o que é simbolizado pelo yang. Se também avançarmos para enfrentá-lo com força igual, o que também está representado pelo yang, estaremos combinando força com força, ou chocando yang com yang, o que não é aconselhável no Tai Chi Chuan. Ou, quando o oponente recua depois de uma tentativa frustrada, se também nos retirarmos, estaremos juntando yin com yin. No Tai Chi Chuan a harmonia entre yin e yang é alcançada quando juntamos yin com yang ou yang com yin. Em outras palavras, quando o oponente ataca, cedemos; quando ele recua, nós avançamos. Uma vez dominada a arte da resposta espontânea ao ceder ou avançar adequadamente, tornamo-nos cada vez mais habilidosos à medida que continuamos o treinamento.

13. Temos de compreender os princípios e as técnicas que estão envolvidos quando mantemos as nossas armas em contato com as do oponente, para que possamos avançar ou recuar tão elegante e eficientemente quando desejarmos. Se, por exemplo, nos retiramos para evitar um ataque, mas cometemos o erro de não recuar o suficiente, ainda estaremos perto o bastante para que ele nos derrote. Do mesmo modo, se atacarmos depois de esgotado o movimento do outro, mas não avançarmos o bastante, o nosso ataque não será bem-sucedido. Portanto, deixar de acertar por uma fração de centímetro é a mesma coisa que errar por mil quilômetros.

Os três níveis de realização

Exceto pela menção inicial da realidade cósmica, o que Wang Zong Yue descreve é, basicamente, o treinamento fundamental de combate do Tai Chi Chuan. Ele ressalta principalmente os princípios de "movimento" e "quietude" no Empurrar as Mãos e dá alguns bons conselhos aos alunos sobre como dominar essa qualidade básica.

Os mestres clássicos afirmavam que existem três níveis de realização no Tai Chi Chuan. No primeiro, os praticantes podem executar graciosamente uma série de Tai Chi; assim obtém-se boa saúde. No nível intermediário, desenvolve-se a força interior e pode-se aplicar impecavelmente os movimentos do Tai Chi Chuan para lutar; eles proporcionam a eficiência no combate. No nível mais elevado, os mestres estão no caminho da imortalidade; eles alcançam a plenitude espiritual, independentemente de sua religião, ou da falta dela. No primeiro nível, a ênfase do treinamento está no *jing*, ou forma; no segundo, está no *chi*, ou energia; no nível mais elevado, está no *shen*, ou mente.

21

O taoísmo e o desenvolvimento espiritual no Tai Chi Chuan

Alcançar a imortalidade e retornar ao vazio

Se os aspirantes almejam o objetivo mais elevado, escolhem transcender até mesmo a imortalidade para retornar ao vazio.

Os princípios do Tai Chi Chuan no *Tao Te King*

O Tai Chi Chuan é considerado uma arte taoísta, porque sua filosofia e prática derivam do *Tao Te King* de Lao Tsé,* o mais representativo e autorizado dos ensinamentos taoístas. Ensinamentos típicos do Tai Chi Chuan, como não lutar, não iniciar um ataque e a não-agressão, por exemplo, são mencionados com freqüência no clássico taoísta.[1]

A melhor coisa é a água.
A água beneficia todas as coisas sem lutar.

Seção 8

O bom lutador não inicia um ataque.
O guerreiro sábio não é agressivo.
O soldado sábio não enfrenta o inimigo abertamente.
O administrador sábio preocupa-se com seus subordinados.
Essa é a virtude de não lutar.

Seção 68

No Tai Chi Chuan, enfrentar a força com a força é considerada a pior das táticas e estratégias das artes marciais, pois tanto o vencedor quanto o perdedor sofrem. Essa filosofia manifesta-se claramente no *Tao Te King*:

Os conselheiros imperiais que conhecem o Tao
Não usariam um exército para forçar os outros à submissão.

---

* Lao Tsé, *O Livro do Caminho Perfeito*, Editora Pensamento, São Paulo, 1997.

Seu efeito é recíproco;
Nas terras nas quais foram travadas batalhas,
As ervas daninhas crescem abundantemente.
O tempo depois de uma guerra
É sempre um tempo de sofrimento.
Os sábios usam o exército para a defesa,
Não ousam usá-lo para a agressão.

Seção 30

Outro princípio característico do Tai Chi Chuan é a sua "flexibilidade". Mas como alguém poderia imaginar uma tática ou estratégia tão incrível quanto "o flexível vence o rígido"? O criador do Tai Chi Chuan inspirou-se no *Tao Te King*:

A coisa mais flexível do mundo
Vence a mais rígida.
O que não existe penetra até mesmo
no que não tem frestas.

Seção 43

Mesmo as técnicas para implementar as táticas de "o flexível vence o rígido" são extraídas do *Tao Te King*:

Entre as coisas mais flexíveis do mundo,
Nada é mais flexível do que a água.
Qualquer objeto rígido no seu caminho
Será derrotado pela água.
A água não muda jamais.
Por isso é que o flexível vence o rígido,
O fraco derrota o forte.
Todos sabem disso
Mas poucos o praticam.

Seção 78

Como o flexível pode vencer o rígido, a melhor coisa a fazer para sobrepujar algo rígido é usar algo flexível, e a coisa mais flexível do mundo é a água. Nos escritos taoístas, o termo "água" não se refere ao líquido apenas; é um símbolo para as características representadas pela água, ou seja: a fluidez e a capacidade de espalhar-se. É por isso que os movimentos do Tai Chi Chuan fluem e se espalham como se fossem água. Quando o oponente ataca, o praticante de Tai Chi Chuan deixa seus movimentos fluírem ao longo ou por cima do ataque, em vez de ir contra ele.

Como a água corrente, os movimentos prosseguem com graça e sem interrupção. O adversário poderá usar diferentes formas de ataque, simbolizadas pelos diferentes processos elementares do metal, da madeira, do fogo ou da terra, todos mais rígidos que a água. Mas o praticante do Tai Chi Chuan não precisa mudar os movimentos fluentes; ele segue o ensinamento de Lao Tsé de que "qualquer objeto rígido em seu caminho será derrotado pela água". Isso simboliza como a água enferruja o metal, apodrece a madeira, extingue o fogo e carrega a terra. Enquanto todos os outros processos elementares são transformados pela água, ela permanece intacta. Portanto, o oponente poderá fazer dez movimentos diferentes, mas o praticante de Tai Chi Chuan fará apenas um. Um movimento que flui continuamente e termina por vencer o outro. Essa característica do combate do Tai Chi Chuan se inspira nos dizeres de Lao Tsé: "A água nunca muda, por isso o flexível vence o rígido, o fraco derrota o forte."

Essa idéia da água fluindo e se espalhando é também o princípio fundamental para a promoção da saúde na prática do Tai Chi Chuan, manifestada no fluxo harmonioso da energia. Se os movimentos forem em *staccato*, ou se a energia vital estiver trancada em várias partes do corpo em vez de estar espalhada pelo corpo todo, não só não é possível obter benefícios para a saúde como também se pode sofrer efeitos adversos. Mas, se os movimentos do Tai Chi Chuan fluírem como a água, certamente haverá vantagem. Lao Tsé afirma: "A melhor coisa é a água; a água beneficia todas as coisas sem lutar."

Como alcançar o Tao

Mais significativos do que a correlação entre o *Tao Te King* e o Tai Chi Chuan para a saúde e o combate são os princípios e a prática por trás da mais elevada realização nessa arte, também derivada do clássico de Lao Tsé. Logo no começo ele afirma:

O Tao que pode ser chamado de Tao não é o verdadeiro Tao.
O nome que pode ser nomeado não é o verdadeiro Nome.
O inominável é a origem do cosmo.
O nomeado é a mãe de todas as coisas.
Assim, sem desejo, vê-se o seu máximo.
Com desejo vê-se suas diminutas aparências.
Os dois são a mesma coisa, mas têm nomes diferentes.
Isso é misticismo,
Místico e maravilhoso,
O portal para todas as maravilhas.

O Tao, ou realidade máxima, não pode ser nomeado, mas, por conveniência, Lao Tsé o chama de Tao. Outras pessoas podem chamá-lo por outros nomes, como Deus, Brahma, Buda ou campo de energia unificada.

Por que não podemos nomear a realidade máxima? A realidade máxima é indiferenciada. Todas as coisas individuais e indiferenciadas que vemos são apenas relativamente, mas não absolutamente, reais. Em outras palavras, uma árvore, um carro, uma pessoa ou qualquer outro objeto aparece para nós de acordo com um conjunto de condições, como a forma como nossos olhos são feitos para enxergar a luz, a forma como nossa mente foi treinada para interpretar dados sensoriais e o ambiente no qual a percepção se dá. Se as condições forem diferentes — se o observador estiver usando óculos com lentes distorcidas, por exemplo, ou for influenciado por drogas psicodélicas, ou se houver uma forte neblina entre o observador e o objeto observado —, os objetos aparecerão de modo diferente.

Imagine então o que outro ser, como uma vaca ou um micróbio, num conjunto de condições radicalmente diferentes das nossas, enxerga quando olha para aquilo que os seres humanos chamam de árvore, carro ou pessoas. É difícil imaginar, mas não é difícil compreender que essa imagem será diferente da nossa. Quase todas as culturas, ao longo de toda a história, acreditaram na existência de vida em outras dimensões ou mundos, como fadas, espíritos, deuses e seres de outras galáxias. Apenas os ocidentais abandonaram essas crenças, embora as tivessem no passado. Esses outros seres, vibrando em freqüências muito diferentes das nossas, sentem a realidade em relação às suas próprias condições, de maneiras inimagináveis para quem ainda acredita que nós, neste nosso mundo insignificante, com nossas percepções particularmente grosseiras, somos os únicos seres a perceber a realidade tal como ela é.

Mas é interessante que a ciência moderna afirme categoricamente que na verdade não existe uma realidade objetiva, que os fenômenos que vemos são apenas aparência — que é o que significa a palavra "fenômeno". Um elétron, por exemplo, pode ser uma onda ou uma partícula, dependendo do que preferirmos: medi-lo ou conceitualizá-lo. Uma massa de átomos, cada um dos quais é 99,999% "vazio", é vista por nós como um objeto sólido, por causa da maneira como o nosso cérebro opera.

Assim, se os fenômenos vistos por nós e por outros seres são relativos, o que então seria a realidade máxima? Os mestres de todas as grandes religiões e disciplinas místicas nos dão a mesma resposta: a realidade máxima é inexplicável, indescritível e deve ser vivenciada diretamente. Em consideração àqueles que ainda não atingiram um estágio espiritual muito elevado, necessário para vivenciá-la diretamente, os grandes mestres a descrevem como infinita, eterna e indiferenciada. Mas uma vez definida a realidade máxima, ou qualquer parte dela, sob qualquer forma, do minúsculo ao imenso, ela não é mais indiferenciada ou onipresente, mas conceitualizada como fenômenos.

Por exemplo, quando conceitualizamos a realidade máxima como um elétron, ou como um Deus antropomórfico, ela não é mais onipresente, pois está limitada no tempo e no espaço pela sua forma. Essa forma, que é na verdade um fenômeno ou "aparência", não existe quando não está sendo conceitualizada. Quando ela *está* sendo conceitualizada, tudo o que está fora da sua forma não pertence a ela. É por isso que os santos cristãos e muçulmanos, assim como os mestres budistas, hindus e taoístas, só que, em termos diferentes, exclamam, em seu êxtase religioso mais profundo, que Deus está neles e eles estão em Deus, sem limites entre os adoradores e o adorado, o conhecedor e o conhecido.

Em vista disso, fica fácil compreender as famosas linhas iniciais de Lao Tsé. A realidade máxima que pode ser chamada de Tao, Deus, Buda ou Ser Supremo não é mais realidade máxima. O próprio ato de nomear, qualquer que seja o nome, é o início do processo de conceitualização e diferenciação. Uma vez que haja conceitualização e diferenciação, a realidade se manifesta como fenômeno, segundo as condições do observador.

Portanto, embora tenhamos de designar a realidade de alguma forma, para a nossa conveniência, devemos lembrar que aquilo que está sendo nomeado é uma imitação e não a realidade máxima em si. É uma imitação porque o conceito representado pelo nome é um reflexo do que as pessoas conceitualizam de acordo com seu conjunto de condições. Por exemplo, a realidade máxima é chamada de Tao pelos taoístas, de Buda ou Tatagata pelos budistas, de Deus pelos cristãos, judeus e muçulmanos e de Brahma pelos hindus. Mas, devido às diferenças religiosas, lingüísticas e outras existentes entre esses grupos, a sua conceitualização da mesma realidade máxima poderá ser diferente.

Essa realidade máxima inominável é a origem do cosmo. Em outras palavras, antes de existir o cosmo, havia a realidade máxima. Como e quando o cosmo começou a existir? Assim que nós, ou quaisquer outros seres, em outras dimensões, demos nomes aos fenômenos surgidos como resultado de certos conjuntos de condições. O cosmo não teve um começo definido e não terá um fim definido. Para seres diferentes, o cosmo começou e terminará em épocas ou eras diferentes. Na escala humana, o cosmo começou há bilhões de anos, quando foram isoladas partes infinitesimais da realidade máxima na insignificante parte do universo que nós definimos. Segundo o nosso conjunto de condições, por exemplo, chamamos uma dessas partes infinitesimais de árvore, outra de pessoa, de montanha, de céu e assim por diante. Mas na realidade máxima todas essas partes são uma unidade contínua; a aparência individual de cada uma é uma ilusão.

Se conseguirmos eliminar as condições que deram origem aos fenômenos, poderemos transcender a ilusão e perceber a realidade como ela é verdadeiramente. No taoísmo, essas condições são designadas figurativa e coletivamente como desejo, pois é o desejo que inicia a operação das séries de condições.

Sem o desejo, vemos a realidade máxima: o cosmo acaba, ou, expressando de outro modo, o cosmo não começa. Com o desejo, colocamos em andamento uma série de condições que resultam em enxergarmos as minúsculas aparências que fazem o nosso cosmo. Na verdade, a realidade máxima, ou o vazio, é o mesmo que o mundo dos fenômenos, ou o cosmo. No Tai Chi Chuan, o vazio é chamado de *Wuji*, e o cosmo, de *Tai Chi*. A diferença existe apenas em nós, por causa da nossa percepção grosseira que só consegue interpretar uma pequena porção da realidade física conhecida.

O objetivo mais elevado do Tai Chi Chuan é ter vislumbres dessas verdades cósmicas e finalmente vivenciar de modo direto a realidade máxima. Em termos taoístas e do Tai Chi Chuan, isso significa alcançar o Tao, ou retornar ao grande vazio; em outros termos, é alcançar a iluminação, o *bodhi* ou estado de Buda, o retorno a Deus ou a união com o absoluto.

A imortalidade e o Grande Vazio

O desenvolvimento espiritual, tanto no Tai Chi Chuan quanto no taoísmo, pode ser dividido em três estágios: transformar o *jing*, ou essência, em *chi*, ou energia; transformar a energia em *shen*, ou espírito; e devolver o espírito ao grande vazio. As duas primeiras etapas são conseguidas primariamente com o chi kung, e a última, a mais elevada, com a meditação. O taoísmo é rico em literatura sobre chi kung e meditação, mas mesmo quem entende o chinês clássico tem dificuldade para compreender o seu conteúdo, pois em geral os textos são escritos em linguagem misteriosa, simbólica. Ademais, esse treinamento avançado só pode ser realizado sob a supervisão pessoal de um mestre. Portanto, a descrição seguinte, que apresenta alguns desses ensinamentos de forma bastante condensada, é apresentada como curiosidade, e não para ser usada como recurso didático.

As artes mais importantes do chi kung taoísta para o desenvolvimento espiritual são o Pequeno Universo e o Grande Universo. O Pequeno Universo, também chamado de Fluxo Microcósmico, faz circular a energia vital em volta do corpo, ao longo do *ren*, ou meridiano conceitual, e do *du*, ou meridiano regulador. O fluxo constante de energia em torno desses dois importantes meridianos traz enormes benefícios à saúde e ao combate. Os mestres assim resumiram os benefícios à saúde: "Se uma pessoa realiza a ruptura do fluxo de energia ao longo dos meridianos *ren* e *du*, eliminará centenas de doenças." Nas artes marciais, esse fluxo ilimitado de energia vital oferece ao praticante uma grande fonte de força interior. Para os espiritualistas, o Pequeno Universo constitui um modo eficaz de transformar a essência em energia e a energia em espírito.

O Grande Universo, também conhecido como Fluxo Macrocósmico, pode ser de dois tipos. Os especialistas da área da saúde e os praticantes de artes marciais geralmente se referem a ele como a arte que canaliza a energia vital através dos doze meridianos primários dos pulmões, do cólon, do estômago, do baço, do coração, dos intestinos, da bexiga, dos rins, do pericárdio, do triplo aquecedor, da vesícula biliar e do fígado, nessa ordem. Os espiritualistas muitas vezes mencionam o Grande Universo como a arte na qual a energia do *dan tian* ou de qualquer outro campo energético se difunde pelo corpo sem que tenha fluído antes pelos doze meridianos. Mas, qualquer que seja o tipo, ele serve para transformar a energia em espírito e para devolver o espírito ao grande vazio.

Em geral dá-se mais importância ao Pequeno Universo, e não ao Grande, para conseguir alcançar o objetivo mais elevado do Tai Chi Chuan ou do culto taoísta. Isso não significa que o Grande Universo seja pouco usado. Mas a maior parte do treinamento é feita no Pequeno Universo. Quando isso é conseguido, com grandes quantidades de energia armazenada nos vários campos energéticos, a transição para o Grande Universo, no qual a energia se difunde pelo corpo, é relativamente rápida — tão rápida, de fato, que quase nunca se menciona o Grande Universo.

Quem deseja ser imortal em vez de fundir-se com o vazio pode até mesmo se desviar do Grande Universo. Depois de alcançado o Pequeno Universo, desenvolve-se uma pérola de energia no baixo *dan tian*, em geral no *guanyuan* ("portal do *chi* original"), o campo de energia no abdômen. Geralmente adota-se a posição de lótus duplo ou lótus simples, com as mãos nos joelhos (*figura 21.1a*) ou então juntas no colo (*figura 21.1b*). A meditação taoísta é chamada de *jing-zuo*, ou "sentar silencioso".

Depois de alimentar a pérola da energia no *jing-zuo* por algum tempo — normalmente alguns anos —, transporta-se essa pérola para o centro do *dan tian*, geralmente no *huangting* ("palácio amarelo") ou *zhongting* ("palácio central"), o estômago ou o coração, respectivamente. Lá infunde-se na consciência essa pérola de energia, que recebe o nome figurativo de "feto divino".

Depois de alguns anos, transporta-se esse "feto divino" para o *dan tian*, geralmente no *niyuan* ("pílula de lodo"), o centro de energia da glândula pineal. Lá a pérola de energia se transforma em espírito, representando a réplica espiritual do aspirante. Quando o espírito tiver sido alimentado por muitos anos de desenvolvimento, o *baihui* ("encontro dos cem meridianos"), o campo energético do topo da cabeça, se abre, e o espírito se emancipa do corpo físico, como imortal.

Aqueles que querem atingir o objetivo mais elevado preferem transcender até mesmo a imortalidade e retornar ao vazio. É uma meta maior, porque a imortalidade ainda é existência no reino dos fenômenos, ainda é limitada no tempo e no espaço, embora para um imortal estes sejam medidos em escalas astronômicas. Retornar ao vazio, todavia, é ser transcendental, infinito e eterno.

Retornar ao grande vazio não é se extinguir, como pensam alguns. Então, para onde vão os mestres do Tai Chi Chuan ou do Tao quando retornam ao grande vazio? Eles não vão a lugar nenhum; na verdade, o seu corpo físico ainda pode ser visto pelos não-iluminados. Ao atingir o vazio, esses mestres superam as limitações do seu corpo físico e espírito pessoal e percebem que eles são na verdade o cosmo e o espírito universal.

A conquista mais elevada é conseguida por meio do Pequeno Universo e do "sentar silencioso", ou *jing-zuo*. Os aspirantes concentram a pérola de energia num campo energético conveniente, como o *zhongting*, o *huangting* ou o *niyuan*. Ela brilha e cresce até cobrir todo o corpo; enquanto isso eles transformam a energia em espírito. À medida que o espírito se expande, e no tempo certo, eles alcançam a percepção abençoada e maravilhosa de que eles mesmos são na verdade o grande vazio.

De acordo com o conceito da harmonia yin—yang no Tai Chi Chuan, a plenitude espiritual pode ser atingida não só por métodos estáticos como os descritos acima mas também por meios dinâmicos. Praticar uma série de Tai Chi Chuan Wudang (ver capítulo 13) ou as técnicas de espada Wudang (ver capítulo 19) até transformar-se num fluxo de energia contínuo e fundir-se com a energia universal do cosmo é uma forma de retornar ao grande vazio.

Como é compreensível, poucas pessoas acreditam ou estão prontas para a percepção cósmica. Mas, acreditemos ou não, é óbvio que o Tai Chi Chuan é mais do que uma mera dança, como revela este livro. Mesmo num nível inferior, se praticado adequadamente, ele promove a boa saúde, além de, num nível intermediário, ser excelente para a defesa pessoal. E, num nível mais elevado, pode nos conduzir à maior realização que uma pessoa pode alcançar.

Figura 21.1 As posições de lótus para a meditação sentada

Notas

Capítulo 3

1. Zhang San Feng, *The Secret of Training the Internal Elixir in the Tai Chi Art*, preservado por Taiyi Shanren, reimpresso a partir de um antigo texto de Anhua Publications, Hong Kong, sem data, pp. 68-9. Em chinês.
2. Citado em Pei Xi Rong e Li Chun Sheng (org.), *Wudang Martial Arts*, Hunan Science and Technology Publications, Changsa City, 1984, p. 2. Em chinês.
3. Citado em Li Wen Tao, *Introduction to Tai Chi Chuan and Tai Chi Chi Kung*, Guang Quing Publications, Kowloon, 1986, pp. 21-2. Em chinês.

Capítulo 4

1. Citado em Li Wen Tao, op. cit., pp. 37-8. Em chinês.
2. *Ibid.*, pp. 39-40.
3. Yang Deng Fu, *Yang-style Tai Chi Chuan* (registro dos ensinamentos do mestre pelos seus discípulos), Taiping Book Company, Hong Kong, 1968, pp. 4-6. Em chinês.
4. *Cheng Man Ching's Advanced T'ai-Chi Form Instructions*, compilado e traduzido por Douglas Wile, Sweet Ch'i Press, Nova York, 1986, p. 20.

Capítulo 6

1. Para um estudo abrangente e profundo do chi kung, consultar o meu livro *The Art of Chi Kung*, Element Books, 1993.
2. Consultar o meu livro *The Art of Shaolin Kungfu*, Element Books, 1996.

Capítulo 10

1. Consultar meu livro, *The Art of Shaolin Kungfu*, Element Books, 1996, para uma verificação dessa afirmação.

Capítulo 12

1. Consultar o meu livro *The Art of Shaolin Kungfu*, Element Books, 1996.
2. James MacRitchie, *Chi Kung: Cultivating Personal Energy*, Element Books, 1993, pp. 14-5.
3. Consultar o meu livro *The Art of Chi Kung*, Element Books, 1993.

Capítulo 13

1. Pei Xi Rong e Li Chun Sheng, op. cit., p. 6.

Capítulo 14

1. Gu Liu Xiang e Shen Jia Zhen, *Chen-style Taijiquan*, People's Physical Education Publications, China, 1994, pp. 5-64. Em chinês.

Capítulo 15

1. Zhao Bin, Zhao You Bin e Lu Di Min, *The True Art of Yang-style Taijiquan*, San Qin Publications, Sian, China, 1994, p. 275. Em chinês.

Capítulo 16

1. Hao Shao Ru, *Wu-style Taijiquan*, Taiping Book Company, Hong Kong, 1971, pp. 8-9. Em chinês.
2. Guo Fu Hou, *Commentary and Explanation on Taijiquan Secrets*, Tianjin Science and Technology Publications, Tianjin, China, 1994, p. 92. Em chinês.

Capítulo 17

1. Xu Zhi Yi, *Taijiquan Style of Wu Jian Quan*, Qing San Books Company, Hong Kong, 1958, pp. 1-7. Em chinês.

Capítulo 18

1. Sun Jian Yun, *Sun-style Tai Chi Chuan*, Taiping Book Company, Hong Kong, 1969, pp. 2-3. Em chinês.

Capítulo 19

1. Chen Gu An, *Tai Chi Staff*, Henan Science and Technology Publications, China, 1988, p. 1. Em chinês.

Capítulo 21

1. As citações deste capítulo foram tiradas do *Tao Te Ching*, Sheng Tian Tang Publications, Taizhong, Taiwan, sem data. Em chinês. [*Tao-Te King*, publicado pela Editora Pensamento, São Paulo, 1987.]

Leituras complementares

Em inglês

1. Klein Bob, *Movements of Magic: The Spirit of Tai Chi Chuan*, Aquarian Press, Wellingborough, 1987.
2. Wile Douglas, *Cheng Man Ching's Advanced T'ai-Chi Form Instructions*, Sweet Chi Press, Nova York, 1986.
3. General Tao Hanzhang, *Sun Tzu's Art of War*, traduzido do chinês por Yuan Shibing, Eastern Dragon Books, Kuala Lumpur, 1991.
4. MacRitchie James, *Chi Kung: Cultivating Personal Energy*, Element, Shaftesbury, 1993.
5. Blofeld John, *Taoism: The Quest for Immortality*, Unwin Hyman, Londres, 1989 (primeira edição 1979). [*Taoísmo – O Caminho para a Imortalidade*, publicado pela Editora Pensamento, São Paulo, 1986.]
6. Palmer Martin, *The Elements of Taoism*, Element, Shaftesbury, 1991.
7. Crompton Paul, *The Elements of Tai Chi*, Element, Shaftesbury, 1990. [*O Livro Básico do Tai Chi*, publicado pela Editora Pensamento, São Paulo, 1994.]
8. Wong Kiew Kit, *The Art of Chi Kung*, Element, Shaftesbury, 1993.
9. Wong Kiew Kit, *The Art of Shaolin Kungfu*, Element, Shaftesbury, 1996.

Em chinês

1. Chen Gong, *Tai Chi Chuan Fist, Knife, Sword and Staff*, Health Publishing House, sem data.
2. Chen Gu An, *Tai Chi Staff*, Henan Science and Technology Publications, Chengdu, 1988.
3. Chen Xiao Wang, *The 38-Pattern Chen-style Tai Chi Chuan*, Shanghai Book Shop, Hong Kong, 1987.
4. Deng Mong Hen, *Tai Chi Chuan for Self Defence and Health*, Bailing Publishing House, Hong Kong, sem data.
5. Editorial Committee, *Martial Artists and Martial Arts*, Shanghai Educational Publications, Xangai, 1985.
6. Fang Jin Hui e outros (org.), *Encyclopedia of Chinese Martial Arts*, Anwei People's Publications, Anwei, 1987.
7. Gu Liu Xiang e Shen Jia Zhen, *Chen-style Tai Chi Chuan*, People's Physical Education Publication, Pequim, 1994.
8. Guo Fu Hou, *Commentary and Explanation on Tai Chi Chuan Secrets*, Tianjin Science and Technology Publications, Tianjin, China, 1994.
9. Hao Shao Ru, *Wu-style Tai Chi Chuan*, People's Physical Education Publications, Pequim, 1984.
10. Huang Zhao e outros (org.), *History of Taoist Thoughts*, Hunan Teachers' Training University Press, 1991.
11. Lao Tzu, *Tao Te Ching*, Sheng Tian Tang Publications, Taizhong, Taiwan, sem data.
12. Li Tian Ji, *The Art of Wudang Sword*, People's Physical Education Publishing House, Pequim, 1988.
13. Li Wen Tao, *Introduction to Taiji Chi Kung*, Guang Qing Publishing House, Kowloon, 1986.
14. Lian Yang, o Recluso, *Taoist Immortality and Zen Meditation*, Wuling Publishing House, Taipei, 1988.
15. Pei Xi Rong e Feng Guo Dong, *Principles of Tai Chi Chuan Pushing Hands*, 1983.
16. Pei Xi Rong e Li Chun Sheng (org.), *Wudang Martial Arts*, Hunan Science and Technology Publications, Changsa City, 1984.

17. Pei Xi Rong (org.), *Discourse on Wudang Chi Kung*, Sanlian Books, Shanghai, 1989.
18. Qui Ling (org.), *Selection of Ancient Chinese Chi Kung*, Guangdong Science and Technology Publications, Guangzhou, 1988.
19. Sun Jian Yun, *Sun-style Tai Chi Chuan*, Taiping Book Company, Hong Kong, 1969.
20. Sun Yau Zhong, *Practice of Simplified Wu-style Tai Chi Chuan*, Beijing College of Physical Education Press, Pequim, 1993.
21. Shen Shou, *Questions on Tai Chi Chuan Pushing Hands*, People's Physical Education Publications, 1986.
22. Tang Hao, *A Study on Internal Kungfu*, Unicorn Press, Hong Kong, 1969.
23. Wang Jian Dong, *Military Strategies of Sun Tzu*, Zhi Yang Publications, Taiwan, 1994.
24. Wang Zi Zhang e Li Wen Zhen, *Tai Chi 13-Technique Sword*, People's Physical Education Publications, Pequim, 1983.
25. Xi Yun Tai, *History of Chinese Martial Arts*, People's Physical Education Publications, Pequim, 1985.
26. Xu Dao Yi, *Yi Jing and Modern Natural Sciences*, Guangdong Educational Publications, Guangzhou, 1995.
27. Xu Tao Ren (org.), *The Way of Immortality*, People's University Press, Pequim, 1992.
28. Xu Zhi Yi, *Tai Chi Chuan Style of Wu Jian Quan*, Qing San Books Company, Hong Kong, 1958.
29. Xue Nai Yin, *True Art of Wu-style Tai Chi Chuan*, Beijing College of Physical Education Press, 1993.
30. Yang Deng Fu, *Yang-style Tai Chi Chuan* (registrado por seus discípulos), Taiping Book Company, Hong Kong, 1976.
31. Zhang San Feng, *The Secret of Training the Internal Elixir in the Taiji Art*, preservado por Taiyi Shanren. Reeditado a partir de um texto antigo por Anhua Publications, Hong Kong, sem data.
32. Zhao Bin, Zhao You Bin e Lu Di Min. *The True Art of Yang-style Taijiquan*, San Qin Publications, Sian, China, 1994.
33. Zhu Yue Li, *Questions on Taoism*, Cultural Publications, Pequim, 1989.
34. Zou Xue Xi, *Essence of Yi Jing Studies*, Sichuan Science and Technology Publications, 1992.

Endereços úteis

Austrália

Mestre Selina Griffin,
Shaolin Wahnam Chi Kung e Taijiquan,
RSD Strathfieldsaye Road,
Strathfieldsaye, Bendigo,
Victoria 3551, Austrália.
Tel. (61-54) 393257.

Mestre John Trevor,
Shaolin Wahnam Chi Kung e Taijiquan,
PO Box 2088, Murraybridge,
SA 5253, Austrália.
Tel. (61-8) 2988659; (61-85) 321940.

Europa

Mestre Reimer Buerkner,
Shaolin Wahnam Chi Kung,
Eichendorffstraße 23,
D-63 303 Dreieich (Frankfurt),
Alemanha
Tel. (49) 6103-84451.

Mestres Deolinda e José Ferro
College of Chinese Traditional Medicine
(Shaolin Kung-fu, Chi Kung e Taijiquan),
Praça Ilha do Faial, 13-cv.
1000 Lisboa, Portugal.
Tel. e fax (351-1) 315 8388.

Mestre Douglas Wiesenthal,
Shaolin Wahnam Chi Kung e Kung-fu,
Crta. De Humera, 87, 3-3b,
Pozuelo de Alarcon,
28224 Madri, Espanha.
Tel. (34-1) 3512115;
Fax (34-1) 3512163.

British Tai Chi Chuan & Shaolin Kung Fu
Association,
28 Linden, Farm Drive,
Countesthorpe,
Leicester LE8 3SX.

Malásia e Cingapura

Mestre Wong Kiew Kit,
Shoalin Wahnam Chi Kung e Kung-fu,
81 Taman Intan b/5,
08000 Sungai Petani,
Kedah, Malásia.
Tel. (60-4) 422 2353;
Fax (60-4) 421 7645.

Mestre Ng Kowi Beng,
Shaolin Wahnam Chi Kung e Kung-fu,
C/o H & P Plastic Pte. Ltd.,
Plot 935, Lorong Makmur, 13/1,
Taman Makmur, Mk. Sg. Seluang,
Daerah Kulim, Malásia.
Tel. (60-4) 484 1159;
Fax (60-4) 484 1425.

Mestre Chan Chee Kong,
Shaolin Wahnam Chi Kung e Kung-fu,
301 Block A, Manara Megah,
Jalan Kolam Air, Off Jalan Ipon,
Kuala Lumpur, Malásia.
Tel. (60-3) 444 2150; 010 211 6036.

Mestre Cheong Huat Seng,
Shaolin Wahnam Chi Kung e Kung-fu,
22 Taman Mutiara, 0800 Sungai Petani,
Kedah, Malásia.
Tel. (60-4) 421 0634.

Mestre Goh Kok Hin,
86 Jalan Sungai Emas,
08500 Kota Kuala Muda,
Kedah, Malásia.
Tel. (60-4) 437 4301.

Mestre Yong Peng Wah,
Shaolin Wahnam Chi Kung,
181 Taman Kota Jaya,
34700 Simpang, Taiping,
Perak, Malásia.
Tel. (60-5) 847 1431..

320   O LIVRO COMPLETO DO TAI CHI CHUAN

Mestre Mike Yap,
Shaolin Chi Kung e Luta Livre,
35 Jalan 14/34, Petaling Jaya 46100,
Selangdor, Malásia.
Tel. (60-3) 756 0743.

Mestre Lawrence Leong Swee Lun,
Hapkung-do International
(Bagua, Shaolin e Taijiquan),
17 Jalan 67 (Jalan Belipas),
Kepong Baru,
52100 Kuala Lumpur, Malásia.
Tel. (60-3) 636 3033; 018-829 6229.

Mestre Yap Soon Yeong
(Shaolin One-Finger Zen Chi Kung),
Yao Chi Kung Institute,
1B Jalan Fetees,
11200 Penang, Malásia.

Mestre Chin Chee Ching,
Shaolin Damo Chi Kung,
Block 929, 13-447 Tampines St. 91,
Cingapura 520929.

Tel. (65) 7829958;
Fax (65) 7873969.

Estados Unidos

Mestre Richard Mooney,
Sarasota Shaolin Academy,
4655 Flatbush Avenue,
Sarasota, FL 34233-1920.

Dr. Yang Jwing Ming,
Yang's Martial Arts Association,
38 Hyde Park Avenue, Jamaica Plain,
MA 02130-4132.
Tel. (1-617) 5248892;
Fax (1-617) 5244184.

Mestre Paul Hannah, MD
Tai Chi Chuan, Baguaquan e Xingyiguan,
2200 Grant Street, Suite 109,
Gary, IN 46404.
Tel. (1-219) 9449300;
Fax (1-219) 9448735.